범죄피해 조사론

김재민·임낭연

Crime Victim

박영사

머리말

범죄행위로 피해를 당한 피해자의 피해회복을 돕는 데는 법률적 지원, 경제적 지원, 심리적 지원, 그리고 피해자의 생명 및 신체의 안전을 확보하는 형태의 지원 등 여러 가지 방법이 있다. 피해자가 범죄의 충격으로부터 신속히 벗어나기 위해서는 이와 같이 다양한 방식의 피해자 지원활동을 펼칠 수 있겠으나 이러한 지원활동의 토대가 되는 것은 무엇보다도 범죄피해자를 상대로 피해의 실체를 철저히 규명하는 것, 곧 범죄피해 조사라고 할 수 있을 것이다.

범죄피해 조사는 범죄예방 정책수립을 위한 정보수집 차원에서 행정 조사 방식으로 진행될 수도 있지만, 범죄피해자에게 가장 큰 영향을 미치는 것은 역시 형사법적 근거를 토대로 진행되는 수사활동으로서의 범죄피해 조사이다. 범죄피해자에게 과연 어떠한 일이 발생했는가에 관한 실체적 진실의 규명이 범죄피해자 보호 및 지원의 첫걸음이 되기 때문이다. 정확한 피해자 조사는 적절한 법률적 지원의 유형이 무엇인지를 가늠하게 해주고 경제적 지원의 규모와 범위를 결정하는데 도움을 줄 수 있다. 정확한 피해자 조사를 위해서는 범죄의 유형과 피해자의 특성에 대한 정확하고 깊이 있는 지식을 가져야 한다. 어떤 범죄의 피해자이며 어떤 특성을 가진 피해자(예, 아동, 여성, 장애인 등)인지에 따라 서로 다른 심리적 상태를 가지고 있으며, 서로 다른 접근법으로 수사활동에 임해야 하기 때문이다.

피해자 조사과정의 심리적 지원은 범죄피해에 대한 조사 결과에 따라 후속적으로 행해질 수도 있겠지만 피해 조사의 전 과정에서 행해질 수 있을 것이다. 또한 피해자가 조사를 받는 동안 피해자 신변의 안전을 확보하는 일은 피해자의 적극적 협력을 끌어내는 요소가 되므로 매우 중대한 과업이 아닐 수 없다.

성공적인 범죄피해 조사는 피해자의 피해회복 및 피해자 지원활동에 도움을 주기도 하지만 다른 한편으로는 피해자가 재피해자화 혹은 반복적으로 피해자화되는 것을 막아 줌과 동시에 범죄예방을 위한 적정한 형사정책 수립을 가능하게 함으로써 궁극적으로는 형사사법 정의의 달성에도 기여한다. 그렇기에 범죄피해 조사론을 학습하는 1차적인 목적은 범죄피해사실의 정확한 규명을 통하여 피해자의 피해회복을 촉진하는데 있다고 할 수 있겠지만 궁극적으로는 형사사법 정의의 달성에 있다고 말할 수 있을 것이다.

아무쪼록 본 교재가 피해자 조사에 대한 전반적 지식을 확장시킴으로써 피해자보호를 통한 형사사법의 목적달성에 귀한 밑거름이 되기를 소망하는 바이다.

2018년 8월
저자 씀

차 례

범죄피해 조사 일반론

C·O·N·T·E·N·T·S

01

범죄피해 조사의 정의

1-1. 범죄피해 조사의 개념

범죄피해 조사(victim investigative interview)란 범죄를 당한 피해자로부터 누가 (who), 무엇을(what), 어디에(where), 언제(when), 어떻게(how), 왜(why)라는 질문에 대한 답을 얻기 위하여 사실관계 자료나 관련 정보를 수집하는 절차를 말한다 (Zulawski & Wicklander, 2002, p. 187).

피해자를 상대로 조사한다는 점에서 피의자나 피고인을 상대로 하는 피의자 및 피고인 조사(interrogation)와 다르다. 피해자 조사와 피의자 조사가 궁극적으로는 실체적 진실발견을 통한 형사정의 달성으로 연결되지만 1차적으로 피해자 조사는 피해자의 피해회복, 더 나아가 피해자 지원과 재피해자화 예방에 그 목적을 두는 반면 피의자 조사는 실체적 진실규명을 통한 범인의 기소와 처벌에 그 목적을 두고 있다.

외형적으로 볼 때 범죄피해 조사는 행정작용으로 행해질 수도 있고, 형사사법 작용으로 행해질 수도 있으며 더 나아가 민간인이나 민간단체가 범죄피해사실을 조사할 수도 있다. 행정작용으로 행해지는 범죄피해 조사는 범죄피해를 구제 혹은 예방하거나 성공적인 범죄피해 예방정책 수립을 위해 필요한 정보를 수집하고자 그 실태를 조사하는 것으로서 비록 피해자를 상대로 면담한다 하더라도 그것은 형사절차의 일부로 행해지는 것이 아니라 행정목적 달성을 위해 행해지는 것이다.

그러므로 행정기관이 행하는 범죄피해 조사는 일종의 행정법상 행정 조사(行政調査)에 해당하는 것으로써 수사기관이 행하는 범죄피해 조사와 성격이 다르며,

민간인의 범죄피해 조사는 범죄피해 실태를 파악하기 위하여 설문조사나 상담을 수행하는 것으로서 이 역시 공식적인 수사기관에서 행하는 범죄피해 조사와 다른 것이다. 물론 행정기관이나 민간인도 행정 조사 혹은 상담을 한 결과 범죄사실이 발견되면 수사기관에 고발할 수도 있을 것이다. 본서에서는 수사기관에 의해서 행해지는 형사사법절차의 일부로서 행해지는 범죄피해자 조사에 국한하여 기술하고자 한다.

1-2. 범죄피해 조사와 범죄피해의 양상

범죄피해의 양상은 크게 4가지로 대별된다. 즉, 육체적 피해, 경제적 피해, 정신적 피해, 사회적 피해 등이 그것이다. 육체적 피해는 범죄 피해자의 생명이나 신체에 위해가 가해진 것을 말하며, 경제적 피해는 피해자가 재정에 손실을 입은 것을 말하고, 정신적 피해는 피해자가 심리적으로 타격을 입어 심한 스트레스와 심리적 혼란으로 고통을 겪는 것을 말하며, 사회적 피해는 범죄로 인해 종래의 인간관계 네트워크가 깨지거나 인간 상호 간의 신뢰감과 친밀감이 손상을 입는 것을 말한다.

범죄피해 조사 시 육체적 피해의 정도를 파악하는 것은 피의자 및 피고인의 죄질 및 처벌수위를 결정하는 데 큰 영향을 미친다. 다시 말하면 형법전 중 생명과 신체의 안전을 해하는 범죄, 즉 살인, 강도, 강간, 폭행 등의 행위로 피해를 입은 자들로부터 육체적 피해에 관하여 정확한 정보를 얻는다는 것은 피의자 수사 및 피고인 재판과정에서 죄질판단과 양형결정에 직결되는 것이다. 이 경우 살인범죄 피해자에 대하여는 피해자 조사를 할 수 없으므로 목격자 수사 및 증인신문이 매우 중요한 역할을 하게 된다.

피해자로부터 경제적 피해에 관한 사실을 조사하는 것 또한 피의자, 피고인 수사와 처벌에 영향을 미친다. 형법전 중 강도, 절도, 사기, 공갈과 같이 재산범죄의 피해자들이 입은 손해에 관한 사실규명은 범죄성립 여부를 결정지어줌과 동시에, 기수와 미수 여부를 구분해 주며, 압수물 반환을 받을 자격을 확정 지어 주고, 불법행위로 인한 손해배상의 규모를 결정지어 준다.

피해자 조사 중 가장 난해한 것이 있다면 심리적 피해에 관한 것이다. 심리적 충격을 받은 피해자에 대하여는 조사를 진행하는 것 자체가 어려울 수 있기 때문이다. 그렇기 때문에 심리적 충격이 큰 피해자에 대하여는 조사 장소, 조사 시기, 조사를 진행할 조사관 선정 등 여러 가지 측면에서 사전에 치밀한 검토가 필요하다. 수사관은 범죄피해자의 심리적 고통이 큰 상황일지라도 불가피하게 조사를 진행할 필요가 있을 때에는 심리전문가의 지원을 받을 수 있을 것이다.

범죄피해자는 범죄행위를 통해 사회적으로도 고통받는다. 범죄피해자의 사회적 피해를 최소화하기 위해 수사기관은 피해자를 조사하는 과정에서 알게 된 피해자 인적사항 등 개인정보 관리를 철저히 해야 한다. 피해자의 개인정보 누설은 범죄자의 보복행위를 가능케 할 뿐 아니라 지역사회 또는 직장에서 따돌림을 받을 수 있는 계기를 제공할 수 있기 때문이다. 이처럼 사회적 피해는 2차 피해와 깊은 관련을 맺고 있다.

1-3. 범죄피해 조사와 단계별 피해자화

범죄피해자화는 크게 3단계로 구분한다. 즉, 1차 피해자화, 2차 피해자화, 3차 피해자화가 바로 그것이다. 1차 피해자화의 단계에서 피해자 조사는 "누가, 무엇을, 어디에, 언제, 어떻게, 왜"라는 질문을 기초로 정확하게 팩트(fact)를 파악해 내는 것이 중요하다. 이때 피해자의 진술이 부정확하거나, 거짓말을 하거나, 기억이 희미한 탓에 진술의 정확도와 신뢰도가 떨어질 수 있으므로 이를 극복하는 것이 피해자 조사의 관건이 된다.

2차 피해자화는 잘못된 피해자 조사를 통해 초래되는 부정적 폐해를 의미한다. 1차 피해가 범인에 의해 초래된다면 2차 피해는 사회 등 외부의 반응에 의해 초래된다(Kirchhoff, 2005, p. 56). 사회의 반응은 공식적 반응과 비공식적 반응 2가지 형태로 대별할 수 있는데 경찰 등 수사기관의 피해자 조사는 공식적 반응에 속한다. 이와 같은 공식적 반응의 과정에서 피해자를 비난하거나, 힐책하거나, 그들의 절실한 필요들을 외면함으로써 피해자가 다시 피해를 입게 될 수 있다.

3차 피해자화는 2차 피해자화를 극복하지 못한 연유로 다시 한 번 피해자가 부정적 경험을 하게 되는 것을 말한다. 그러므로 범죄피해 조사로 인해 2차 피해가 발생했을 때 조사기관이나 조사자는 그러한 부정적 결과들을 제거하기 위해 노력해야 한다. 범죄피해 조사 후에 2차적으로 발생한 피해에 무관심하거나 혹은 외면할 경우 그 피해가 더욱더 악화될 수 있기 때문이다.

범죄피해 조사의 주체

2-1. 경찰

　범죄피해가 발생했을 때 통상적으로 가정 먼저 범죄현장에서 피해를 조사하게 되는 국가기관으로서 경찰이 있다. 우리나라 경찰은 경찰활동의 성격에 따라 행정경찰과 사법경찰로 나눌 수 있는데 범죄피해 조사는 범죄발생 시 범죄를 수사하고 범인을 체포하는 권력 작용의 한 부분에 속하기 때문에 범죄피해 조사활동을 하는 경찰관을 사법경찰이라고 칭할 수 있을 것이다. 그리고 사법경찰은 일반사법경찰관리가 있는가 하면 특별사법경찰관리가 있다. 경찰청 산하 경찰관들을 일반사법경찰관리라 한다면 삼림, 해사, 전매, 세무, 군수사기관 기타 특별한 사항에 관하여 사법경찰관리의 직무를 행하는 자를 특별사법경찰관리라 한다(형사소송법 제197조).

　우리나라 형사소송법 제196조 제1항은 경무관, 총경, 경정, 경감, 경위를 일반사법경찰관으로, 제2항에서는 경사, 경장, 순경을 일반사법경찰리로 규정하고 있다. 그러므로 수사나 형사업무를 하는 순경 이상 경무관 이하의 모든 경찰관은 일반사법경찰관 혹은 일반사법경찰리로서 범죄피해자 조사업무를 취급할 수 있다고 보아야 한다.

　한편, 특별사법경찰관이 법률이 정한 특별한 사항에 대하여 수사권을 가질 때에는 그 범위 내에서 특별사법경찰관도 범죄피해 조사의 주체가 된다. 사법경찰관리의 직무를 수행할 자와 그 직무범위에 관한 법률 제3조에서는 교도소장, 소년원장, 소년분류심사원장, 보호감호소장, 치료감호소장, 교정시설 순회점검업무 종사 공무원, 출입국관리공무원, 산림보호종사 공무원 등은 특별사법경찰관 또는 특별사법경찰리의 직무를 수행한다고 규정하고 있는데, 특히 위 법 제5조에서는 검사장이 지명하게 되는 특별사법경찰관리의 유형을 제시하고 있다.

2-2. 검찰

    검찰도 범죄피해자 조사의 주체가 된다. 검찰은 범죄사건을 경찰로부터 송치받아 수사하기도 하지만(형사소송법 제196조 제4항), 범죄피해사실을 인지하여 직접 수사를 전개할 수도 있다(제196조 제1항). 검찰은 경찰에 대한 수사지휘권이 있기 때문에 경찰의 범죄피해 조사 사실에 대하여 수사지휘를 할 수 있고, 친고죄 사건의 경우 범죄피해가 발생하였음에도 고소할 자가 없는 경우 이해관계인의 신청이 있게 되면 10일 이내에 고소할 수 있는 자를 지정하여 피해사실에 대하여 고소할 수 있게끔 하고 있다(제228조).

    검찰이 범죄사건을 경찰로부터 송치를 받았든지 아니면 직접 인지하여 사건수사를 진행하였든지 간에 검찰의 범죄피해자 조사는 매우 중요한 의미를 지니고 있다. 검찰이 이를 재판에 회부하지 않고 불기소처분을 하게 되면 진정한 범죄 피해자의 경우 좌절감을 갖게 되어 2, 3차 피해로 연결되든지 아니면 피해회복 지연으로 말미암아 지속적으로 고통을 겪게 되기 때문이다. 우리 형사소송법에서는 피해자가 이러한 불기소처분 결정에 불복할 수 있도록 검찰항고제도(검찰청법 제10조)와 재정신청제도(형사소송법 제260조)와 같은 구제제도를 규정하고 있다.

2-3. 기타

    범죄피해 조사의 주체로서 경찰이나 검찰과 같은 수사기관 이외에도 특별법에 의거하여 범죄피해 여부를 조사할 권한을 부여받아 그 사실 여부를 조사할 수 있는 국가기관이 있다. 인권침해나 차별행위 등의 사실을 조사할 수 있는 국가인권위원회(국가인권위원회법 제30조 내지 제36조), 해상에서 발생한 범죄사건에 대해 피해조사를 할 수 있는 해양경찰(해양경찰청 범죄수사규칙 제220조 내지 제227조), 소비자의 피해 여부를 조사할 수 있는 중앙행정기관의 장이나 한국소비자원(소비자기본법 제77조 내지 제78조), 불공정 거래사실을 조사할 수 있는 공정거래위원회(독점규

제 및 공정거래에 관한 법률 제49조 내지 제50조), 집단희생사건이나 부당한 공권력 행사, 의문사 등을 조사하는 과거사정리위원회(진실·화해를 위한 과거사정리기본법 제2조, 제22조 내지 제23조) 등이 그것이다. 이들 중 해양경찰을 제외하고는 범죄에 대한 수사권이 없기 때문에 피해사실 조사과정에서 범죄사실을 발견하게 되면 수사기관에 고발조치를 하게 된다.

03

범죄피해 조사의 단서와 방법

3-1. 수사기관 인지에 의한 범죄피해 조사

신문기사나 풍설, 제3자의 제보 등으로 인해 수사기관이 범죄피해 사실 여부를 확인하여 범죄혐의가 있다고 판단될 때 인지를 통해 수사를 개시하여 피해사실 조사를 진행하는 경우가 있다. 인지를 위해서는 신문이나 방송, 그 밖의 보도매체의 기사나 익명의 신고 또는 풍문 등에 대하여 출처에 주의하여 진상을 내사를 해본 후1) 범죄의 혐의가 없다고 인정되는 때에는 내사를 종결하고, 만일 범죄의 혐의가 있다고 판단될 때에는 경찰내사처리규칙 제11조 내지 제11조의 2에 의거하여 내사를 종결한 뒤 수사절차로 전환하여야 하고, 검사의 사법경찰관리에 대한 수사지휘 및 사법경찰관리의 수사준칙에 관한 규정 제17조 및 범죄수사규칙 제40조에 의거 "범죄인지서"를 작성하여 소속 경찰관서장에게 보고하여야 하는데([서식1] 참조), 특별사법경찰관이 범죄인지를 한 때에는 특별사법경찰관리집무규칙 제23조에 의거 "범죄인지보고서"를 작성하여야 한다.

3-2. 진정 또는 탄원에 의한 범죄피해 조사

진정 또는 탄원은 피해자가 자신의 억울한 정을 호소하는 것을 말하는데 통상 진정서 혹은 탄원서 형태의 서면에 그 억울한 정을 담아 수사기관에 제출하게 된

---

1) 내사의 종류에는 진정내사, 신고내사, 첩보내사, 비신고내사 등이 있는바(경찰내사처리규칙) 경찰이 내사를 할 때에는 소속 상관에게 "내사 착수 보고(첨부 [서식3])"를 하여야 하고, 해당 사건을 "내사사건부(첨부 [서식4])"에 등재하여야 한다.

다. 진정서 또는 탄원서가 수사기관에 접수되면 수사관은 소속 수사부서의 장의 지휘를 받아 내사에 착수하여야 한다.[2] 이때 익명 또는 존재하지 않는 사람 명의 의 진정, 탄원 등 그 내용상 수사의 단서로서 가치가 없다고 인정되면 내사하지 아 니할 수 있으며, 관할이 없거나 범죄특성을 고려하여 소속 관서 내에서 내사하는 것이 적당하지 못한 경우에는 관할권이 있는 경찰관서에 이첩하거나 해당 기관에 통보하여야 한다(경찰내사처리규칙 제4조 내지 제5조의 2).

이때 진정탄원 내사사건을 무책임하게 타 기관으로 이첩하거나 장기간 방치하 게 되면 피해자가 수사기관을 불신하게 되고,[3] 경우에 따라 2차 피해로까지 이어 지게 되므로 주의하여야 한다. 진정 또는 탄원의 내용을 내사한 결과 범죄혐의가 있다고 사료되는 때에는 내사를 종결하고 범죄인지서를 작성하여 수사를 개시하 여야 한다. 수사개시와 함께 진정인과 탄원인은 범죄피해자의 신분으로 전환되고, 피진정인과 피탄원인은 피의자의 신분으로 전환되어 조사를 받게 된다.

3-3. 고소 및 고발에 의한 범죄피해 조사

고소는 피해자가 수사기관에 범죄사실을 신고하여 형사처벌을 구하는 의사표 시 행위인 반면, 고발은 피해자 이외의 제3자가 범죄사실을 수사기관에 신고하여 처벌을 구하는 의사표시행위이다. 고소 및 고발은 수사기관 이외 타인의 의지에 의하여 수사가 개시된다는 측면에서 반복적 범죄피해를 예방하고 피해자의 피해 회복을 촉진하는 데 중요한 기능을 하게 된다.

고소권이 없는 자는 피해사실을 가지고 고소할 수 없으나 범죄피해자와 피해 자의 법정대리인에게는 고소권이 있으므로 피해사실을 수사기관에 고소할 수 있 다. 그러나 고발은 피해자 이외의 자라면 누구나 수사기관에 고발할 수 있다. 고소 나 고발은 서면 이외에 구술로도 할 수 있으나 보통 고소장 또는 고발장을 작성하 여 경찰관서에 제출하는 형태로 고소, 고발을 하게 된다. 많은 민원인이 법률지식

---

2) 내사에 착수하였으면 "내사사건부"에 등재하고 해당 사건을 전산입력한 다음 진술조서 작성, 통신자료 요청 등 내사활동을 진행하여야 하고, 그 결과는 내사종결청에 관리해야 한다(경찰 청, 「경찰수사업무지침」, 2006. p. 61).

3) 「경찰수사업무지침」에 의하면 현재 진행 중인 내사사건은 10일 이내에 해당 내사사건부에 등 재하도록 하여 장기간 방치를 못하도록 하고 있다(경찰청, 「경찰수사업무지침」, p. 60).

부족으로 인하여 고소장 작성에 어려움을 겪는 것을 감안하여 경찰청에서는 "고소장 표준서식([서식25])"을 하달하여 고소장 작성에 편익을 도모하고 있다.

피해자가 사망한 때에는 그 배우자, 직계친족 또는 형제자매가 고소할 수 있는데 이때 피해자의 명시한 의사에 반해 고소할 수는 없다(형사소송법 제223조 내지 226조). 범죄피해를 당한 경우라도 성폭력범죄의 처벌 등에 관한 특례법 제18조, 가정폭력범죄 등 처벌에 관한 특례법 제6조 제2항 등에서 정한 특별한 경우를 제외하고는 자기 또는 배우자의 직계존속을 고소하지 못하도록 하고 있다. 사자(死者) 명예훼손죄, 모욕죄, 비밀침해죄, 업무상비밀누설죄, 친족 간 권리행사방해죄와 등과 같은 친고죄로 인해 피해를 당한 피해자는 범인을 알게 된 날로부터 6개월 이내에 고소하여야 한다. 고발에는 기간제한이 없다.

고소장 또는 고발장을 접수한 수사기관에서는 피해자 또는 고발인을 상대로 고소인 진술조서 또는 고발인 진술조서를 작성하게 되는데 이러한 진술조서 작성 과정이 중요한 피해자 조사 절차 중 하나라고 할 수 있다([서식6], [서식7], [서식8] 참조).

3-4. 피해신고에 의한 범죄피해 조사

고소가 피해자가 수사기관에 범죄피해사실을 신고하는데 그치지 않고 범인을 특정하여 그 처벌을 구하는 의사표시행위까지를 포함하는 데 반해, 피해신고는 피해자의 인적사항, 피해 연월일시, 피해 장소, 피해금품, 범인의 인상착의 및 신상정보, 기타 피해자보호사항 통지 여부 및 참고사항 등을 수사관서에 알리는데 그치고 범인에 대한 처벌의사까지를 표시하는 것은 아니라는 점에서 양자가 구분된다. 범인을 특정할 수 없거나 범죄로 인한 것인지 여부가 불분명한 경우 수사기관에 피해신고서 접수를 통해 피해사실을 수사하도록 촉구할 수가 있다([서식2] 참조).

피해신고를 접수받고 수사기관이 내사한 결과 범죄혐의가 있다고 사료되면 수사기관은 범죄인지서([서식1])를 작성하여 수사에 착수하게 되는바, 이때 피해자를 상대로 보다 자세한 피해사실을 청취하기 위해 피해자 진술조서를 작성하게 된다.

범죄피해자의 법적 지위와 권리

C·O·N·T·E·N·T·S

01

범죄피해자의 법적 지위

1-1. 소송관계자로서의 지위

현행 형사소송법상 범죄피해자는 형사절차에 있어서의 소송당사자는 아니다. 형사소송법에서는 당사자를 검사, 피고인, 변호인으로 규정한 뒤 검사로 하여금 범죄피해사실을 입증하거나 실체적 진실을 규명하고, 피고인 진술의 신빙성을 공격하여 유죄판결을 받도록 하는 등 피해자를 대신하여 검사가 소송 당사자로서의 임무를 수행하고 있기 때문이다.

그러나 형사소송법 개정으로 인해 피해자의 법정진술권이 보완되고(형사소송법 제294조의 2), 신뢰관계있는 자와의 동석권을 인정하며(형사소송법 제163조의 2), 형사절차에 관한 정보제공의 근거가 명시되는 등(형사소송법 제259조의 2)[1] 형사절차에서 피해자 권리가 강화되는 경향이 나타나고 있다. 뿐만 아니라 형사소송 절차 혹은 이에 준하는 절차에서 피해자에게 배상명령을 신청할 권리를 인정한다든지(소송촉진 등에 관한 특례법 제25조[2]), 가정폭력범죄의 처벌 등에 관한 특례법 제56

---

[1] 형사소송법 제259조의 2(피해자 등에 대한 통지)에서는 "검사는 범죄로 인한 피해자 또는 그 법정대리인(피해자가 사망한 경우에는 그 배우자·직계친족·형제자매를 포함한다)의 신청이 있는 때에는 당해 사건의 공소제기 여부, 공판의 일시·장소, 재판결과, 피의자·피고인의 구속·석방 등 구금에 관한 사실 등을 신속하게 통지하여야 한다."라고 규정하고 있는바 이는 2007년 형사소송법 개정에 의해 피해자 법정진술권, 신뢰관계있는 자와의 동석권과 함께 새로이 추가된 사항이다.

[2] 소송촉진등에 관한 특례법 제25조 제1항에서는 "제1심 또는 제2심의 형사공판 절차에서 다음 각 호의 죄 중 어느 하나에 관하여 유죄판결을 선고할 경우 법원은 직권에 의하여 또는 피해자나 그 상속인(이하 "피해자"라 한다)의 신청에 의하여 피고사건의 범죄행위로 인하여 발생한 직접적인 물적(物的) 피해, 치료비 손해 및 위자료의 배상을 명할 수 있다"고 규정하고 있다.

조3)), 피해자에게도 소송절차에서 변호인 선임권을 인정하는 등(아동·청소년의 성
보호에 관한 법률 제30조,4) 성폭력범죄 등 처벌에 관한 특례법 제27조)5) 피해자의 권익
보호 차원에서 피해자의 소송법상의 지위가 과거에 비하여 많이 개선되고 있다는
점에 주목할 필요가 있다.

1-2. 증인으로서의 지위

형사절차에서 피해자를 단순한 증거방법의 일종이라고 표현한 데서 알 수 있
듯이 전통적으로 범죄피해자는 수사기관이나 소추기관 또는 재판부에 실체심리를
위한 증거자료를 제공하는 역할이 강조되어 왔다. 범죄피해자는 증인의 자격으로
법원의 소환에 응하지 않으면 안 되며, 법정에서 재판장이나 검사, 변호인 또는 피
고인의 증인신문에 응하도록 하고 있다(형사소송법 제151조 내지 제162조).

그러나 현재 형사소송의 증인신문절차는 피해자를 수동적으로 반응만 하는 존
재로 파악하고 있는 것은 아니다. 1987년 형사소송법 개정 시 제294조의 2가 신설
되어 피해자의 자발적 신청에 따라 피해자의 신청에 의해 법정에서 증인의 자격으

---

3) 가정폭력범죄의 처벌 등에 관한 특례법 제56조 내지 제57조에서 피해자는 가해자에 대하여 1.
   피해자 또는 가정구성원의 부양에 필요한 금전의 지급 2. 가정보호사건으로 인하여 발생한 직
   접적인 물적 피해 및 치료비 손해의 배상을 명하는 명령을 법원에 신청할 수 있다고 규정하고
   있다.

4) 아동·청소년 성보호에 관한 법률 제30조(피해아동·청소년 등에 대한 변호사선임의 특례)에서는 "①
   아동·청소년대상 성범죄의 피해자 및 그 법정대리인은 형사절차상 입을 수 있는 피해를 방어하고 법
   률적 조력을 보장하기 위하여 변호사를 선임할 수 있다. ② 제1항에 따른 변호사에 관하여는 성폭력범
   죄의 처벌 등에 관한 특례법 제27조 제2항부터 제6항까지를 준용한다."고 규정하고 있다.

5) 성폭력범죄의 처벌 등에 관한 특례법 제27조(성폭력범죄피해자에 대한 변호사 선임의 특례)에
   서는 "① 성폭력범죄의 피해자 및 그 법정대리인(이하 "피해자등"이라 한다)은 형사절차상 입
   을 수 있는 피해를 방어하고 법률적 조력을 보장하기 위하여 변호사를 선임할 수 있다. ② 제1
   항에 따른 변호사는 검사 또는 사법경찰관의 피해자등에 대한 조사에 참여하여 의견을 진술할
   수 있다. 다만, 조사 도중에는 검사 또는 사법경찰관의 승인을 받아 의견을 진술할 수 있다. ③
   제1항에 따른 변호사는 피의자에 대한 구속 전 피의자심문, 증거보전절차, 공판준비기일 및 공
   판절차에 출석하여 의견을 진술할 수 있다. 이 경우 필요한 절차에 관한 구체적 사항은 대법원
   규칙으로 정한다. ④ 제1항에 따른 변호사는 증거보전 후 관계 서류나 증거물, 소송계속 중의
   관계 서류나 증거물을 열람하거나 등사할 수 있다. ⑤ 제1항에 따른 변호사는 형사절차에서 피
   해자등의 대리가 허용될 수 있는 모든 소송행위에 대한 포괄적인 대리권을 가진다. ⑥ 검사는
   피해자에게 변호사가 없는 경우 국선변호사를 선정하여 형사절차에서 피해자의 권익을 보호할
   수 있다."라고 규정하고 있다.

로 진술할 권한을 부여 하였는데, 2007년 동법 개정 시에는 피해자의 법정진술 신청의 제한하는 사유를 축소하였을 뿐만 아니라,[6] 피해자를 증인으로 신문할 때 피해의 정도 및 결과, 피고인의 처벌에 관한 의견, 그 밖에 당해 사건에 관한 의견을 진술할 기회를 줌으로써 피해자를 단순한 증거 조사의 객체에 머무르도록 한 것이 아니라 피해사실에 관한 실체적 진실의 규명을 돕고 피해회복의 정황을 구체적으로 법정에 전달하도록 함으로 피해자 입장에서 합리적이고 타당한 판결을 이끌어 내는데 도움을 주도록 하고 있는 것이다. 뿐만 아니라 증인신문 과정에 신뢰관계에 있는 자를 동석시키도록 한 것(제163조의 2), 비디오 등 중계장치 등에 의해 증인신문을 하도록 한 것(제165조의 2) 등도 피해자의 심리적 안정을 도모하고자 한 것으로서 증인인 피해자의 인권을 보호하고자 하는 성격이 강한 정책들이라 하겠다.

1-3. 참고인으로서의 지위

피해자가 법원 또는 법관에 대하여 자신이 실험한 사실을 진술하게 될 경우 그를 증인이라고 칭하지만, 수사기관인 검사나 사법경찰관이 피해자에게 출석을 요구하여 피해자가 실험한 사실을 진술하게 되면 그를 참고인이라 칭하게 된다(형사소송법 제221조). 수사단계에서 참고인은 증인과는 달리 강제로 소환되거나 신문당하지 아니하기에 출석에 불응한다 하더라도 특별한 제재 방법이 없다. 다만 참고인이 출석을 거부하는 경우에 증거보전 차원에서 검사는 제1회 공판기일 전에 한하여 증인신문을 청구할 수 있는바(제221조의 2), 이 경우에는 참고인의 신분이

---

6) 2007년 법개정이 이뤄지기 이전의 형사소송법 제294조의 2는 다음과 같이 규정하고 있었다. 즉, "① 법원은 범죄로 인한 피해자의 신청이 있는 경우에는 그 피해자를 증인으로 신문하여야 한다. 다만, 다음 각호의 1에 해당하는 경우에는 그러하지 아니한다. 1. 피해자가 아닌 자가 신청한 경우, 2. 신청인이 이미 당해 사건에 관하여 공판절차 또는 수사절차에서 충분히 진술하여 다시 진술할 필요가 없다고 인정되는 경우, 3. 신청인의 진술로 인하여 공판절차가 현저하게 지연될 우려가 있는 경우, ② 법원은 제1항의 규정에 의하여 범죄로 인한 피해자를 신문하는 경우에는 당해 사건에 관한 의견을 진술할 기회를 주어야 한다." 그런데 2007년 법개정으로 법정진술을 신청할 수 있는 자의 범위를 피해자 이외에 피해자의 법정대리인 및 배우자, 직계친족, 형제자매에게까지 확대하였으며, 제294조의2 제1항 2호에서 "수사절차에서 충분히 진술하여 다시 진술할 필요가 없다고 인정되는 경우"를 삭제하였고, 피해자등을 신문하는 경우 "피해의 정도 및 결과, 피고인의 처벌에 관한 의견, 그 밖에 당해 사건에 관한 의견을 진술할 기회를 주어야 한다."고 규정하고 있다.

증인의 신분으로 전환되고, 증인신문 청구를 받은 판사는 증인신문에 관하여 법원 또는 재판장과 동일한 권한을 갖게 되므로 공판정의 증인에게 적용되는 규정이 동일하게 적용되어 증인소환에 불응시 제재를 받게 된다(제221조의 2 제4항, [서식16] 참조).

참고인을 상대로 조사하고자 할 때에는 출석을 요구하여야 하는데([서식5] 참조) 출석요구의 방법은 서면, 전화, 구두 또는 인편에 의해 할 수 있으며, 출석을 요구하는 장소도 수사관서일 필요는 없고 참고인이 소재하는 장소에 수사관이 직접 가서 조사를 할 수도 있으며, 우편으로 필요한 사항을 조사하기 위하여 "우편조서"를 송부할 수도 있다([서식9] 참조). 또 참고인을 조사할 때에는 진술거부권 고지가 필요 없다(이재상, 2011, p. 225). 참고인 조사의 경우에도 참고인인 피해자의 연령, 심신의 상태, 그 밖의 사정을 고려하여 피해자가 현저하게 불안 또는 긴장을 느낄 우려가 있다고 인정하는 때에는 법원은 직권 또는 피해자·법정대리인·검사의 신청에 따라 피해자와 신뢰관계에 있는 자를 동석하게 할 수 있으며([서식13] 참조), 참고인인 피해자가 13세 미만이거나 신체적 또는 정신적 장애로 사물을 변별하거나 의사를 결정할 능력이 미약한 경우에 재판에 지장을 초래할 우려가 있는 등 부득이한 경우가 아닌 한 피해자와 신뢰관계에 있는 자를 동석하게 하여야 한다(제163조의 2). 참고인 조사 시에도 참고인의 동의를 받아 그 진술을 녹화할 수도 있다(제221조 제1항, [서식12] 참조).

1-4. 수사의 단서 제공자로서의 지위

범죄피해자는 수사의 단서를 제공하는 자로서의 지위를 갖는다. 범죄피해자가 피해신고서를 수사관서에 접수하게 되면 수사관서는 이를 기초로 수사에 착수할 수 있다. 범죄피해자가 고소하는 경우에도 수사기관은 사건을 접수하여 수사를 개시하게 된다. 특히 친고죄에 있어서 고소는 소송조건이 되므로 고소의 가능성이 전혀 없는 때에는 공소를 제기할 수 없게 된다.

피해자가 수사의 단서 제공자로서의 역할을 충실히 할 수 있기 위해서는 무엇보다도 피해자의 범죄신고율을 높이는 방안이 강구되어야 한다. 피해자가 범죄신고를 꺼리는 이유에는 사후보복을 두려워하거나 범인검거를 기대하기 어렵다고 생각하거나 수사기관을 불신하거나 자신의 피해가 경미하다고 여기는 등의 몇 가지 이유가 제시된다(김재민, 2012a, p. 204). 보복의 두려움을 제거하기 위해서는 피해자의 신변안전 확보를 위한 정책이 추진되어야 하며, 수사기관의 신뢰성을 높이기 위해서는 평소 수사활동을 함에 있어서 형사절차 진행에 필요한 정보를 제공하거나 친절한 태도를 견지하는 등의 변화가 필요하다 할 것이다.

02

범죄피해자의 권리

2-1. 범죄피해자 권리보호의 근거

전통적 형사사법시스템 하에서 범죄피해자가 형사절차 진행과정에서 소외되어 왔다는 것은 일반적으로 잘 알려져 있다. 그러나 1970년대 이후 범죄피해자의 권리보호 문제가 세계 각국에서 중요한 이슈로 다뤄지면서 많은 나라가 범죄피해자의 법적 지위를 개선하는 작업들을 추진하고 있다. 이러한 피해자의 법적 지위의 개선은 국제규범 또는 국내규범에 피해자 권리보호 사상이 투영되어 가는 것과 그 맥을 같이하고 있다.

2-1-1. 국제규범

범죄피해자 권리보호의 기본방향을 밝힌 국제규범으로 UN의 「피해자인권선언」7)을 들 수 있다. 이 규범은 1985년 발효가 되었는데 법적 구속력은 없으나 범죄피해자를 위한 "권리헌장"으로서의 성격을 지녔다고 볼 수 있으며(Groenhuijsen, 2008, p. 7), 범죄피해자 보호를 위한 기본원칙들을 정함에 있어서 세계 각국 입법정책의 방향타가 되었다고 볼 수도 있다(Dussich, 2008, p. 6). Groenhuijsen은 이 UN의 피해자인권선언에 다음과 같은 피해자 권리들의 내용이 담겨 있다고 주장한다(Groenhuijsen, 2008, p. 8).

---

7) 이 피해자인권선언의 원 명칭은 "범죄피해자와 권력남용 피해자를 위한 사법정의의 기본원칙선언(UN Declaration of Basic Principles of Justice for Victims of Crime and Abuse of Power)"이다. 이하부터 위 규범을 "피해자인권선언"이라 칭하기로 한다.

① 동정심과 인간존엄의 정신을 바탕으로 처우 받을 기본적 권리(The fundamental right for victims to be treated with compassion and with respect for their dignity)

② 정보제공을 받을 권리(The right of the victim to receive information)

③ 국가기관에 정보를 제공할 권리, 피해자의 견해가 형사절차에서 표현되고 고려되어야 할 권리(The right of the victim to provide information to the authorities; that is, it allows for the views of the victim to be presented and considered in the course of criminal proceedings)

④ 법적 절차의 진행 과정에서 적절한 지원을 받을 권리(The right of victims to have proper assistance throughout the legal process)

⑤ 프라이버시와 신변안전을 보호받을 권리(The right of victims to protection of privacy and physical safety)

⑥ 공식적 분쟁해결 절차에 참여할 수 있는 권리(The right victims to participate in any formal dispute resolution)

⑦ 사회적 지원을 받을 권리(The right of victims to social assistance)

⑧ 가해자로부터 배상을 받을 권리(The right of victims to restitution by the offender)

⑨ 국가로부터 보상을 받을 권리(The right of victims to state compensation)

⑩ 국가가 다른 정부기관, NGO, 시민단체 등과 협력체계를 구축하여 피해자의 권리가 강화됨에 따라 피해자가 향유할 수 있는 권리(The right of victims that States should build partnerships between government agencies, NGOs, and civil society to promote victims' rights)

Groenhuijsen은 위에서 보면 알 수 있듯이 UN 피해자인권선언에 담긴 내용을 피해자의 권리로 파악하였지만 많은 학자가 위에서 제시한 피해자 권리에 관한 내용이 대외적 구속력이 없기 때문에 실효적 피해자 권리라고는 볼 수 없고 다만 세계 각국의 피해자보호를 위한 입법원칙들로 이해되어야 한다고 주장한다(Joutsen, 2012, p. 4; Davis et al., 2013, p. xi; Kirchhoff, 2008, p. 52, p. 54).

한편, 2001년 유럽회의(Council of Europe)에서 정립된 범죄피해자 권리를 위한 「중추적 결정(Framework Decision)」에서는 다음과 같은 피해자 권리들이 제시되고 있는바 함께 참고할 필요가 있다(Wolhuter et al., 2009, p. 121).

① 형사절차에서 피해자의 이익보호와 관련되는 정보를 제공받을 권리(The right to receive information of relevance for the protection of their interests' throughout the criminal justice process)

② 피해자의 신변안전과 프라이버시의 보호를 받을 권리(The rights to protection, particularly as regards their safety and privacy)

③ 재판절차에 참여하여 방청하고 증거를 제시할 수 있는 권리(The rights of being heard and to give evidence safeguarded)

④ 국가에 의해서 범죄피해에 대한 보상(구조금)을 받을 권리(The right to compensation by the state)

위의 피해자 권리에 관한 원칙들이 유럽사법재판소(European Court of Justice)에 의해 해석되어지면 유럽 각국은 자국 법령의 입법과 재판에 이러한 피해자 권리의 원칙들을 적용하도록 되어 있으므로 유럽회의의 중추적 결정(Framework Decision)상에 나타난 피해자 권리들이 나라별로 실효적일 수도 있으나 그 반대도 가능하다. 즉, 어떤 나라들은 입법과 재판과정에서 재량권을 행사하여 이들을 명목상의 권리로 만들어 버릴 수 있는 것이다.

2-1-2. 국내규범

우리나라 헌법 제10조에서는 "모든 국민은 인간으로서의 존엄과 가치를 가지며, 행복을 추구할 권리를 가진다. 국가는 개인이 가지는 불가침의 기본적 인권을 확인하고 이를 보장할 의무를 진다"고 규정하고 있다. 여기에 범죄피해자 권리보호의 기본정신이 담겨있다. 헌법 제10조는 범죄피해자 권리보호 사상이 표출된 근본조항이라고 볼 수 있는 것이다. 즉, 피해자도 일반 시민과 같이 인간으로서 존엄하게 다뤄질 권리, 행복추구의 권리, 기본적 인권을 국가로부터 확인받고 보호받을 권리를 헌법 제10조에 의해 보장받고 있는 것이다. 그러므로 국가는 타인의 행위로 말미암아 피해자의 인간존엄성 및 행복추구권이 파괴될 위험성이 있는 경우 그 위험성을 제거하거나 그 위험성이 현실화 되지 않도록 미리 위험을 차단하여야 하며, 타인의 범죄행위로 피해자의 인권이 침해되었다면 국가는 그러한 권리침해

행위의 존재 여부를 확인한 후 피해를 회복시키기 위해 노력해야 할 의무가 있는 것이다(김재민, 2012c, p. 142).

우리 헌법에는 위와 같이 범죄피해자 권리보호의 밑바탕이 되는 헌법 제10조와 같은 조항도 있지만 범죄피해자 구조금청구권(헌법 제30조), 법정진술권(헌법 제27조 제5항)과 같이 피해자의 피해회복과 권리실현을 돕는 구체적 조항도 존재하고 있다.

[그림 2-1] 피해자 권리보호의 근거

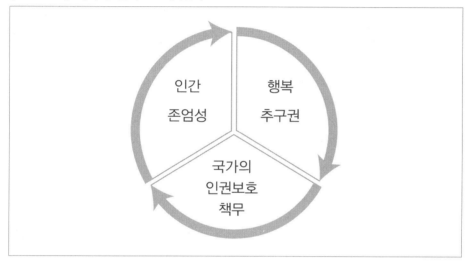

법률로서 범죄피해자 권리보호의 원칙을 선언한 것이 바로 2005년도에 제정되어 2006년부터 시행된 범죄피해자보호법(법률 제7731호)이다. 이 범죄피해자보호법 제정을 통해 우리나라에서 피해자보호의 과제가 국정운영 기본방향 중 하나임을 분명히 나타내게 된 것이다. 이 법에는 범죄피해자 보호정책의 기본이념, 피해자보호를 위한 국가나 지방자치단체의 책무, 범죄피해자 보호 및 지원을 위한 국가의 기본 시책 등이 체계적으로 제시됨으로써 범죄피해자의 보호 및 지원이 국가정책의 중요한 방향임을 대외적으로 천명하게 된 전기가 되었다(김재민, 2012c, p. 147). 이후 위 법은 종래의 범죄피해자구조법을 흡수하여 범죄피해자 구조금 지급절차까지 직접 규정하게 됨으로써 그 중요성이 더욱 커지게 되었다. 범죄피해자보호법에 범죄피해자 권리와 관련되는 내용으로는 다음과 같은 것들이 있다.

① 범죄피해자의 인간존엄성을 보장받을 권리(제2조 제1항)

② 범죄피해자의 명예와 사생활의 평온이 보호될 권리(제2조 제2항, 제9조 제1항)

③ 관련된 사건의 법적 절차에 참여할 권리(제2조 제3항, 제8조)

④ 범죄피해자의 손실이 복구되는 과정에서 지원받을 권리(제7조 제1항, 제16조)

⑤ 신체적, 정신적 안정과 회복을 지원받을 권리(제7조 제2항 내지 제3항)

⑥ 정보제공을 받을 권리(제8조 제2항, 제8조의 2)

⑦ 신변안전의 보호를 받을 권리(제9조 제2항)

그 밖에 범죄피해자 권리보호에 기여하는 개별 법률들도 다수 존재한다. 그중에 대표적인 것들을 들자면 범죄피해자에 대한 물질적 지원을 위한 재정확보의 근거 법률인 범죄피해자보호기금법, 성범죄피해자 권리보호 규정을 담고 있는 아동·청소년 성보호에 관한 법률과 성폭력범죄의 처벌 등에 관한 특례법, 범죄를 신고하는 피해자의 신변안전 등을 확보하고자 입법된 특정범죄 신고자 등 보호법, 강요 혹은 인신매매 등을 통해 성매매를 하게 된 성매매 피해자 보호를 위한 성매매방지 및 피해자보호 등에 관한 법률, 범죄피해자가 형사절차 속에서 가해자로부터 손해배상을 받을 수 있도록 하는 배상명령제도의 근거규정인 소송촉진 등에 관한 특례법 등이 그것이다.

2-2. 범죄피해자 권리의 유형

범죄피해자의 권리는 크게 절대적 권리(absolute rights), 상대적 권리(relative rights), 명목상 권리(nominal rights) 등으로 구분할 수 있다(김재민, 2012a, p. 214). 절대적 권리라 함은 따로 법률을 두고 있지 않아도 헌법에 근거하여 당연히 인정되는 권리로서 헌법 제10조 인간존엄성 및 행복추구권, 헌법 제11조 평등권 등이 바로 그것이다. 상대적 권리라 함은 법률 제정을 통하여 비로소 권리로서의 성질을 갖게 되는 것으로서 범죄피해자보호법 제25조의 "범죄피해자 구조금 지급 신청권", 아동·청소년의 성보호에 관한 법률 제30조의 "피해자의 변호인 선임권" 등이 이에 속한다. 명목상의 권리라 함은 법령에서 피해자 권리라는 용어는 사용하고 있지만 실제로는 그 권리를 실현이 보장되지 않는 권리로서 범죄피해자보호법 제8조의 2 "범죄피해자에 대한 정보제공", 성폭력범죄의 처벌 등에 관한 특례법

제29조 "수사 및 재판절차에서의 배려" 등이 이에 속한다. 절대적 권리와 상대적 권리의 경우 권리가 침해되었을 때에 법적 절차를 통해 구제를 받을 수 있지만, 명목상의 권리는 피해자 권리의 실현 여부가 법집행기관의 재량에 달려 있거나 권리의 실체가 존재하는지 여부조차 법원의 판단재량에 맡겨져 있어 권리 실현이 불투명하다고 볼 수 있다. 이에 명목상의 권리를 "환상적 권리(illusionary rights)"라고도 한다(김재민, 2012b, p. 244; Joutsen, 2012, p. 3-4; Beloof, 2005, p. 258-259).

2-3. 범죄피해자 권리의 실효성 확보

2-3-1. 명목상의 피해자 권리의 등장 배경

아무리 범죄피해자의 권리가 법률로 규정되어 있다고 하여도 피해자가 그 권리를 실현할 수 없는 명목상의 권리에 지나지 않는다면 그것은 피해자에게 실질적인 유익이 되지 못한다. 그렇다면 피해자에게 실질적인 유익이 되지 못함에도 왜 명목상의 피해자 권리가 법률에 반영되는 일이 발생하게 되는가 하는 의문이 생긴다. 이러한 의문을 풀기 위해서는 사회현상에 대한 사회정치학적 분석이 필요하다. 즉, 현행 형사사법시스템의 존속을 희망하는 보수적인 정치인, 법조인, 법집행자들과 피해자 권리보호를 위한 사회운동가 사이에 발생하는 갈등해결 차원의 타협의 산물로 그러한 명목상의 피해자 권리가 탄생하고 있는 것이다.

정치적, 행정적 권력을 가지고 있는 사회지도층은 범인을 체포하고 처벌하는 것, 이른바 사회통제 혹은 범죄통제에 관심을 많이 가진 나머지 피해자 문제에는 소홀하기 쉬운 반면 사회운동가들은 범죄로 인해 고통을 당하고 있는 피해자들의 목소리를 들으면서 그러한 고통을 최소화하는 데 도움이 되도록 피해자에게 실질적인 권리를 부여하는 방향으로 현행 법제가 개선되어야 한다고 요구하게 된다. 사회운동가들의 피해자 권리보장의 요구는 때로는 현행 형사사법 시스템의 기반을 흔들수도 있다는 두려움을 심어주는 것이어서 이들의 요구를 모두 수용하기 어려운 경우가 많다. 반면 정치인들은 이러한 시민단체들의 정치적 압력을 무시하기 어렵고, 법조인과 행정가들은 시대의 흐름에 부응하는 판결과 법집행으로서 국민의 신뢰를 얻고자 한다. 여기서 이 양자의 절충점이 필요한 것이다. 즉, 사회운동가들의 변혁 요구를 수용하는 태도를 취하면서도 현행 형사사법 시스템에 큰 부담을 주지 않는 입법기술을 발휘한 결과 명목상의 피해자 권리가 만들어지게 되는 것이다.

그러나 현행법상의 모든 피해자 권리들이 명목상의 권리인 것만은 아니다. 많은 명목상의 권리 중 범죄피해자 권리보호에 대한 국민적 공감대가 강하게 형성된 사항에 대하여는 이미 피해자 권리가 실효성을 갖추고 있는 경우들이 있다. 가정폭력범죄의 처벌 등에 관한 특례법 제55조의 2에 제시된 피해자의 "피해자보호명령 청구권", 범죄피해자보호법 제25조상의 "범죄피해자 구조금청구권", 특정범죄신고자 등 보호법 제8조의 "범죄피해자 인적사항 공개와 관련된 프라이버시권" 등이 그러한 예들이다.

문제는 현재의 명목상의 피해자 권리들을 어떻게 실효적 권리로 만들 것인가에 관한 것이다. 그렇다고 명목상의 피해자 권리 모두에 대하여 실효성을 확보하기란 현실적으로 어려울 수 있다. 피해자의 권리가 강화되면 형사사법 시스템 측면에서 보았을 때 피해자의 억울한 사정에 대하여 공소유지를 행하는 검사의 권한이 더욱 강해지는 결과가 되어 피고인과의 힘의 균형이 깨져 불합리한 판결로 이어질 수 있다는 우려가 있기 때문이고, 행정작용적 측면에서 보면 법집행에 필요한 인적, 물적 자원이 충분히 확보되지 않은 상태에서 과도한 형사적, 행정적, 민사적 책임부과는 법집행자들에게 감내하기 어려운 고통을 부과할 수 있기 때문이다. 그러므로 이러한 우려를 불식시키는 범위 내에서 어떻게 범죄피해자의 권리의 실효성을 확보할 것인가 하는 것이 중요한 문제로 대두되는 것이다.

2-3-2. 범죄피해자 권리의 실효성 확보 방안

어떤 권리가 과연 실효적인지를 판단할 때 그 판단기준으로 Beloof는 세 가지를 제시한다. 즉, ① 재량적 용어의 사용 여부, ② 구제책이 있는지 여부, ③ 법원의 사법심사가 가능한지 여부 등이다(Beloof, 2005, p. 258−259; 김재민, 2006, p. 246).

먼저, 피해자의 권리가 법문에 재량적 용어로 기술이 되어 있다면 이는 명목상의 권리로 볼 수 있다. 권리의 실현 여부가 법집행기관이나 법원의 재량에 매이기 때문이다. 이때 피해자 권리를 기술할 때 사용되는 재량적 용어로는 "...할 수 있다"는 표현을 들 수 있다. 예컨대 과거 범죄피해자보호법(법률 제12187호, 2014.1.7. 시행)의 제8조 제2항은 피해자의 형사절차 참여 보장과 관련하여 "국가는 범죄피

해자가 요청하면 가해자에 대한 수사 결과, 공판기일, 재판 결과, 형 집행 및 보호
관찰 집행 상황 등 형사절차 관련 정보를 대통령령으로 정하는 바에 따라 제공할
수 있다"고 규정하고 있었다. 이는 만일 국가가 관련정보를 제공하지 않는다 하더
라도 이는 법률에 의해 강제되는 의무가 아니고 정보의 제공 여부가 국가의 자율
적 재량(discretion)에 일임되어 있기에 위법이 구성되지 않는 것이었다. 그러나 현
행 범죄피해자보호법 제8조의 2에 제1항에서는 "국가는 수사 및 재판 과정에서 다
음 각 호의 정보를 범죄피해자에게 제공하여야 한다"고 정보제공 의무규정에 기속
적 용어(mandatory language)를 사용함으로써 정보제공 불이행 시 위법성 판단을
받을 수 있는 여지를 마련하였다.

둘째, 만일 피해자의 권리가 침해를 당했다고 하여도 구제책이 없다면 그것은
실효적 권리라고 볼 수 없다. 예컨대 범죄피해자보호법 제8조의 2 제1항에서 국가
의 범죄피해자에 대한 정보제공 의무를 규정하면서 "국가는 수사 및 재판 과정에
서 다음 각 호의 정보를 범죄피해자에게 제공하여야 한다"고 하여 기속적 용어를
사용하여, 언뜻 본 조항이 실효적인 피해자의 권리인 것처럼 보인다. 그러나 위의
범죄피해자보호법과 동 시행령에는 국가의 정보제공의무 위반행위에 대한 어떤
제재조항도 발견되지 않는다. 다시 말하면 국가 공무원의 피해자에 대한 정보제공
의무위반 행위에 대하여 소송이 제기된다 하더라도 처벌규정이 없기 때문에 죄형
법정주의 원칙상 형사처벌은 불가능한 것이고, 정보 미제공으로 손해가 발생하여
민사상 손해배상청구소송을 제기한다 하더라도 정보 미제공과 손해발생 사실 간
의 인과관계를 피해자가 밝혀야 하는 입증부담 때문에 피해자들이 민사적 구제책
을 원활하게 사용하는 것을 기대하기 어렵다. 다만, 진정, 탄원 등의 민원을 제기
하여 해당 공무원에 대한 징계책임을 물을 수 있을 것이나 그나마 징계권 행사도
행정기관의 재량에 매여 있는 것이어서 피해자 권리의 실효성 확보에는 큰 도움이
되지 못한다. 따라서 범죄피해자의 권리를 실효적으로 만들기 위해서는 중요한 피
해자 권리를 침해하는 행위가 있을 경우, 법적 책임을 부과하는 조항을 마련하여
권리실현을 담보하고 민사적 구제조항을 명문화하여 그 구제를 용이하게 해주어
야 할 것이다.

셋째, 피해자의 권리에 대한 실효성이 확보되려면 사법심사를 행하는 판사들
의 적극적이고 전향적인 판결태도가 필요하다. 피해자 권리침해 문제로 소송이 제
기될 때 이를 심사하는 판사들은 피해자 권리가 재량적 규정으로 되어 있는 경우

피해자 권리의 실체(보호법익) 자체를 인정하지 않을 수 있어 본안심사를 거부할 수 있고, 헌법이나 법률에 사법심사를 제한하는 규정이 있는 경우 판사의 사법심사 거부가 정당화된다. 법에 명문으로 사법심사를 제한하는 규정을 둔 경우에는 법관의 사법심사 거부가 불가피하다고 여겨지나 재량적 용어로 기술된 범죄피해자의 권리침해에 대하여 국가의 행정법상, 민사법상 책임을 전면적으로 부인하는 획일적인 판결은 재고되어야 할 것이다. 비록 재량적 용어로 기술된 범죄피해자의 권리라 할지라도 그 권리침해로 말미암아 감내해야 하는 피해자의 고통이 지극히 큰 것이라면 헌법 제10조에 근거하여 범죄피해자의 행복추구권 침해 및 범죄피해자 보호에 대한 국가의 책무위반을 이유로 범죄피해자의 권익보호 차원에서 전향적인 사법심사를 진행해야 할 필요가 있는 것이다.

2-4. 현행법상 범죄피해자의 권리

2-4-1. 인격존중에 대한 권리

범죄피해자보호법 제2조 제1항에서는 "범죄피해자는 범죄피해 상황에서 빨리 벗어나 인간의 존엄성을 보장받을 권리가 있다"고 선언하고 있다. 피해자의 인간 존엄성 원칙을 피해자보호를 위한 기본법에서 명확하게 천명하고 있는 것이다. 그러나 위 법문을 보면 범죄피해 상황에서 빨리 벗어나는 것만이 인간존엄성을 보장받을 수 있는 방편인 것처럼 기술함으로써 피해자에 대한 인간존엄성 보장을 결과론적으로 설명하고 있지만, 오히려 수사 진행 중에 피해자의 고통에 공감하면서 친절하게 응대하는 태도를 취하는 것처럼 인간존엄성 보장은 과정론적 노력의 산물이라고 보아야 한다.

한편, 형사소송법 제198조 제2항에서는 "검사·사법경찰관리와 그 밖에 직무상 수사에 관계있는 자는 피의자 또는 다른 사람의 인권을 존중하고 수사과정에서 취득한 비밀을 엄수하며 수사에 방해되는 일이 없도록 하여야 한다"고 규정하고 있다. 여기서 "다른 사람의 인권"에는 범죄피해자의 인권도 해당됨은 물론이다. 수사과정에서 범죄피해자의 인권을 존중하는 방법으로서는 출석요구를 남발하거나 불필요하게 반복 조사하지 않는 방법, 범죄피해자를 조사할 때 심리적 안정을 취할 수 있는 환경을 조성해 주고 조사받기에 편한 시간대를 선택하도록 해 주는 것, 조사를 진행함에 있어서 피해자를 비난하거나 인격적인 모독을 줄 수 있는 언행을 피하는 것 등을 들 수 있을 것이다.

위의 인격존중에 관한 권리가 실효적 권리인가에 대해서는 논란이 있을 수 있다. 피해자에 대한 인격존중 위반행위에 대하여 명시적인 제재조항이라든가 구제수단이 범죄피해자보호법이나 형사소송법에 존재하지 않기 때문이다. 그러나 수사과정의 중대한 인격권 침해행위에 대해서는 헌법 제10조 위반을 근거로 헌법소원을 제기할 수 있기에 그 실효성을 전면적으로 부정하기는 어렵다고 본다. 다만 이 권리규정이 선언적 규정 형태를 띠고 있고, 실효성을 담보하는 명시적 제재조항이나 구체적 권리실현 규정이 불비하며, 사후에 피해자가 헌법소원 제기절차를 밟는 것이 용이하지 않다는 점을 되새겨 볼 때 그 실효성이 약화될 소지가 다분하다고 생각된다.

2-4-2. 정보제공에 대한 권리

형사절차에 편입되는 범죄피해자가 직면하게 되는 두려움과 당혹감은 대개 형사절차에 대한 무지에서 기인하는 측면이 크다. 범죄피해자는 범죄피해를 입은 사실 자체만 가지고도 고통스러운 것이지만 수사기관의 출석요구를 받고 수사관서 조사실에 나가 진술한다는 것은 피해자에게는 심적 부담을 주는 것이며, 이러한 상황에서 형사절차 진행 전반에 대한 무지는 심적 부담을 가중시키는 요인이 되는 것이다. 이러한 때에 형사절차 전반에 대한 정보제공은 범죄피해자의 심리적 부담을 줄여주고 막연한 두려움을 해소시켜주는 기능을 하게 된다.

우리나라 범죄피해자보호법은 제8조 제2항과 제8조의 2에서 범죄피해자에 대한 정보제공의 원칙을 천명하고 있다. 즉, 제8조 제2항에서는 "국가는 범죄피해자가 요청하면 가해자에 대한 수사 결과, 공판기일, 재판 결과, 형 집행 및 보호관찰 집행 상황 등 형사절차 관련 정보를 대통령령으로 정하는 바에 따라 제공할 수 있다"고 규정하고 있고, 제8조의 2에서는 "국가는 수사 및 재판 과정에서 다음 각 호의 정보를 범죄피해자에게 제공하여야 한다. 1. 범죄피해자의 해당 재판절차 참여 진술권 등 형사절차상 범죄피해자의 권리에 관한 정보, 2. 범죄피해 구조금 지급 및 범죄피해자 보호·지원 단체 현황 등 범죄피해자의 지원에 관한 정보, 3. 그 밖에 범죄피해자의 권리보호 및 복지증진을 위하여 필요하다고 인정되는 정보"와 같은 것들이다.

형사소송법 제259조의 2 또한 범죄피해자에 대한 정보제공 규정을 두고 있다. 즉, "검사는 범죄로 인한 피해자 또는 그 법정대리인(피해자가 사망한 경우에는 그 배우자·직계친족·형제자매를 포함한다)의 신청이 있는 때에는 당해 사건의 공소제기 여부, 공판의 일시·장소, 재판결과, 피의자·피고인의 구속·석방 등 구금에 관한 사실 등을 신속하게 통지하여야 한다"라고 하고 있는 것이다. 이 밖에도 제258조 고소인 등에의 처분 고지, 제259조 고소인 등에의 공소불제기 이유 고지 등도 중요한 정보제공 규정들에 속한다.

이러한 피해자에 대한 원활한 정보제공은 피해자에게 자신감과 정서적 안정감을 심어주고, 피해회복을 빠르게 하는 기능을 한다. 그러나 이 정보제공을 받을 권리가 현실적으로 피해자에게 실효성이 있을지는 의문이다. 범죄피해자보호법 제8조가 국가의 정보제공 의무를 재량규정화하고 있는 반면, 제8조의 2에서는 기속규정화함으로써 일관성이 없는 점도 문제이지만 설사 범죄피해자보호법 제8조의 2와 형사소송법 제259조의 2에서와 같이 기속규정으로 정보제공을 의무화하고 있다 하여도 이에 수반하여 의무위반에 대한 제재규정과 구제수단 등이 제시되어 있지 않아 위 권리실현이 담보되지 않고 있는 것이다. 따라서 피해자에 대한 정보제공은 각 수사관 개개인의 직업윤리에 기초한 의사결정에 맡길 수밖에 없다. 다만 형사소송법 제259조 "고소인 등에의 공소불제기 이유 고지" 위반이 있을 경우 재정신청이나 헌법소원 등을 통해 정보제공 불이행에 따른 불법문제를 법정에서 다룰 수 있을 것이다. 이와 같이 정보제공과 관련된 권리침해를 이유로 소송이 제기되었을 때 피해자 인권보호적 차원에서 판사들이 적극적인 태도를 가지고 사법심사에 임함으로써 피해자의 정보제공에 관한 권리실현을 도울 여지는 있다고 볼 것이다.

2-4-3. 프라이버시에 대한 권리

정보제공과 관련된 범죄피해자의 권리가 범죄피해자보호법뿐만 아니라 각 개별법령에서조차 비실효적 성격이 강한 데 비하여 프라이버시 보호에 관한 권리는 범죄피해자보호법 제9조에서의 선언적 표현에도 불구하고 각 개별법에서 권리의 실효성을 높이기 위한 수단을 수반하는 경우가 많다.

예컨대, 범죄피해자보호법 제9조 제1항은 "국가 및 지방자치단체는 범죄피해자의 명예와 사생활의 평온을 보호하기 위하여 필요한 조치를 하여야 한다"라고 국가기관의 행동방침만을 표방하고 있지만 가정폭력범죄의 처벌 등에 관한 특례법 제18조 제1항은 가정폭력범죄의 수사 또는 가정보호사건의 조사·심리 및 그 집행을 담당하거나 이에 관여하는 공무원이 직무상 알게 된 비밀을 누설하지 못하도록 하고 있고, 제18조 제2항은 "이 법에 따른 가정보호사건에 대하여는 가정폭력행위자, 피해자, 고소인, 고발인 또는 신고인의 주소, 성명, 나이, 직업, 용모, 그 밖에 이들을 특정하여 파악할 수 있는 인적 사항이나 사진 등을 신문 등 출판물에 싣거나 방송매체를 통하여 방송할 수 없다"라고 하면서 피해자에 관련하여 직무상 알게 된 비밀을 누설한 경우에는 1년 이하의 징역이나 2년 이하의 자격정지 또는 1천만 원 이하의 벌금에 처하고(제64조 제1항), 보도 금지 의무를 위반한 신문의 편집인·발행인 또는 그 종사자, 방송사의 편집책임자, 그 기관장 또는 종사자, 그 밖의 출판물의 저작자와 발행인에 대하여는 500만 원 이하의 벌금에 처하도록 함으로써(제64조 제2항) 이 권리의 실현을 형벌로써 담보하고 있는 것이다.

　이렇듯 형사적 제재로써 프라이버시에 관한 권리실현을 보장하고 있는 것은 성폭력범죄의 처벌 등에 관한 특례법 제24조(피해자의 신원과 사생활 비밀누설 금지)도 마찬가지이다. 동법 제50조 제2항에서 2년 이하의 징역 또는 500만 원 이하의 벌금으로 그 이행을 강제하고 있기 때문이다. 그러한 의미에서 범죄피해자의 프라이버시에 관한 권리는 실효적 권리고 할 수 있다.

2-4-4. 신변안전에 대한 권리

　피해자가 수사기관으로부터 조사를 받는 과정에서 가장 두려워하는 것이 있다면 그것은 가해자로부터의 보복이나 위협이라고 할 수 있다. 실제로 피해자가 가정폭력을 당한 후 2번이나 신고하였음에도 그때마다 불구속으로 풀려난 가해자가 피해자를 결국 살해하고 말았던 사건은 수사진행 과정에서 피해자 보호가 얼마나 소홀할 수 있는지를 보여준 사건이었다.[8]

---

8) 이 사건은 안산시 단원구에서 40대 중국동포가 동거녀를 지속적으로 폭행한 후 살해한 사건이었다. 피해자가 2차례나 경찰에 신고하였지만 한번은 가정보호사건으로 처리되어 방면되었고, 다른 한번은 기소유예처분으로 석방되어 피해자에 대한 폭행을 계속해 오다가 살인에 이르게 된 것이다.
http://www.yonhapnews.co.kr/bulletin/2015/06/25/0200000000AKR20150625049800061.HTML?input=1195m(2015.7.10. 검색)

이처럼 피해자가 가해자의 보복으로부터 안전하다는 확신을 갖지 못하면 범죄 피해의 신고가 쉽지 않을뿐더러 피해자진술의 정확성과 신뢰성도 떨어지게 된다. 따라서 수사관은 피해자를 출석요구하거나 조사를 진행하는 과정에서 피해자가 안전하다는 확신을 심어주어야 하고 실제로 신변안전 확보를 위한 제반 조치를 취할 수 있어야 한다.

범죄피해자의 신변안전조치에 대한 권리와 관련되는 대표적 법적 근거는 특정범죄신고자 등 보호법 제13조의 신변안전조치 조항이라고 할 수 있다. 즉, 위 법의 제13조 제1항에서는 "검사 또는 경찰서장은 범죄신고자 등이나 그 친족 등이 보복을 당할 우려가 있는 경우에는 일정 기간 동안 해당 검찰청 또는 경찰서 소속 공무원으로 하여금 신변안전을 위하여 필요한 조치(이하 "신변안전조치"라 한다)를 하게 하거나 대상자의 주거지 또는 현재지(現在地)를 관할하는 경찰서장에게 신변안전조치를 하도록 요청할 수 있다. 이 경우 요청을 받은 경찰서장은 특별한 사유가 없으면 즉시 신변안전조치를 하여야 한다"라고 하고 있고, 제2항에서는 "재판장 또는 판사는 공판준비 또는 공판진행 과정에서 검사에게 제1항에 따른 조치를 하도록 요청할 수 있다"하고 있으며, 제3항에서는 "범죄신고자 등, 그 법정대리인 또는 친족 등은 재판장·검사 또는 주거지나 현재지를 관할하는 경찰서장에게 제1항에 따른 조치를 하여 줄 것을 신청할 수 있다."라고 규정하고 있다. 위의 범죄신고자 등의 범주에는 범죄피해자가 포함됨은 물론이다. 특정범죄신고자 등 보호법 상의 신변안전조치의 종류로는, ① 일정 기간 동안의 특정시설에서의 보호, ② 일정 기간 동안의 신변경호, ③ 참고인 또는 증인으로 출석·귀가 시 동행, ④ 대상자의 주거에 대한 주기적 순찰이나 폐쇄회로 텔레비전의 설치 등 주거에 대한 보호, ⑤ 그 밖에 신변안전에 필요하다고 인정되어 대통령령으로 정하는 조치 등이 있다(동법 제13조의 2).

가정폭력범죄 등 처벌에 관한 특례법에는 가정폭력 피해자에 대한 신변안전조치의 수단으로 여러 가지가 제시되어 있다. 즉, 경찰이 범죄현장에서 가해자에 대하여 취할 있는 조치로서 응급조치(제5조), 긴급임시조치(제8조의 2)가 있는가 하면, 경찰의 신청으로 검사가 청구하여 법원이 결정하게 되는 가해자의 행동을 통제하는 임시조치(제29조)가 있고, 피해자의 청구에 대하여 법원의 결정으로 가해자의 행동을 통제하는 피해자보호명령(제55조의 2)와 임시보호명령(제55조의 4) 등이 있는 것이다.

그렇다면 이러한 피해자의 신변안전 보호에 대한 권리는 실효성이 있는지 그 어부를 살펴본다. 먼저 특정범죄신고사 등 보호법상 신변보호조치 요청을 받은 경찰이 아무런 조치를 취하지 않아 피해자가 공격을 당하여 상해를 입거나 사망했을 경우 비록 위 법에는 신변안전조치 불이행에 대한 처벌조항은 없으나 형법 제122조에 의거하여 공무원의 직무유기죄로 처벌이 가능하고, 경찰관의 의무 불이행이 고의이거나 과실에 기인한 경우에는 국가를 상대로 손해배상을 청구하여 피해자가 입은 손해에 대하여 물질적 배상을 확보할 수도 있다(국가배상법 제2조). 따라서 특정범죄 신고자 등 보호법에는 제재조항이 없을지라도 신변안전 확보에 대한 권리는 형법이나 국가배상법에 의하여 그 실현이 강제되고 있다 하겠다. 또한 가정폭력범죄 등 처벌에 관한 특례법에서는 가해자의 임시조치 불이행에 대하여 과태료를 부과하거나(제65조), 피해자보호명령이나 임시보호명령 불이행에 대하여 형사처벌을 가함으로써(제63조) 신변안전 보호조치의 실효성을 확보하고 있다고 보겠다.

2-4-5. 물질적 지원에 대한 권리

범죄피해를 당한 피해자가 그 피해로 인하여 생존기반을 잃게 된다면 수사기관의 범죄피해 조사 절차에 순조롭게 응하기가 쉽지 않을 것이다. 범죄피해자가 피해를 당한 후 물질적 지원이 필요한 이유는 이러한 생존기반을 지탱해 주기 위함이다. 피해자가 국가로부터 물질적 지원을 받을 수 있는 권리로서는 범죄피해자 보호법 제16조 내지 제32조상에 있는 범죄피해자 구조금 지급 청구권을 들 수 있다. 특히 범죄피해로 인하여 생계유지가 어려운 피해자에 대하여는 동법 제28조상의 긴급 구조금9)을 지급해 주어야 한다.

---

9) 범죄피해자보호법 제28조(긴급 구조금의 지급 등) ① 지구심의회는 제25조 제1항에 따른 신청을 받았을 때 구조피해자의 장해 또는 중상해 정도가 명확하지 아니하거나 그 밖의 사유로 인하여 신속하게 결정을 할 수 없는 사정이 있으면 신청 또는 직권으로 대통령령으로 정하는 금액의 범위에서 긴급 구조금을 지급하는 결정을 할 수 있다. ② 제1항에 따른 긴급 구조금 지급 신청은 법무부령으로 정하는 바에 따라 그 주소지, 거주지 또는 범죄 발생지를 관할하는 지구심의회에 할 수 있다. ③ 국가는 지구심의회가 긴급 구조금 지급 결정을 하면 긴급 구조금을 지급한다. ④ 긴급 구조금을 받은 사람에 대하여 구조금을 지급하는 결정이 있으면 국가는 긴급 구조금으로 지급된 금액 내에서 구조금을 지급할 책임을 면한다. ⑤ 긴급 구조금을 받은 사람은 지구심의회에서 결정된 구조금의 금액이 긴급 구조금으로 받은 금액보다 적을 때에는 그 차액을 국가에 반환하여야 하며, 지구심의회에서 구조금을 지급하지 아니한다는 결정을 하면 긴급 구조금으로 받은 금액을 모두 반환하여야 한다.

구조금의 종류에는 유족 구조금·장해 구조금 및 중상해 구조금 등이 있는데 유족 구조금은 구조피해자의 사망 당시(신체에 손상을 입고 그로 인하여 사망한 경우에는 신체에 손상을 입은 당시를 말한다)의 월급액이나 월실수입액 또는 평균임금에 24개월 이상 48개월 이하의 범위에서 유족의 수와 연령 및 생계유지상황 등을 고려하여 대통령령으로 정하는 개월 수를 곱한 금액을 지급하고, 장해 구조금과 중상해 구조금은 구조피해자가 신체에 손상을 입은 당시의 월급액이나 월실수입액 또는 평균임금에 2개월 이상 48개월 이하의 범위에서 피해자의 장해 또는 중상해의 정도와 부양가족의 수 및 생계유지상황 등을 고려하여 대통령령으로 정한 개월 수를 곱한 금액을 지급한다. 그러나 피해자가 해당 구조대상 범죄피해를 원인으로 하여 가해자로부터 손해배상을 받았으면 그 범위에서 구조금을 지급하지 않도록 하고 있다(제21조).

범죄피해로 인해 기초적 생계가 위태롭게 된 경우 이들을 사회복지적 차원에서 지원해 주고자 하는 법률도 있는데 긴급복지지원법이 그것이다. 이 법률은 가구구성원으로부터 방임(放任) 또는 유기(遺棄)되거나 학대 등을 당한 경우라든가 가정폭력을 당하여 가구구성원과 함께 원만한 가정생활을 하기 곤란하거나 가구구성원으로부터 성폭력을 당한 경우와 같이 범죄로 인해 생계유지가 곤란한 위기상황이 발생했을 때(제2조), 위기상황에서 벗어나 건강하고 인간다운 생활을 할 수 있도록 복지적 차원의 지원을 하고자 입법되었다(제1조).

긴급복지지원법에 따라 지원할 수 있는 내용으로는 ① 금전 또는 현물(現物) 등의 직접 지원 방법으로는 생계 지원(식료품비·의복비 등 생계유지에 필요한 비용 또는 현물 지원), 의료 지원(각종 검사 및 치료 등 의료서비스 지원), 주거 지원(임시거소(臨時居所) 제공 또는 이에 해당하는 비용 지원), 사회복지시설 이용 지원(사회복지사업법에 따른 사회복지시설 입소(入所) 또는 이용 서비스 제공이나 이에 필요한 비용 지원), 교육 지원(초·중·고등학생의 수업료, 입학금, 학교운영지원비 및 학용품비 등 필요한 비용 지원), 그 밖의 지원(연료비나 그 밖에 위기상황의 극복에 필요한 비용 또는 현물 지원) 등이 있고, ② 민간기관·단체와의 연계 등의 지원으로는 대한적십자사 조직법에 따른 대한적십자사, 사회복지공동모금회법에 따른 사회복지공동모금회 등의 사회복지기관·단체와의 연계 지원과 상담·정보제공 등의 지원 등을 들 수 있다.

그렇다면 이러한 물질적 지원을 받을 권리가 실효적 권리인지를 살펴본다. 범죄피해자 구조금 지급신청이 기각되거나 각하되면 신청인은 범죄피해구조금지급

본부심의회에 재심을 요청할 수 있고(범죄피해자보호법 제27조), 본부심의회에서도 이를 기각하거나 각하할 경우 이러한 처분에 대하여 행정소송을 제기할 수 있는 것이어서 범죄피해자 구조금 지급 청구권은 실효적 권리로 보아야 한다. 긴급복지지원법에 의한 지원의 경우에도 정당한 요건을 구비하였음에도 지방자치단체의 사후 조사(제13조)나 긴급지원심의위원회의 긴급 지원 적정성 심사(제12조)가 위법·부당하게 수행되어 긴급복지지원을 거부하였을 때에는 행정심판이나 행정소송을 통해 이러한 행정기관의 거부처분을 다툴 수 있다고 보아 실효적 권리로 봄이 타당하다고 볼 것이다.

2-4-6. 형사절차 참여에 대한 권리

과거 형사절차법에서도 피해자가 형사절차에 참여할 수 있는 권리들은 존재하고 있었다. 예를 들면 형사소송법 제223조에 의한 피해자의 고소권 행사는 수사기관에 수사의 단서를 제공함으로써 수사활동을 촉발시키는 것이기에 넓게 보면 형사절차 참여권으로서의 성질을 갖는 것이고, 1987년에 규정되었던 헌법 제27조 제5항과 형사소송법 제294조의 2의 피해자의 공판정 진술권은 법정에서 피해자가 증인자격으로 피해경험을 판사의 면전에서 진술할 수 있는 것이었기에 이 역시 형사절차 참여의 권리로 파악할 수 있는 것이다.

그러나 이러한 몇몇 규정들의 존재에도 불구하고 대체로 과거 전통적 형사절차에서의 피해자의 법적 지위는 증거방법의 한 종류에 해당할 뿐이어서 형사절차 속에서 피해자 자신의 이익을 주장하기란 쉽지 않았다. 그러던 것이 최근 피해자 권리 보장이 강조되면서 피해자도 자신의 이익보호를 위해 형사절차상 일정한 조치를 취할 수 있는 법적 근거들이 마련되고 있다. 피해자의 형사절차 참여권 행사가 잘 보장되어야 함을 원론적으로 천명하고 있는 법률은 범죄피해자보호법 제8조(형사절차 참여 보장)라고 할 수 있다.

각 개별법을 보면 이러한 범죄피해자보호법의 원론적 권리가 구체화되고 있음을 알 수 있다. 먼저 2007년도에 개정되었던 형사소송법(법률 8730호) 제294조의 2에서 보는 바와 같이 피해자 등의 법정진술권이 과거에 비해 강화되었고(Chapter Ⅱ. 1-2. 증인으로서의 지위 참조) 신뢰관계 있는 자와의 동석권 도입을 통해 취약해 질 수 있는 피해자의 형사절차 참여권을 보완하고 있으며(제163조의 2), 형사절차에 관한 정보제공의 근거를 명시하여 형사절차 참여를 원활하게 하는 한편(제 259조의 2), 피해자로 하여금 공판기록의 열람 등사를 허용함으로써(제294조의 2) 피해자에게 불리한 재판의 근거와 이유를 확인하고 불복을 용이하게 하도록 하였다. 뿐만 아니라 성폭력범죄 등 처벌에 관한 특례법에서는 그동안 피고인에게만 허용되어왔던 변호인 선임권을 법률지식이 부족한 피해자를 위하여 그들에게도 변호인 선임권을 부여하고(제27조) 아동이나 장애인 피해자와 같이 진술능력이 부족한 이들을 위하여 진술조력인을 선임하도록 하는 등(제37조 내지 제38조) 취약할 수 있는 피해자의 형사절차 참여권이 강화되는 움직임을 보이고 있다.

그렇다면 현행법상 형사절차 참여의 권리가 실효적인지를 검토해 본다. 먼저 고소권을 행사하였음에도 검사가 위법·부당하게 불기소처분을 하였다면 검찰항고와 재정신청을 통해 불복할 수 있다는 것은 앞서 살핀 바와 같다. 또 형사소송법이나 특별법 등에서 형사소송절차 참여에 관한 피해자의 제반 권리가 침해되어 판결에 영향을 미쳤을 때에 검사는 판결에 영향을 미친 법률이나 명령 위반이 있는 경우로서 항소이유가 된다고 할 수 있으므로(형사소송법 제361조의 5) 법적 구제로 이어질 수 있는 것이기에 피해자 권리가 실효적이라고 볼 수 있겠다.

CHAPTER

3

범죄피해자에 대한 지원

C·O·N·T·E·N·T·S

01

범죄피해자 지원의 중요성

　범죄피해자에 대한 지원이란 국가, 공공단체와 같은 공적기관이든지 아니면 민간단체 및 그 구성원과 같이 일반 개인이나 사적 기관이든 불문하고 피해자에 대한 경제적 지원, 정신·심리적 부조 및 법률구조를 비롯한 일체의 피해자 지원시책을 통틀어 피해자 지원이라고 한다(김용세, 2003, p. 97). 범죄피해자에 대한 경제적 지원은 주로 공적인 피해보상제도를 통해 피해자에게 물질적 지원을 하는 것을 의미하는데 반드시 공적보상제도에 국한하지 않는다. 즉, 범죄피해자에게 민간 변호사가 소송절차에서 무료 변론 또는 무료 법률상담을 해준다든지, 병원이 의료비 감면 혹은 면제를 해 주는 것도 경제적 지원에 해당하는 것이다. 범죄피해자에 대한 심리적 지원은 민간단체나 일반 민간인이 독자적으로 혹은 국가와 협력체계를 구축한 가운데 심리상담·심리치료·피난처 제공 등을 하는 것을 말한다. 법률적 지원은 국가나 민간단체 혹은 일반 개인이 피해자를 위하여 변호사 선임을 지원하여 소송을 수행하게 하거나 법률전문가가 피해자를 위하여 소송진행 시 법적 절차를 안내하거나 법률문제를 상담하는 등의 형태로 지원하는 것을 말한다.

　범죄피해자 조사를 진행할 때 피해자에게 적절한 지원을 행하는 것은 피해자의 피해회복과 2차 피해 예방적 차원에서 매우 긴요한 사항이 된다. 범죄피해로 말미암아 피해자는 좌절감, 두려움, 상실감 등으로 고통을 겪기 쉽기 때문에 적절한 시기에 피해자에게 필요한 각종 지원이 제공되지 않으면 그 고통은 더욱 심화되고 마침내 자해, 보복 등 더욱 극단적인 선택을 할 수도 있기 때문이다. 그러나 범죄피해 조사 과정에서 국가 혹은 민간단체를 통해 적절한 지원을 받게 되면 피해자가 자신감을 회복할 수 있음은 물론 심리적 안정감을 유지할 수 있게 되어 피해자 조사과정에서 피해자의 적극적인 협력을 이끌어 낼 수 있으며 진술의 정확성과 신뢰성도 더욱 높아질 수 있다고 할 것이다.

　범죄피해자에 대한 조사 진행시 위에서 제시한 세 가지 형태의 피해자 지원 외에 피해자의 신변안전을 확보해 주는 일도 매우 중요하다. 피해자 지원이 국가와 민간의 긴밀한 협력 하에 수행되는 점이 특징이라면 피해자의 신변안전 확보는 국가가 주도적으로 수행해야 하는 사항이다. 그러므로 정확하게 표현한다면 이러한 피해자의 신변안전 확보는 국가의 '피해자대책'에 속한다고 보아야 할 것이다. 그러나 본서에서는 피해자를 위한 신변안전 확보가 범죄피해자 조사를 성공리에 수행하도록 기여하는 측면이 있기 때문에 이 또한 범죄피해자 지원 영역에 속하는 것으로 이해하고자 한다. 따라서 범죄피해자의 지원 유형을 설명함에 있어서 피해자의 신변안전 확보에 관해서는 별도의 항목에서 기술하기로 한다.

02

범죄피해자에 대한 지원의 유형

2-1. 경제적 지원

피해자들이 범죄를 통해 입게 되는 고통은 경제적 문제와 직결된다. 치료비, 교통비, 장제비, 피해품의 망실에 따른 신제품 구입비나 수리비, 이사비용, 범죄예방 시설비용, 소송비용, 휴직이나 퇴직에 따른 경제적 원천의 상실 등은 피해자를 이중으로 괴롭히는 요인이 된다. 이러한 경제적 고통을 겪는 과정에서 피해자는 심리적 불안과 자괴감, 무력감을 갖기 쉽다. 이러한 심리적 환경이 피해자 조사에 부정적 영향을 줄 수 있음은 물론이다. 따라서 피해자에 대한 여러 가지 형태의 경제적 지원을 해 주는 것은 피해자 조사 시 피해자의 긍정적 태도를 이끌어 내고 조사에 협력하게 하는 요인이 될 수 있다.

우리나라의 범죄피해자에 대한 경제적 지원의 대표적 유형은 앞서 살펴본 범죄피해보호법 제16조 내지 제32조상의 "범죄피해자 구조금제도"이다. 범죄피해자 구조제도는 국가가 범죄로 피해를 입은 피해자의 경제적 손실을 보전해 주는 것으로서 범죄피해로 곤궁에 처한 시민을 경제적으로 지원해 주는 것이 현대 사회복지 국가의 이념에 합치하기 때문에 그 정당성을 획득한 제도이다. 우리나라의 범죄피해자 구조금은 각 지방검찰청 산하의 범죄피해자 구조금 지급 심의회의 심사를 거쳐 지급되고 있으며 그 재원은 범죄피해자보호기금법에 토대를 둔 범죄피해자보호기금으로서 법무부장관이 관리하고 있다. 국가가 범죄피해자에게 보상금을 지급한다는 점에서 이를 "피해보상(compensation)"이라고 할 수 있을 것이다.

한편, 가해자가 경제적 능력이 있음에도 범죄피해자가 입은 손해에 대하여 합리적 배상을 지연하거나 불이행하는 경우가 있다. 이때는 국가가 가해자로 하여금 손해배상을 강제함으로써 피해자에 대한 물질적 지원이 이뤄지게 할 필요가 있다. 이에 따라 현행 소송촉진 등에 관한 특례법은 제25조에 "배상명령"제도와 제36조에 "민사상 다툼에 관한 형사소송 절차에서의 화해"제도를 두고 있다. 가해자가 피해자에게 입힌 손해를 보전해주는 것은 국가가 피해자가 입은 손해를 보전해주는 보상(compensation)과는 다르기에 "배상(restitution)"이라고 표현하는 것이 적합하다.

소송촉진 등에 관한 특례법 제25조의 배상명령제도는 제1심 또는 제2심의 형사공판 절차에서 가해자가 상해죄, 폭행죄, 상해치사죄, 폭행치사죄, 업무상 위력 등에 의한 추행죄, 공중밀집장소에서의 추행죄, 성적 목적을 위한 공공장소 침입행위, 통신매체 음란행위, 카메라이용 촬영행위, 아동청소년 매매행위 중 어느 하나에 관하여 유죄판결을 선고할 경우, 법원이 직권에 의하여 또는 피해자나 그 상속인(이하 "피해자"라 한다)의 신청에 의하여 피고사건의 범죄행위로 인하여 발생한 직접적인 물적(物的) 피해, 치료비 손해 및 위자료의 배상을 명할 수 있게 하는 제도이다.

소송촉진 등에 관한 특례법 제36조의 민사상 다툼에 관한 형사소송 절차에서의 화해제도는 형사피고사건의 피고인과 피해자 사이에 민사상 다툼에 관하여 합의한 경우, 피고인과 피해자는 그 피고사건이 계속 중인 제1심 또는 제2심 법원에 합의 사실을 공판조서에 기재하여 줄 것을 공동으로 신청할 수 있게 하면서, 합의가 기재된 공판조서의 효력 및 화해비용에 관하여는 민사소송법 제220조 및 제389조가 준용되도록 함으로써 가해자와 피해자 간의 물질적 배상에 관한 합의 내용의 이행을 국가가 강제할 수 있게 하여 피해자가 경제적 고통으로부터 벗어날 수 있도록 지원하는 제도인 것이다.

2-2. 심리적 지원

Kirchhoff는 피해자화(victimization)라는 것은 피해자의 자아(自我, self)에 대한 침해라고 표현한다. 즉, 인간은 양파(onion)와 같아서 범죄피해를 입게 되면 자아를 보호하고 있는 보호막을 뚫고 인간의 중심에 자리하고 있는 그 자아가 손상을 입게 되는 것이라고 한다. 자아의 손상은 충격, 불신, 수치심, 분노, 무력감, 고독 등의 감정을 불러일으키게 되고 마음이 혼란에 휩싸이게 되어 급기야 삶의 위기가 초래되기에 이르는 것이다(Kirchhoff, 2005, p. 59).

피해자가 이러한 위태로운 상황을 벗어나기 위해서는 본인의 노력도 필요하겠지만, 무엇보다도 외부로부터 심리적 위기개입이 필요하다. 피해자에 대한 심리적 위기개입의 핵심은 피해자로 하여금 범죄에 대한 안전감을 회복시켜 주고, 정서적인 안정을 되찾아 주며, 자신이 사는 세계에 대한 신뢰감을 갖게 하는 일일 것이다. 다시 말하면 피해자에게 이제는 범죄로부터 안전하다는 사실을 주지시켜주고, 필요 없는 자책감에서 벗어나도록 도와주며, 피해자를 지지해주는 가족과 이웃이 존재한다는 사실을 인식시켜 줌으로써 삶의 위기를 벗어나도록 도와주어야 한다.

우리나라는 피해자에 대한 심리적 지원을 위하여 가정폭력상담소, 성폭력상담소, 해바라기센터(舊 One-Stop Center), 범죄피해자지원센터, 학원폭력 피해자를 위한 Wee센터 등과 같이 국가 혹은 민간이 운영하거나 또는 민관협력체재로 운영되는 상담시설들을 두고 있다.

범죄피해 조사과정에서의 심리적 지원은 수사관이나 피해자 양자 모두에게 유익이 크다. 피해자의 심리적 안정은 정확하고 신뢰도 높은 조사로 이어질 수 있기 때문이다. 가정폭력, 성폭력, 아동학대 등의 피해자를 위하여 전국 각 경찰서의 여성청소년과에는 피해자 조사 전 심리적 안정을 취할 수 있도록 필요한 시설을 조성해 놓은 점, 경찰청이 피해자에 대한 심리적 지원을 할 수 있도록 "피해자심리전문요원"을 선발하여 운용하고 있는 점,[1] 형사소송법이나 성폭력 및 가정폭력 특별법에서 피해자가 수사단계 혹은 공판단계에서 "신뢰관계 있는 자"와 동석할 수 있도록 한 점, 피해자를 수사하는 경찰관으로 하여금 형사절차상 피해자 권리에 대한 정보제공·2차 피해를 야기하지 않도록 주의 깊은 조사의 촉구·대질 조사의 개선·반복 조사나 장기간 조사의 회피·심리전문가의 활용 등의 방침을 따르도록 법령을 정비한 점[2] 등도 피해자에 대한 심리적 지원과 관련이 깊다고 보아야 할 것이다.

---

[1] "피해자보호 및 지원에 관한 규칙(경찰청 훈령 제767호)" 제14조는 "피해자심리전문요원"의 선발과 운용에 대하여 다음과 같이 규정하고 있다. 즉, "경찰청장은 피해자에 대해 심리적 지원을 할 수 있도록 다음 각 호의 어느 하나에 해당하는 요건을 갖춘 자를 피해자심리전문요원으로 선발하여 각 지방경찰청 청문감사담당관 및 경찰서 청문감사관 소속으로 배치한다. 1. 심리학 전공 학사 학위 이상 소지자, 2. '심리 상담' 분야에서 근무 또는 연구 경력이 3년 이상인 자

[2] "아동·청소년의 성보호에 관한 법률" 제25조에서는 피해자에 대한 심리적 지원과 관련하여 다음과 같은 규정을 두고 있다. 즉, "① 수사기관과 법원 및 소송관계인은 아동·청소년대상 성범

2-3. 법률적 지원

피해자에게는 변호인과 같은 법률전문가의 소송행위 지원도 필요하지만, 수사
나 재판단계에서 형사사법절차의 진행에 관한 일반적 정보도 긴요하다. 이러한 정
보는 수사단계에서 경찰이나 검찰이 형사절차 진행에 대한 서면 통지나 안내문 배
포, 간단한 설명행위만으로도 수행할 수 있는 것이다. 이에 형사소송법과 같은 법
률이나 범죄수사규칙과 같은 훈령에는 수사관들의 피해자에 대한 형사절차에 관
한 정보제공 의무를 규정해 놓고 있다.

피해자에 대한 법률조력과 관련하여 매우 획기적인 것은 종래 피의자, 피고
인에게만 인정되어 왔던 변호인 선임제도가 피해자에게도 허용되기 시작하였다
는 사실이다. 비록 "성폭력범죄 등 처벌에 과한 특례법"[3]과 "아동청소년성보호

죄를 당한 피해자의 나이, 심리 상태 또는 후유장애의 유무 등을 신중하게 고려하여 조사 및
심리·재판 과정에서 피해자의 인격이나 명예가 손상되거나 사적인 비밀이 침해되지 아니하도
록 주의하여야 한다.".

한편, "피해자 보호 및 지원에 관한 규칙(경찰청 훈령 제869호)" 제23조에서는 경찰관이 피해
자를 조사할 때 유의해야 할 사항으로 다음과 같은 것들을 제시하고 있다. 즉, ① 경찰관은 조
사 시작 전 피해자에게 가족 등 피해자와 신뢰관계에 있는 자를 참여시킬 수 있음을 고지하여
야 한다. ② 그 밖에 신뢰관계에 있는 자의 동석에 관하여는 범죄수사규칙 제62조 제2항의 규
정을 준용한다. ③ 경찰관은 사건을 처리하는 과정에서 권위적 태도, 불필요한 질문 등으로 피
해자에게 2차 피해를 주지 않도록 하여야 한다. ④ 경찰관은 피해자가 심리적으로 심각한 불안
감을 느끼는 등 피의자와의 대질 조사를 하기 어렵다고 인정되는 경우에는 피해자를 피의자와
분리하여 조사하는 등 2차 피해 방지를 위한 조치를 취하여야 한다. ⑤ 경찰관은 피해자가 불
필요하게 수회 출석하여 조사를 받거나 장시간 대기하는 일이 없도록 유의하고 살인·강도·성
폭력 등 강력범죄피해자와 같이 신원 비노출을 요하는 피해자에 대해서는 신변안전과 심리적
안정감을 느낄 수 있는 장소에서 조사할 수 있도록 노력한다. ⑥ 경찰관은 피해자의 심리적 충
격 등이 심각하여 조사과정에서 2차 피해의 우려가 큰 경우 피해자심리전문요원과 협의하여
피해자와의 접촉을 자제하고 피해자심리전문요원으로 하여금 피해자에 대한 심리평가 및 상담
을 실시하도록 노력한다.

3) "성폭력범죄 등 처벌에 과한 특례법" 제27조는 이와 관련하여 다음과 같이 규정하고 있다. 즉,
"① 성폭력범죄의 피해자 및 그 법정대리인(이하 "피해자등"이라 한다)은 형사절차상 입을 수
있는 피해를 방어하고 법률적 조력을 보장하기 위하여 변호사를 선임할 수 있다. ② 제1항에
따른 변호사는 검사 또는 사법경찰관의 피해자등에 대한 조사에 참여하여 의견을 진술할 수 있
다. 다만, 조사 도중에는 검사 또는 사법경찰관의 승인을 받아 의견을 진술할 수 있다. ③ 제1
항에 따른 변호사는 피의자에 대한 구속 전 피의자심문, 증거보전절차, 공판준비기일 및 공판
절차에 출석하여 의견을 진술할 수 있다. 이 경우 필요한 절차에 관한 구체적 사항은 대법원규
칙으로 정한다. ④ 제1항에 따른 변호사는 증거보전 후 관계 서류나 증거물, 소송계속 중의 관
계 서류나 증거물을 열람하거나 등사할 수 있다. ⑤ 제1항에 따른 변호사는 형사절차에서 피해
자등의 대리가 허용될 수 있는 모든 소송행위에 대한 포괄적인 대리권을 가진다. ⑥ 검사는 피

법"4) 등과 같은 일부 특별법에서 한정적으로 인정되고 있기는 하지만 피해자의 법률조력을 통한 권익보장이라는 측면에서 이는 매우 고무적인 일이 아닐 수 없다.

한편, 경제력이 있는 범죄피해자의 경우에는 자력으로 변호인을 선임하여 법률조력을 받기 때문에 범죄피해를 당한 후 소송수행에 큰 어려움이 없지만, 보통의 피해자의 경우에는 범죄피해를 입게 되면 경제적 타격이 함께 오기 때문에 자력으로 사법비용을 조달한다는 것이 또 하나의 큰 부담이 된다. 하물며 경제력이 취약한 피해자는 두말할 나위가 없다. 이러한 경제력이 취약한 범죄피해자를 위하여 우리나라는 1987년 법률구조법을 제정, 법률구조사업을 위한 대한법률구조공단을 설립하여 운용하고 있다. 이 사업을 통해 형사법률 구조를 받을 수 있는 대상으로 성범죄 피해아동·청소년 등에 대한 변호인선임 특례 사건, 성폭력 피해자의 성폭력 행위자에 대한 고소대리 사건이 포함되어 있기 때문에 이런 유형의 피해자에 대한 법률구조가 가능한 것이다. 기타 일반 범죄피해자에 대하여도 민사·가사 법률구조가 가능하도록 되어 있으며, 그 밖의 무료 법률상담 지원도 받을 수 있다.5)

해자에게 변호사가 없는 경우 국선변호사를 선정하여 형사절차에서 피해자의 권익을 보호할 수 있다."

4) 아동·청소년의 성보호에 관한 법률 제30조도 피해아동·청소년 등에 대한 변호사선임의 특례 규정을 두고서 아동·청소년대상 성범죄의 피해자 및 그 법정대리인으로 하여금 형사절차상 입을 수 있는 피해를 방어하고 법률적 조력을 보장하기 위하여 변호사를 선임할 수 있도록 하고 있으며 기타 사항은 위의 성폭력범죄 등 처벌에 관한 특례법 제27조 제2항부터 제6항까지를 준용하도록 하고 있다.

5) 대검찰청 홈페이지 법률구조사업지원란 참조 http://www.spo.go.kr/spo/major/legal/act/legal03.jsp(2015.7.9. 검색)

03

범죄피해자의 신변안전 확보

 범죄피해자의 신변안전 확보는 범죄피해자에 대하여 공식적인 형사절차가 시작되었는지 여부를 기준으로 크게 세 유형으로 분류할 수 있다. 첫째, 형사절차 개시 전의 신변안전 확보이다. 범죄발생 전이나 범죄발생 직후 수사기관이 수사에 착수하기 이전의 상황으로서 수사기관이 범인을 형사입건하기 전이기에 법적으로는 피해자의 지위에 있지 않지만 사실상 범죄피해자인 경우이다. 둘째, 수사기관에 의해 범인이 정식으로 형사입건된 이후 수사가 진행되는 과정에서 피해자의 신변안전을 확보해야 하는 경우이다. 대개 불구속 처리되거나 보석으로 풀려난 범죄자가 범죄피해자에 대하여 보복 공격을 가할 우려가 있는 경우가 이에 해당한다. 셋째, 범죄자가 법정에 기소되어 재판을 받고 있는 단계인데 이때는 피해자가 법정에 증인의 자격으로 출석하여 활동하는 경우인바 이하에서 세 경우를 차례로 살펴보기로 한다.

3-1. 형사절차 개시 전의 신변안전 확보

 신체나 생명에 대한 구체적 침해가 발생하기 전 협박의 형태로 피해자는 신변안전을 위협받을 수 있기에 이 경우 피해자는 신변안전 확보를 위한 요청을 할 수 있다. 또 신체나 생명에 대한 법익을 침해한 범죄가 발생한 직후 범죄피해자는 범인의 검거를 요청하거나 범죄자의 추가공격을 막기 위해 신변보호 요청 차원에서 경찰관서에 피해신고를 할 수도 있다. 이때에는 사건이 범죄로부터 기인한 것인지, 신고한 피해자가 진실한 피해자인지 아직 판별되지 않는 상황이다. 하지만 범죄발생 직후의 피해신고는 보통 경찰관서로 하게 되는바 이들이 신고를 접수한 후 신속하게 대응하느냐의 여부와 출동현장에서 피해자의 안전을 확보해 주었는지에 대한 여부가 이후 범죄피해자의 피해회복 및 범죄피해조사 시의 경찰에 대한 신뢰감 형성에 중대한 영향을 주게 된다.

이러한 유형의 신변안전 확보는 가정폭력 범죄피해자의 경우에서 많이 볼 수 있다. 범죄신고를 받은 경찰이 신속히 현장에 출동하였을 때 범죄성립 여부 및 피해자와 가해자 여부를 판별하기 전이라 할지라도 폭행현장에 있는 당사자들을 신속히 분리시켜 추가적 폭행을 예방하는 것이 무엇보다 중요한 것이다. 이후에 현장에서 면담형태의 조사를 통해 범죄가 성립되는지 여부 및 누가 피해자인지 여부를 판단하여 피해자의 안전대책을 강구해야 할 것이다. 비록 경미한 폭행사건이라 할지라도 가해자의 과거 폭행전력, 흉기사용 여부, 음주 여부, 기물파괴 여부 등을 종합하여 가해자에 대한 "위험성평가(risk assessment)"를 함과 동시에[6] 범죄피해자의 신변안전 확보대책을 강구해야 하는 것이다. 현장에 있는 당사자들이나 가해자가 "아무것도 아니니 그냥 돌아가시오!"라고 요구한다고 하여 경찰이 막연히 퇴거해서는 안 되는 것이다. 또한 가해자를 경찰관서에 연행한 이후 위험성평가와 후속대책 없이 불구속 처리하여 막연히 귀가시키는 것도 적절한 대처방법이 아니다.

현장에서 피해자가 심하게 다쳤다면 가해자를 현행범으로 체포하여 즉시 수사를 개시하여야 하고, 비록 심한 부상이 없다 할지라도 피해자가 두려움과 공포감에 휩싸여 있는 상황이라면 가해자를 경찰관서로 임의동행하거나 현행범으로 연행하여 조사를 진행하여야 한다. 어느 경우이건 간에 위험성평가는 반드시 수행하여 신변안전 확보를 위한 후속조치가 취해져야 한다. 피해자를 가정폭력피해자 위탁시설과 연계시켜 쉼터 등으로 피신시키는 조치를 취하든지 가정폭력범죄의 처벌 등에 관한 특례법 제8조의 2에 의거하여 긴급임시조치를 신청, 가해자를 일정기간 피해자의 주거지에 접근하지 못하도록 하는 조치를 취해야 하는 것이다.

---

6) 부록에 첨부한 [서식23] 가정폭력재범 위험성 조사표 참조.

3-2. 수사단계에서의 신변안전 확보

범죄피해자가 범인과 친분관계가 전혀 없고 서로 알지 못하는 비면식범인 경우보다 서로 친분이 있거나 인간관계가 지속되어 온 사이에서 1차 범죄가 발생했을 때에는 수사기관의 수사가 진행되면서 범죄피해자에 대한 2차 공격이 발생하기 쉽다. 원한·치정·채권채무관계 등으로 얽혀 있는 상황에서 피해자의 고소나 신고에 의해 1차 범죄에 대하여 형사입건이 되어 수사가 시작되면 범죄자들은 감정적으로 격해진 나머지 이내 피해자들을 공격하기 쉬운 것이다. 더 나아가 비면식범이라 할지라도 수사과정이나 재판단계에서 범죄피해자의 신분이 가해자에게 노출된 경우에도 보복 위험성이 커진다.

수사기관이 수사를 개시한 이후 범죄피해자에 대한 보복의 위험을 예상하고 사전에 그러한 보복위험 해소를 위한 방안을 강구하기란 어려운 일이다. 그러나 현재 가정폭력사건에만 한정하여 적용하고 있는 범죄자의 가해자에 대한 보복에 대한 위험성평가는 일반 범죄에로까지 확장되어야 한다.

현재 특정강력범죄의 처벌에 관한 특례법, 마약류 불법거래방지에 관한 특례법, 폭력행위 등 처벌에 관한 법률, 특정범죄 가중처벌 등에 관한 법률상의 특정범죄를 범한 범죄자로부터 피해를 당한 자에 대하여는 특정범죄신고자 등 보호법 제7조에 의거하여 수사서류에 피해자의 인적사항 기재를 생략하는 대신 신원관리카드를 만들어 피해자의 인적정보를 통제할 수 있게 하고 있고, 제8조에 의거하여 피해자의 인적사항 공개를 금지하고 있다. 더 나아가 제13조에 의거하여 피해자에 대한 신변안전조치를 하도록 하고 있는데 이러한 신변안전보호조치는 원활한 피해자 조사를 위해서는 필요불가결한 것이다.

이 신변안전보호조치는 위에서 열거한 특정범죄뿐만 아니라 일반 범죄 중 보복 위험이 높은 범죄에로까지 확장되어야 한다. 따라서 모든 범죄행위에 대하여 보복이나 재범 위험성평가를 수행한 후 그 결과를 토대로 범죄피해자의 신변안전을 확보하는 것이 필요한 것이다. 특정범죄신고자 등 보호법 제13조의 2에서는 피해자에 대한 신변안전조치의 유형으로, ① 일정 기간 동안의 특정시설에서의 보호, ② 일정 기간 동안의 신변경호, ③ 참고인 또는 증인으로 출석·귀가 시 동행, ④ 대상자의 주거에 대한 주기적 순찰이나 폐쇄회로 텔레비전의 설치 등 주거에 대한 보호, ⑤ 그 밖에 신변안전에 필요하다고 인정되어 대통령령으로 정하는 조치 등을 제시하고 있다.

3-3. 재판단계에서의 신변안전 확보

　수사를 종결하고 범인을 기소하게 되면 수사기관이 범죄피해자를 상대로 다시 재판에 회부된 사건에 관하여 조사를 벌이는 경우는 드문 일이다. 다만, 피고인이 불구속 상태에서 재판을 받게 될 경우에는 피해자인 증인을 보복할 가능성이 있기에 증인에 대한 보복위협에 대하여는 경찰서장이 신변안전 위협을 제거하기 위하여 필요한 조치를 취하여야 한다. 출소하거나 가석방된 가해자가 피해자인 증인을 협박하거나 실제로 피해자를 보복하는 사건이 발생하면 경찰은 곧바로 수사에 착수하여 증인을 피해자 자격으로 조사해야 하므로 비록 재판단계에서의 범죄피해자 신변보호라고는 하여도 수사기관의 범죄피해자 조사와 밀접한 관련을 맺고 있다고 할 수 있다.

　특정강력범죄의 처벌에 관한 특례법에서는 법정의 증인에 대하여 아래의 절차로 의거하여 신변안전조치를 취하도록 하고 있다. 즉, 특정강력범죄의 처벌에 관한 특례법 제7조는 증인에 대한 신변안전조치 규정을 두고 있는바, "① 검사는 특정강력범죄사건의 증인이 피고인 또는 그 밖의 사람으로부터 생명·신체에 해를 입거나 입을 염려가 있다고 인정될 때에는 관할 경찰서장에게 증인의 신변안전을 위하여 필요한 조치를 할 것을 요청하여야 한다. ② 증인은 검사에게 제1항의 조치를 하도록 청구할 수 있다. ③ 재판장은 검사에게 제1항의 조치를 하도록 요청할 수 있다. ④ 제1항의 요청을 받은 관할 경찰서장은 즉시 증인의 신변안전을 위하여 필요한 조치를 하고 그 사실을 검사에게 통보하여야 한다"는 내용을 그 골자로 하고 있다. 즉, 검사는 경찰서장에게 증인의 신변안전조치를 요청할 수 있고, 재판장과 증인은 검사로 하여금 경찰서장에게 이러한 조치를 취하도록 요청하거나 청구할 수 있도록 한 것이다.

범죄피해 조사기법

01

범죄피해 조사기법 개관

1-1. 범죄피해 조사와 형사정의

성공적인 범죄수사란 무엇을 의미하는가 하는 질문에 대하여 다양한 답변이 나올 수 있다. 최소의 비용을 들여 가장 단기간 내에 범인을 검거하는 것을 성공적 수사활동이라고 말할 수도 있을 것이다. 그러나 범인이 검거되어 응분의 처벌을 받았다 할지라도 피해자가 받은 충격과 고통, 경제적 혹은 심리적 상실이 회복되지 못했다면 과연 그것을 성공적 수사라고 평가할 수 있을지 의문이다. 모름지기 형사정의의 구현이란 범인을 검거하여 범죄에 상응하는 처벌을 가하는 것뿐만 아니라, 범죄로 인한 피해자의 경제적, 심리적, 사회적 상실의 결과들을 상쇄시켜 원상태로 최대한 돌려놓는 의미까지를 포함해야 할 것이다.

그렇다면 피해자를 참고인 자격으로 소환하여 진술을 청취하는 수사활동은 단지 범인의 인상착의와 객관적 피해상황을 조사하고 그를 토대로 진술조서를 작성하여 범인에 대한 공소유지와 유죄판결을 성공리에 수행하려는 의도 그 이상이어야 한다. 조사 과정에서 피해자의 고통에 감응함으로써 그의 정서적 불안을 덜어주어야 하고, 물질적 피해를 회복할 수 있는 제도와 각종 지원시설 및 형사절차 진행 등에 대하여 정보제공을 해 줌으로써 피해자로 하여금 삶에 대한 자신감과 외부세계에 대한 신뢰감을 심어줌으로써 범죄 이전과 같이 정상적인 생활이 가능하도록 도울 수 있어야 한다. 그런 의미에서 범죄피해자 조사는 응보적 정의보다는 회복적 정의를 지향하고 있다고 말할 수 있다.[1]

---

1) 응보적 정의는 응보적 사법제도가 지향하는 바이고, 회복적 정의는 회복적 사법제도가 지향하

수사관의 입장에서 보면 수사활동을 통하여 어떻게 그리고 무엇으로 피해자 지원을 해 줄 것인가 하는 것보다는 어떻게 실체적 진실을 규명하느냐가 더 중요한 관심사로 여겨지기 쉽다. 물론 실체적 진실규명이 안 되면 피해회복에도 영향을 미칠뿐더러 범인이 재범을 통해 또 다른 피해자들이 양산될 수도 있기에 피해자 지원과 더불어 실체적 진실규명도 결코 소홀히 여길 수 없는 영역이라고 할 수 있다. 범죄피해 조사도 수사활동에 속한 만큼 과거에 피해자에게 어떠한 일이 일어났었는지를 과학적이고 객관적인 방법으로 밝혀내는 것은 형사정의 달성과 직결되는 불가피한 일임을 부인하기 어려운 것이다.

그러나 위에서 살펴본 바와 같이 피해자 수사와 피의자·피고인 수사가 형사정의 달성을 위한 객관적인 진실발견 활동이라는 공통의 본질을 지니고 있다 하여도 피해자 수사에는 피의자 및 피고인 수사와는 다른 측면이 존재하고 있다. 즉, 악의의 피의자·피고인[2]의 경우 기본적으로 거짓말과 허위증거 제시, 알리바이 조작 등 적극적 방법을 통해 수사관의 추궁을 따돌리려는 의지가 강한 반면 선의의 범죄피해자는[3] 의기소침, 좌절, 분노, 자책감, 두려움, 무력감, 자신감의 상실 등의 감정 속에 휩싸여 범죄피해로 인한 충격 등으로 진술을 제대로 하지 못하는 수가 많다. 때문에 악의의 피의자·피고인을 조사하고자 하면 그들의 거짓말을 적극적으로 탐지해 내는 활동이 중시되어야 하나, 선의의 피해자를 조사하고자 하는 때는 속히 범죄로 인한 충격과 공포에서 벗어날 수 있도록 심리적 안정을 되찾도록 도와주고, 피해자에게 필요한 정보를 제공해 주는 등 피해자에 대한 지원활동이 중시되어야 한다는 점이다.

피의자·피고인에게 묵비권, 변호인 선임권 등이 그들의 인권보호를 위해 중요한 만큼 피해자를 위한 심리적·경제적·법률적 지원은 피해자의 인권보호를 위해 매우 중요한 것이다. 그렇기에 범죄자가 응분의 형벌을 받게 되었다 하여도 수

는 바이다. 응보적 사법이란 범죄가 국가에 대한 침해라는 전제에서 출발하여 가해자의 처벌과 비난, 책임의 부과가 중요한 이슈이나 회복적 사법은 피해자의 실질적 피해회복과 당사자 간의 상호 화해, 법적 평화의 회복이 중요 이슈로 된다(Zehr, 2003, p. 81; 김재민, 2006, p. 3, p. 55).

2) 악의의 피의자·피고인은 진정한 범인으로서 범행했으면서도 수사관 앞에서 이를 숨기거나 적극적으로 부인하려는 자인 반면, 선의의 피의자·피고인은 범행하지 않았으면서도 수사가 미흡하여 억울하게 형사입건되어 조사를 받고 있는 자를 일컫는다. 그러므로 선의의 피의자·피고인은 달리 보면 형사사법기관의 부실한 수사로 인한 피해자인 셈이다.

3) 선의의 피해자란 범죄피해를 당한 진정한 피해자를 의미하지만, 악의의 피해자란 피해를 당하지 않았으면서도 마치 피해를 당한 것처럼 형사사법기관을 속이면서 행동하는 자를 말한다.

사과정에서 피해자 인권이 무시됨으로 말미암아 범죄로 인한 피해자의 고통이 제거되지 못하거나 더욱 가중되었다면 이는 인류가 지향해야 할 소중한 가치의 절반을 잃어버린 불완전한 형사정의(刑事正義)의 구현이라 할 것이다.

1-2. 범죄피해 조사기법과 2차 피해자화 예방

악의의 피의자·피고인 조사를 함에 있어서는 자백을 얻기 위해 때때로 범행사실을 적극적으로 추궁하는 조사기법이 필요하지만 선의의 피해자 조사를 할 경우 범행의 목격사실 및 피해사실에 관한 정확한 정보를 얻는다는 명분으로 피해자를 추궁하는 방식의 조사방식을 채택하게 되면 역효과가 나기가 쉽다. 피해자의 심리적 정황을 충분히 이해하지 못한 채 오로지 범죄사실 규명에 집착하면서 피해자를 비난하거나 질책을 가하거나 추궁하는 형태의 조사방식은 1차적 범죄피해에 뒤이어 피해자가 받아서도 안 되고 받지 말아야 할 고통을 추가적으로 안겨주는 결과를 초래하게 된다. 이를 2차 피해자화라 한다. 아무리 범인 검거와 처벌에 성공하였다고 하여도 수사과정에서 2차 피해가 발생하게 된다면 응보적 정의에는 근접해 갈는지 모르나 회복적 정의에는 멀어져 가는 결과가 될 것이다.

수사과정에서의 2차 피해의 원인에는 여러 가지가 있다. 피해자 조사과정에서 수사관의 불친절, 범행유발에 대한 피해자에 대한 책임 추궁, 피해자의 행실에 대한 비난, 형사절차 진행에 대한 적절한 정보제공의 부재, 물질적 지원의 지연으로 인한 경제적 고통의 가중 등이 그러한 것들이다. 이 중에서도 피해자 조사과정에서의 2차 피해는 다른 어떤 원인보다도 피해자에게 직접적이고도 강하다고 할 수 있다. 어떤 학자들은 사후에 피해자에게 주어진 적절한 지원보다도 최초 피해자와 접촉한 경찰관이 어떠한 태도로 피해자를 응대했는가 하는 것이 피해회복을 위하여 훨씬 중요하다고 말한다(Cook, 1999, p. 46-47).

그러므로 사후에 범인이 어떠한 처벌을 받았으며 피해자가 물질적 지원을 얼마나 받았는가 하는 것보다 사건 초기에 수사관이 피해자를 어떠한 태도로 피해자를 조사했는가 하는 것이 피해자의 피해회복에 훨씬 큰 영향을 미칠 수 있다는 사실을 수사관들은 주지하지 않으면 안 된다. 더 나아가 피해자의 정서적 상태에 충분히 공감하면서 그들의 심리적 안정을 꾀하며 피해자의 인권을 존중하는 방식의 수사가 피해자 진술의 정확성과 신뢰도를 높여준다는 수사실무자들의 증언[4]을 고려해 볼 때, 피해자 조사 시 수사관들의 2차 피해예방을 위한 노력은 수사관들이 불필요하게 부담해야 할 버거운 짐에 불과한 것이 아니라, 헌법에 규정되어 있는 피해자의 행복추구권 보장을 위한 국가의 책무수행 성격을 지님과 동시에 수사 목적달성에도 기여할 수 있는 것임을 깊이 되새길 필요가 있다.

1-3. 범죄피해 조사기법의 유형

수사관이 사용할 수 있는 피해자 조사의 기술로서는 라포 형성 기술(rapport building), 적극적 경청의 기술(active listening), 피해자가 억울한 심정을 충분히 설명할 수 있도록 하는 개방형 질문 기술(opened questioning), 피해자의 심리적 정황을 이해하면서 조사 진행의 속도를 조절할 수 있는 혼합적 메시지의 해독 기술(understanding the mixed message) 등을 들 수 있다. 라포 형성은 피해자와 친밀감을 구축하여 마음의 문을 열도록 하는 기술이며, 적극적 경청은 피해자의 진술에 주의 깊게 귀 기울여줌으로써 피해자의 자존감을 높여주고 존중받는다는 인상을 심어주는 청취기술이고, 개방형 질문방식은 범죄피해의 고통과 불안정한 감정상황을 피해자가 충분히 토로할 수 있도록 기회를 제공하는 것이자 피해자의 억눌린 감정을 배설할 기회를 부여하는 기술이고, 혼합적 메시지의 해독에 관한 기술은 피해자를 조사함에 있어서 피해자의 비언어(body language), 언어(verbal language), 준언어(para language)의 사용에 주의하여 이 세 가지를 통합함으로 말미암아 피해자가 전달하고자 하는 의중을 정확하게 파악하는 기술을 의미한다.

그 밖에 피해자 조사에 활용할 수 있는 조사기법으로는 인지심리학적 면담기법(Cognitive Interview), 리드식 조사기법(Reid Technique), 키네식 조사기법(Kinesic Technique), 최면수사에 의한 조사기법 등을 들 수 있다.[5] 인지심리학적 면담기법은 피해자의 기억력의 한계로 말미암아 부정확한 진술로 인한 폐해를 최대한 방지하면서 기억의 회상력을 높임으로써 피해자로부터 범죄사실에 관한 정보를 이끌어내는 기술이다. 리드식 조사기법과 키네식 조사기법은 주로 피의자 수사에 활용

---

4) 2003년 12월 8일 몽타주 전문가인 충북지방경찰청 박○○ 경위와의 인터뷰에서 확인된 사항임.
5) 각 조사기법에 대한 자세한 설명은 후술하기로 한다.

되는 기술이지만 제한적인 범위 내에서 피해자 수사에도 응용할 수 있는 조사기술이다. 리드식 조사기법은 수사관이 중립적 태도로 다양한 질문을 통해 피해자의 답변을 받아내고 이를 분석하여 다시 질문하는 등 면담을 통한 피해자와의 활발한 교호작용을 통해 피해사실에 관한 정확하고도 다양한 정보를 취득해 내는 기술을 의미하고, 키네식 조사기법은 수사관의 질문에 대한 피해자의 무의식적인 신체 반응에 주의하면서 언어, 준언어, 비언어적 영역을 종합적으로 분석하여 피해자의 의중을 파악하고 그로부터 진실한 정보를 얻고자 하는 기술을 말한다. 최면수사기법은 인지심리학적 면담기법과 마찬가지로 피해자의 기억 회상을 돕는 수사기법인바 다만 최면을 통해 기억의 회복을 추구한다는 측면이 다르다고 볼 수 있다.

02

일반적 범죄피해 조사기법

    일반적으로 피해자 조사는 진정·탄원, 피해자 고소, 수사기관의 인지 등에 의해 개시된다. 수사기관은 피해자를 참고인 자격으로 출석을 요구하여 진술조서 혹은 고소보충조서를 작성하게 된다. 이러한 진술조서 작성하기 위한 기초자료 조사, 조서 작성 전의 면담, 조서 작성단계의 대화 등 피해자를 둘러싼 일체의 수사활동을 범죄피해자 조사 혹은 피해자 조사라 칭하기로 한다.

    피해자 조사를 성공적으로 수행하기 위해서는 피해자가 정서적 안정을 되찾도록 지원을 하는 한편, 피해자 조사에 필요한 기초자료를 확보하여 조사설계를 하여야 할 것이다. 피해자 조사의 진행 중에는 피해자 진술의 정확성, 진실성에 유의하여 가능한 많은 정보를 피해자로부터 이끌어 낼 수 있어야 한다. 그러기 위해서 수사관은 언어·준언어·비언어적 영역에 대한 감수성을 가지고 대화관리를 해낼 수 있어야 한다. 피해자로부터 협력을 이끌어 낼 수 있는 대화가 되려면 라포 형성이 잘 되어야 하고, 적절한 질문기술과 경청기술이 활용되어야 한다. 이하에서는 수사관이 범죄피해자를 상대로 조사를 진행할 때 일반적으로 적용되어야 할 조사기법을 제시하고자 하는바, 우선적으로 피해 조사에 관한 우리나라 형사법제상의 일반절차를 먼저 검토하고자 한다.

2-1. 범죄피해 조사의 일반적 절차

2-1-1. 피해자가 진정·탄원을 제기한 경우

피해자가 진정·탄원의 형태로 피해사실을 수사기관에 알리게 되면 수사관은 수사부서의 장의 지휘를 받아서 내사에 착수하게 된다. 수사기관은 관할이 없거나 범죄특성 등을 고려하여 소속 관서에서 내사하는 것이 적당하지 않은 경우에는 관할이 있는 수사관서에 이첩하거나 해당 기관에 통보하여야 한다.

피해자가 제기한 진정·탄원에 대하여 내사가 필요하다고 판단되는 경우에는 내사할 대상 및 내용, 내사가 필요한 이유 등을 기재한 부록에 있는 [서식3]의 내사착수보고서에 의하여 소속 수사부서의 장에게 보고하고 지휘를 받아 내사에 착수하여야 한다. 이때 수사부서의 장은 수사단서로서 내사할 가치가 있다고 판단한 경우 내사 보고를 받지 않고도 소속 수사관에게 내사를 지휘할 수 있다. 이 경우 소정 서식의 내사착수지휘서에 의하여야 한다. 내사착수지휘를 받은 내사사건은 지휘를 받은 후 지체 없이 기록표지 상단 중앙부에 접수인을 찍고, 접수번호 등을 기재하는 방법으로 수리하여야 하며, 수리할 때에는 [서식4]의 내사사건부에 진정인 등 피해자, 피혐의자, 내사할 사항, 착수일시, 처리일시, 처리결과, 담당자, 지휘자 등의 정보를 기재하여야 한다.

내사는 원칙적으로 임의수사를 원칙으로 하기 때문에 강제수사는 지극히 예외적으로 엄격한 통제하에 허용이 되어야 한다. 즉, 내사과정에서 사실 확인을 위한 압수·수색·검증, 통신제한조치, 통신사실 확인자료 제공 등 법원의 통제를 받는 대물적 강제조치를 실시하는 경우 적법절차에 따라 처리하여야 하며, 남용되지 않도록 유의하여야 한다. 한편, 진정·탄원을 수사기관이 기간 내에 처리하지 못하면 기간 연장을 하게 되는데 그때에는 민원사무처리에 관한 법률 시행령 제17조 및 경찰민원봉사실 운영규칙 제10조 제4항 내지 제5항에 의거하여 중간회시를 하거나 처리기간의 연장사실을 민원인인 피해자에게 통지해야 하며, 민원서류 처리결과 회시는 원칙적으로 우편으로 하여야 한다. 내사기간이 3개월을 초과하게 되면 내사상황보고서를 작성하여 소속 수사기관의 장에게 보고하여야 한다.

수사관은 내사과정에서 범죄혐의가 있다고 판단될 때에는 내사를 종결하고 범죄인지서([서식1] 참조)를 작성하여 수사를 개시하여야 하고 이 경우 지체 없이 소속 관서장에게 보고하여야 하며, 범죄인지서 작성에 앞서 피의자신문조서를 작성하였거나, 형사소송법 제200조의 3 제1항에 해당하여 긴급체포하였거나, 체포·구속영장을 신청한 경우에는 지체 없이 범죄인지서를 작성한 후 통상의 사건송치 절차에 따라 처리하여야 한다. 수사절차로 전환하지 않은 진정·탄원사건은 다음 4가지 형태로 처리한다. 즉, ① 혐의 없음, 죄가 안됨, 공소권 없음 등에 해당하여 수사개시의 필요가 없는 경우에는 내사종결을 하고, ② 피혐의자 또는 참고인 등의 소재불명으로 사유해소 시까지 내사를 계속할 수 없는 경우에는 내사중지를 하며, ③ 동일 또는 유사한 내용의 내사사건이거나 경합범으로 다른 사건과 병합처리할 필요가 있는 경우에는 내사병합을 하고, ④ 관할이 없거나 범죄특성 및 병합처리 등을 고려하여 다른 경찰관서 및 수사기관에서 내사할 필요가 있는 경우에는 내사이첩을 한다.

2-1-2. 피해자가 고소를 제기한 경우

가. 고소장의 접수

피해자는 대개 고소장([서식25] 참조)을 수사기관 민원실에 제출하는 방식으로 고소를 제기한다. 수사관은 고소장에 반드시 기재되어야 할 사항, 곧 고소인 인적사항, 피고소인 인적사항, 고소취지, 범죄사실, 관련사건의 수사 및 재판 여부, 고소장 제출일자, 고소인 서명 날인 등이 기재되어 있는지 확인해야 한다. 필수적 기재사항은 아니나 고소인은 고소장에 고소이유와 증거자료에 관한 기술을 추가할 수 있다. 고소인이 법인 또는 단체인 경우에는 상호 또는 단체명, 대표자, 법인등록번호, 주된 사무소의 소재지, 전화 등 연락처를 기재해야 하며 법인등기부 등본이 첨부되어야 한다. 미성년자의 친권자 등 법정대리인이 고소하는 경우 및 변호사에 의한 고소대리의 경우 법정대리인 관계, 변호사 선임을 증명할 수 있는 서류를 첨부하여야 한다. 고소취지란에는 죄명 및 피고소인에 대한 처벌의사를 명확히 기재해야 하고, 범죄사실란에는 형법 등 처벌법규에 해당하는 사실에 대하여 일시, 장소, 범행방법, 결과 등을 구체적으로 특정하여 기재해야 하며, 고소인이 알고 있는 지식과 경험, 증거에 의해 사실로 인정되는 내용을 기재해야 한다. 관련사건의 수사 및 재판 여부에 대해서는 중복적으로 고소한 사실이 있는지 여부, 관련 형사사건이 수사 중에 있는지 여부, 고소장 제출 건과 관련하여 법원에서 민사소송 중에 있는지 여부 등을 기재하도록 하고 있다.

고소장을 접수할 때 고소사실이 범죄를 구성하지 않거나 공소시효가 완성된 사건, 그리고 동일한 사안에 대하여 법원의 판결이나 수사기관의 처분이 존재하여 다시 수사할 가치가 없다고 인정되는 사건, 피의자가 사망하였거나 피의자인 법인이 존속하지 않게 되었음에도 고소된 사건, 반의사불벌죄의 경우 처벌을 희망하지 않는 의사표시가 있거나 처벌을 희망하는 의사가 철회되었음에도 고소된 사건, 고소권 없는 자가 고소한 사건, 형사소송법상 고소 제한규정에 위반하여 고소된 사건은 수리하지 않고 반려할 수 있다(범죄수사규칙 제42조 내지 제43조).

나. 진술조서의 작성 및 관련 증거의 수집

수사관은 구술에 의한 고소를 받았을 때 진술조서를 작성하여야 하고, 서면에 의한 고소를 받았을 때에는 그 취지가 불분명한 경우 고소인에게 보충서면을 제출하게 하거나 진술조서를 작성하여야 한다([서식6] 진술조서A, [서식7] 진술조서B, [서식26] 고소보충조서 작성례 참조). 수사관이 고소사건을 수사할 때에는 고소권의 유무, 자기 또는 배우자의 직계존속에 대한 고소 여부, 친고죄에 있어서는 형사소송법 제230조 소정의 고소기간의 경과 여부, 피해자의 명시한 의사에 반하여 죄를 논할 수 없는 사건에 있어서는 처벌을 희망하는가의 여부를 각각 조사하여야 한다. 고소·고발 사건은 접수한 날로부터 2개월 이내에 수사를 완료하여야 한다. 사법경찰관이 2개월 이내에 수사를 완료하지 못하였을 때에는 그 이유를 소속 경찰관서장에게 보고하고 검사에게 소정 서식에 따라 수사기일 연장지휘를 건의하여야 한다([서식24]). 수사관은 친고죄에 해당하는 범죄가 있음을 인지한 경우에 즉시 수사를 하지 않으면 증거수집 등 그 밖의 사후 수사가 현저히 곤란하게 될 우려가 있다고 인정될 때에는 고소권자의 고소가 제출되기 전에도 수사할 수 있다. 다만, 고소권자의 명시한 의사에 반하여 수사할 수 없다(범죄수사규칙 제46조 내지 제49조).

고소는 수사의 단서이므로 고소가 있게 되면 즉시 수사에 착수하되 무고, 중상을 목적으로 하는 허위 또는 현저하게 과장된 사실의 유무에 주의하여 수사를 진행하여야 한다. 고소에 따른 수사는 진정·탄원에 의한 내사와는 달리 법적 절차에 따라 임의수사와 강제수사를 병용할 수 있다. 따라서 피고소인인 피의자에게서 범죄혐의가 발견되고 체포 또는 구속요건이 충족되면 체포영장 또는 구속영장을 발부받을 수 있고, 피해사실 입증에 필요한 증거확보를 위하여 압수수색할 수 있다. 만일 피고소인인 피의자가 도주하게 되면 기소중지 의견으로 송치하면서 지명수배를 하여야 한다(범죄수사규칙 제173조).

한편 수사관은 고소의 취소가 있을 때에는 그 사유를 명백히 조사하여야 하고, 피해자의 명시한 의사에 반하여 죄를 논할 수 없는 범죄에 관하여 처벌을 희망하는 의사표시의 철회가 있을 때에도 마찬가지이다. 피해자가 가해자의 협박이나 강압에 못 이겨 고소를 취소하거나 처벌희망 의사표시를 철회할 수 있기 때문이다. 이처럼 고소취소가 피의자의 강압이 아니라 피해자 임의의 의사에 따라 이루어졌는지 여부를 조사하기 위하여 2회차의 고소인 진술조서를 작성할 수 있다([서식27]의 진술조서(고소취소) 작성례, [서식28]의 고소취소장 참조). 경찰관이 친고죄에 해당하는 사건을 송치한 후 고소인으로부터 그 고소의 취소를 수리하였을 때에는 즉시 필요한 서류를 작성하여 검사에게 송부하여야 한다(범죄수사규칙 제50조). 수사관은 수사를 진행하면서 피해자에게 사건처리 진행상황을 통지해주어야 하는바([서식17] 사건처리진행상황 통지 참조) 피해자에게 정보제공과 관련된 제반 통지상황을 [서식18]의 "피해자 등 통지관리표"에 기록 관리하여야 한다.

다. 고소사건 수사종결 후의 조치

경찰이 고소사건 수사를 종결하고 검찰에 송치할 때에는 혐의 없음, 공소권 없음, 죄가 안 됨, 각하, 참고인 중지 중 어느 하나의 의견으로 송치하게 된다. 검사가 고소에 의해 범죄를 수사한 때에는 고소를 수리한 날로부터 3개월 이내에 수사를 완료하여 공소제기 여부를 결정하여야 하고, 고소사건에 대하여 공소를 제기하거나 제기하지 아니하는 처분, 공소의 취소 또는 형사소송법 제256조의 타관송치를 한 때에는 그 처분한 날로부터 7일 이내에 서면으로 고소인에게 그 취지를 통지하여야 하며, 공소를 제기하지 아니하는 고소사건의 경우에는 고소인의 청구가 있는 때에는 7일 이내에 그 이유를 서면으로 설명하여야 한다(형사소송법 제257조 내지 제259조). 아울러 검사는 범죄로 인한 피해자 또는 그 법정대리인(피해자가 사망한 경우에는 그 배우자·직계친족·형제자매를 포함한다)의 신청이 있는 때에는 당해 사건의 공소제기 여부, 공판의 일시·장소, 재판결과, 피의자·피고인의 구속·석방 등 구금에 관한 사실 등을 신속하게 통지해 줌으로써 피해자의 신변안전 및 권익보호에 도움이 되도록 해야 한다(형사소송법 제259조의 2).

2-1-3. 수사기관이 피해사실을 인지한 경우

진정·탄원이나 고소·고발에 의하지 않고 풍문이나 첩보, 신문기사, 피해신고 등을 수사기관이 접하고 나서 범죄혐의가 있다고 사료되는 때에 수사기관이 정식으로 수사에 착수하게 되는 것을 인지라고 한다. 경찰관은 범죄로 인한 피해신고가 있는 경우에는 관할구역 여부를 불문하고 이를 접수하여야 하는데, 피해신고 중 범죄에 의한 것이 아님이 명백한 경우 피해자 구호 등 필요한 조치를 행한 후 범죄인지는 하지 않으며, 피해신고가 구술에 의한 것일 때에는 신고자에게 [서식 2]의 피해신고서를 작성하게 하여야 하고, 접수된 피해신고가 관할규정에 따라 계속 수사가 어려운 경우에는 필요한 조치를 완료한 후 지체 없이 책임수사가 가능한 관서로 인계하여야 한다(범죄수사규칙 제29조 내지 제30조).

한편, 위의 경우 수사관이 범죄의 혐의가 있다고 판단될 때에는 범죄인지서 ([서식1])를 작성하여 소속 관서장에게 보고하고 수사를 개시하여야 하는데 이때 범죄의 경중과 정상, 범인의 성격, 사건의 파급성과 모방성, 수사의 완급 등 제반 사정을 고려하여 수사의 시기 또는 방법을 신중하게 결정하여야 한다. 범죄인지서 에는 피의자의 성명, 주민등록번호, 직업, 주거, 범죄경력, 죄명, 범죄사실의 요지, 적용법조 및 수사의 단서와 범죄인지 경위를 기재하여 수사기록에 편철하여야 한다. 공무원에 대하여 수사를 개시한 경우에는 국가공무원법 제83조 제3항 및 지 방공무원법 제73조 제3항의 규정에 따라 소정 서식의 공무원범죄수사개시 통보서 를 작성하여 해당 공무원의 소속기관의 장에게 통지하여야 하며, 검찰에 사건을 송치한 경우에도 소정 서식의 공무원범죄 수사상황통보서를 작성하여 그 결과를 통지하여야 한다(범죄수사규칙 제41조).

2-2. 피해자에 대한 대화관리

2-2-1. 행동관찰과 언어에 대한 감수성

조사과정에서 피해자는 여러 가지 반응을 보일 수 있다. 그 반응의 유형은 언 어적·준언어적·비언어적 반응으로 구분해 볼 수 있다. 언어적 반응은 의미를 가 진 단어를 사용하는 구술의 방법을 통해 일정한 의사를 수사관에게 전달하고자 하 는 반응이고, 준언어적 반응은 말을 하는 과정에서 피해자 화법이 장단·고저·강 약 등의 측면에서 일정한 특징을 나타내는 반응이며, 비언어적 반응은 눈동자의 움직임, 손과 발의 움직임, 몸 전체의 움직임과 같이 피해자의 정서적 상태를 내포 하는 신체적 반응을 의미한다. 수사관은 피해자의 행동을 면밀히 관찰하면서 위의 각 영역별 언어적 반응에 민감해야 한다. 피해자의 각 영역별 언어의 반응은 그의 심리적 정황이 어떠한가를 보여줄 수 있기 때문이다. 수사관이 이러한 정황에 둔감하게 되면 부적절한 언어를 사용하면서 대화할 수 있고 이에 따라 2차 피해가 야기될 수 있다. 수사관은 피해자의 행동이나 언어사용도 유의 깊게 살펴야 하지만 본인의 언어선택에도 각별한 주의를 기울여야 한다.

가. 구술언어에 대한 감수성

먼저 피해자가 사용하는 구술언어(verbal language)에 대하여 수사관이 감수성이 있어야 한다. 범죄충격을 받은 피해자는 공포심, 좌절감, 무력감, 분노, 불안감 등이 구술언어에도 실려 나올 수 있다. 수사관은 이러한 피해자의 심리적 정황을 충분히 인식하면서 그 정서적 충격을 완화시킬 수 있는 환경을 조성함과 동시에 배려 및 동정 어린 언어사용으로 상대방의 마음을 누그러뜨려야 할 것이다. 아울러 피해자의 언어가 조사하고자 하는 정보를 충분히 담고 있는지, 그 진술이 정확한지 여부를 파악해야 하며, 미진할 경우 적절한 질문을 통하여 필요한 정보를 수집할 수 있어야 한다. 이를 위해서는 라포 형성 기술, 인지심리학적 면담기법, 질문기법, 청취기법 등 효과적인 조사기술이 모두 동원되어야 한다. 진실한 피해자로부터는 실체적 진실발견에 필요한 정확한 정보를 어떻게 최대한 많이 이끌어 내느냐 하는 것이 관건인 것이다.

반면, 무고죄(誣告罪)의 피해자와 같이 피해사실이 없으면서 마치 피해를 당한 것처럼 꾸며 고소행위를 한 기만적인 피해자로부터는 그가 사용하는 언어 속에서 거짓을 탐지해 내는 것이 관건이라 하겠다. 그러므로 이 경우에는 일반 피의자가 갖게 되는 언어적 반응을 기만적 피해자에게서 관찰할 수도 있다. 즉, 피해자가 사용하는 구술언어가 분노(憤怒), 우울(憂鬱), 부인(否認), 거래(去來), 수용(受容) 등의 의미를 내포할 수도 있는 것이다.[6] 그러나 이러한 경우는 매우 예외적인 경우이기 때문에 특별한 경우가 아니면 피의자 · 피고인 조사처럼 피해자 진술을 논박하고 추궁하는 조사기법은 피해야 할 것이다. 일반적으로 피해자를 조사함에 있어서는

---

6) 분노란 피의자가 특정한 공격형식을 통해(수사과정에서) 통제력을 획득하고자 하는 기분을 의미하며, 우울이란 공격의 심리를 자기 자신에게로 향해 표출하는 것을 말하고, 부인이란 현실을 거부하려는 피의자의 반응이며, 거래란 스트레스적 현실을 가장하거나 포장하는 시도로서 조사 중인 사안에 대하여 자신의 상황에 대한 인식에 수사관이 동의해 주도록 시도하는 것을 말하고, 수용이란 피의자가 더 이상 실체를 부인할 수 없는 지점에 도달할 경우 보이는 반응이다(김종률, 2003, p. 56–81).

추궁형 조사보다는 상대방을 이해하고, 존중하며, 인내하고, 배려하는 마음을 전달할 수 있는 언어를 사용하면서 조사를 진행하여야 한다.

수사관의 주의 깊은 구술언어의 사용은 피해자 유가족에 대한 사망사실의 통지기법에서도 논의되고 있으므로 이에 관해서는 관련 부분의 기술을 참고할 수 있을 것이나 일반적으로 다음 몇 가지 점에 유의하여야 한다(한면수 외, 2009, p. 285-286; 김재민, 2006, p. 438). 즉, "① 가능한 한 피해자를 낙인(烙印)하는 언어를 사용하지 말아야 한다. 특수한 장애를 앓고 있는 자, 예를 들어 시각에 장애를 가지고 있는 피해자에 대하여 '시각장애인'이라는 포괄적 호칭을 쓰는 것 보다 경우에 따라서는 '보는데 어려움을 겪고 있는 분'이란 표현이 피해자에게 훨씬 좋게 들린다. ② 품위를 떨어뜨리는 비속어 사용을 삼가야 한다. 피해자가 경멸감을 느낄 수 있기 때문이다. ③ 특별한 도움이 필요한 사람을 조사할 경우라도 그들에 대한 존중감을 표현할 수 있어야 한다. 예를 들어 청각장애인을 조사할 때 그를 소외시킨 채 통역인만 바라보면서, "~라고 전해주세요"라는 식의 조사를 하는 것은 상대방으로 하여금 존중받고 있지 않다는 인상을 주게 되므로 바람직하지 않다. ④ 불필요한 질문은 최소화하여야 한다. 예를 들어 성범죄피해자들에게 피해상황에 대한 반복적이고 불필요한 질문들은 피해자의 심적 고통을 가중시키기 쉬우므로 유의해야 한다. ⑤ 피해자에 대한 비난과 책임전가의 언어사용을 피해야 한다. 예를 들어 교통사고 피해자에게 주의 깊게 운전하지 않았다고 비난하거나 절도 피해자에게 평소 열쇠 관리를 잘못했다고 비난하거나 강간죄의 피해자에게 평소 자기관리를 잘못했다고 비난하는 것이 그러한 예들이다.

나. 준언어에 대한 감수성

피해자가 사용하는 준언어(paralanguage)에 대하여도 수사관은 감수성을 지녀야 한다. 준언어란 피해자 목소리의 크기, 속도, 높이, 장단, 규칙성, 발음, 침묵과 같은 것으로서 피해자의 정서상태를 파악할 수 있는 것을 말한다(김재민, 2006, p. 415). 준언어는 그것이 필요할 때 사용하지 않거나 불필요할 때 사용함으로써 모순감을 느끼게 해 주고, 음성의 피치(pitch)와 말의 속도 변화는 화자(話者)의 스트레스를 파악하게 해 주며, 말을 자주 더듬거리는 것은 거짓말을 준비하는 것으로 볼 수 있기에(김종률, 2003, p. 54-55) 수사관은 이러한 피해자의 준언어 사용에 유의해야 한다.

준언어를 평가함에 있어서 이상 징후를 발견하려면 가장 정상적인 상황에서 상대방이 어떤 형식의 준언어를 사용하는지를 파악할 필요가 있다. 이를 행동표준의 설정(establishing a behavioral norm)이라 한다(한면수 외, 2009, p. 314). 대개 범죄사실과 관련 없는 일상적인 대화를 나눠봄으로써 정상적인 상황에서의 피해자의 준언어 사용행태를 파악할 수 있을 것이나 범죄충격 직후의 피해자는 심리적으로 불안정한 상태이므로 평가기준이 될 수 있는 정상적인 심리상태의 경우라고 보기 어렵기에 차후 심리적 안정을 되찾은 이후로 행동표준 설정의 시기를 늦추어야 할 것이다.

다. 신체적 언어에 대한 감수성

피해자를 조사할 때 피해자의 비언어(혹은 신체적 언어, body language)적 측면에 대한 이해와 주의도 필요하다. 인간이 어떤 정보를 전달할 때 신체적 언어를 사용하는 비중이 가장 높다는 연구가 있는바(Moriarty, 2002, p. 101) 피해자 조사 시에 피해자가 보이는 신체적 반응의 관찰은 수사관에게도 매우 긴요한 것이다. 신체적 언어 중에 중요한 것이 피해자와의 시선접촉이다. 시선은 대화할 준비가 되어 있음을 알려주기도 하고, 대화를 평가하며, 대화를 종료하는 역할도 하기에 수사관은 피해자와 대화를 나눌 때 상대방을 잘 응시해야 하고, 아동이나 침대에 누워있는 피해자를 조사할 경우에는 눈높이를 맞추어야 한다(김재민, 2006, p. 413-414).

성공적인 조사를 위해서는 피해자가 수사관에게 전달하는 신체적 언어뿐만 아니라 수사관이 피해자에게 전달하는 신체적 언어에도 유의해야 한다. 청취자인 피해자가 좋아할 수 있는 수사관의 자세는 대화 중 몸을 앞으로 내미는 것, 몸통과 머리를 똑바로 하는 것, 머리를 끄덕이는 것, 적당한 양의 제스처를 쓰는 것, 시선접촉을 하는 것, 미소 짓는 것 등이다. 반면 피해자가 싫어할 수 있는 신체적 언어로는 몸의 방향이 피해자를 향해 똑바르지 않은 것, 시선접촉이 짧은 것, 눈동자를 굴리는 것, 불쾌한 표정을 짓는 것, 너무 제스처가 없는 것, 시선의 초점이 없는 것, 긴장되어 있는 것 등이다(Leathers, 1992, p. 33).

2-2-2. 대화관리의 기술

대화란 두 사람 이상의 사이에서 벌어지는 복잡한 상호작용을 말하는 바, 대화에 참여하는 각 사람들은 자신의 외표적 행동이나 언어 혹은 비언어를 통하여 대화를 나누는 가운데 다른 사람의 행동에 영향을 주게 된다. 이때 왜 그리고 어떻게 한 사람의 대화행동이 다른 사람에게 영향을 미칠 수 있는 것인가에 대한 이해가 중요하다. 사실 피해자 조사라는 것도 어떤 특정한 목적을 위하여 진행되는 대화라고 볼 수 있기에 적절히 관리되어야만 한다. 피해자에 대한 대화관리에 있어서는 다음과 같이 중요한 몇 가지 요소가 있다. 즉, "① 접촉(contact): 면담의 목적을 설정하고 피해자와 라포를 형성하는 것, ② 내용(content): 적절한 질문을 통해 피해자로부터 얻고자 하는 객관적 사실을 추출하는 것, ③ 행동(conduct): 필요한 정보가 담겨있는 방식(언어적, 준언어적, 비언어적 행동), ④ 신뢰성(credibility): 수사관이(피해자에게) 지각되는 방식, ⑤ 통제(control): 대화진행의 전체적인 물줄기를 이끄는 것 등이다(Milne & Bull, 1999, p. 55-56)."

가. 면담 시작 전 준비사항

피해자와의 면담 전 준비할 사항으로는 ① 해결되어야 할 문제가 무엇인지 규명하는 것, ② 요구되는 정보가 무엇인지를 밝히는 것, ③ 달성해야 할 목표가 무엇인지를 설정하는 것, ④ 대화진행의 틀을 설정하는 것, ⑤ 질문에 대한 구조를 미리 구상하는 것, ⑥ 다뤄야 할 주제가 무엇인지 파악하는 것, ⑦ 관련 있는 제3의 인물에 대하여 설명할 준비를 하는 것 등이 있다. 이러한 준비는 면담의 일관성, 조사의 신뢰성 확보를 위해 중요하다.

이러한 면담 전 준비 작업을 위해 영국 정부나 법률 실무가에 의해 사용되는 SE3R기법을 응용할 필요가 있다. SE3R기법이란 ① 관련 기록에 대하여 개괄적 내용을 파악하는 것(Skim), ② 관련 기록을 조사하고 정제된 사실들을 추출해 낸 후 사건의 전개양상을 연대기적으로 나타내거나 피해자의 심리상황을 그림으로 표현하는 것(Extract), ③ 관련 기록의 정확성을 체크하기 위해 보통 속도로 읽어보는 것(Read), ④ 관련 기록은 놔두고 연대기 표와 피해자의 정체성이 표현된 그림을 검토하여 상호 간의 불일치, 모순을 발견하는 것, ⑤ 관련 기록이나 SE3R과정에서 파악된 자료에 대한 조사관의 기억을 강화하는 것(Recall) 등을 말한다(Milne & Bull, 1999, p. 61-62; 한면수 외, 2009).

결국 면담 전 준비사항에 대하여는 다음과 같이 정리할 수 있을 것이다. 즉, 면담 전에 관련 자료를 검토하고 다뤄야 할 주제를 파악하며 질문내용을 개발하는 것, 안정된 조사장소를 확보하는 것 등이 그것이다. 위와 같은 방법으로 수사관이 피해자와 피해사실에 대한 기본정보를 충분히 숙지한 뒤 무엇을 어떻게 조사를 해야 할지 미리 구상해 놓는다면 피해자 조사를 성공리에 진행할 수 있을 것이다.

나. 면담진행 중 대화관리

셰퍼드(Shepherd)는 면담을 진행함에 있어 대화에서 심리학적 또는 사회학적 측면들을 모두 활용할 수 있어야 한다고 주장하면서 면담은 4단계를 거치면서 진행된다는 GEMAC이론을 주장하였다(Shepherd, 1997; Milne & Bull, 1999, p. 61–62; 한면수 외, 2009, p. 290–294).

G란 상호인사의 단계(Greeting)로서 조사 전 올바른 인사나누기가 면담을 진행하는 데 중요하다고 보았다. 특히 이 단계는 라포 형성에 직결될 뿐만 아니라 관계 형성의 기술과 경청의 기술이 강조된다. 이때 수사관과 피해자와의 거리, 수사관의 자세, 비언어 및 준언어에 대한 이해, 적극적 청취 등에 대한 이해가 필요하다.

E란 면담의 목표와 목적을 설명(Explanation)하는 단계인데 면담진행의 순서도를 활용하여 설명할 수 있다. 이 과정에서 수사관이 면담 진행 중에 할 수 있는 행동들, 예컨대 노트나 컴퓨터에 기록한다든가 법전을 참조한다든가 하는 행위들이 있을 수 있음도 설명해 주어야 한다.

MA란 발생한 사건에 대하여 수사관이 피해자의 진술을 들으면서 질문도 하는 등 필요한 정보를 수집하는 단계를 말한다(Mutual Activity). 이 단계에서 수사관은 언어적, 비언어적, 준언어적 감수성을 가지고 피해자가 던지는 메시지를 총체적으로 파악하기 위해 노력해야 하며, 피해자가 제공한 정보를 정확하게 기억할 수 있도록 노력하여야 하고, 가능하면 많은 정보를 얻을 수 있도록 개방적 질문을 하는 등 종합적인 조사기술이 발휘되어야 한다. 이때 수사관은 피해자의 행동을 늘 점검해야 하고(monitoring), 필요한 때에 질문을 통해 수사관의 의견을 개진(assertion)함으로써 정보의 정확성을 진단해 보아야 하며, 피해자가 저항적 태도로 나올 경우 저항관리(resistance management)를 할 수 있어야 한다. 조사에 비협조적인 피해자에 대하여 비난하거나 단념하지 말고 차분히 조사를 진행하여야 하며, 진술을 강요하거나 수사관이 대화를 전면적으로 주도해서도 안 되고, 피해자가 수사관을 비난할 때는 부드럽게 대처해야 하며, 상대방이 공감하는 부분을 찾아 투합하는 기지도 발휘해야 하는 등 피해자의 저항을 최소화시키기 위해 설득의 기술을 발휘해야만 한다.

C란 면담을 종결하는 단계(Close)이다. 피해자 조사를 종결하려면 최초에 세웠던 조사 목표가 달성되었는지 면밀한 검토가 필요하다. 즉, 피해자로부터 사건에 관한 충분하고도 정확한 설명을 청취했는지 여부가 종결의 전제조건이 되는 것이다. 한편, 피해자 조사는 피해자가 수사관에 대한 이미지를 형성할 수 있는 계기가 되므로 조사에 협조해 준 것에 대하여 감사의 표시를 함과 동시에 이후 진행되는 후속절차 등에 대하여 피해자에게 필요한 정보를 적극적으로 제공해 주는 등 긍정적 이미지 형성에 노력해야 한다.

요컨대, 면담진행단계에서 수사관이 노력해야 할 부분을 요약하면 다음과 같다. 즉, 친근한 대화로 피해자의 긴장을 풀게 하는 것, 가능한 한 구체적으로 면담의 목적과 취지를 설명하는 것, 동정심과 배려의 자세 등을 통해 피해자의 마음 문을 열도록 하는 것, 상대가 말을 많이 할 수 있도록 유도하는 것, 피해자의 언어, 비언어, 준언어 등 각 영역별 언어행동을 잘 관찰하는 것, 경청의 자세와 함께 구체적이고 효과적인 질문기법을 구사하는 것, 피해자 진술의 요점을 요약 설명해 주고 정확성 여부를 확인해 보는 것 등이 그것이다.

다. 면담종료 후 유의사항

수사관은 피해 조사가 끝나게 되면 조사결과에 대하여 요약정리를 할 수 있어야 한다. 보통은 진술조서 작성을 통해 피해자 조사가 진행될 때에는 조사결과가 기록물로 정리되지만 어떤 경우에는 조서 작성 전에 대화를 통해 필요한 정보만을 정리할 수 있기 때문에 필요한 정보가 모두 망라되었는지 파악해야만 하는 것이다. 이 결과를 토대로 부족한 부분에 대하여 추가 조사를 결정할 수도 있다. 조사결과를 검토할 때 중요한 것은 선입견을 내려놓는 개방적 마음가짐(open mind), 지나친 확신으로 인한 편견(confirmation bias)에 주의하는 자세, 어떤 사실에 대하여 회피하고 싶은 마음 때문에 진실을 보지 못하는 것(defensive avoidance)의 오류 등에 유의해야 한다(Milne & Bull, 1999, p. 72).

요컨대, 피해자 조사 중에 피해자가 비밀로 해 주기를 원한 부분에 대하여는 약속을 반드시 지키겠다는 것, 조사에 응해 준 것에 대하여 감사의 뜻을 충분히 표현하는 것, 추가적으로 조사할 부분이 있으면 피해자와 일정을 논의하여 가장 편한 시간에 조사를 받도록 배려하는 것 등이 피해자 조사를 종결하면서 수사관이 유의해야 할 부분이라 하겠다.

2-3. 라포 형성(rapport-building)

라포(rapport)란 "두 사람 사이의 공감적인 인간관계, 또는 그 친밀도"를 나타내는 심리 용어(국립국어원 표준국어대사전, 2000)로, 신뢰와 친근감으로 이루어진 인간관계를 의미한다. 또한 Bernieri와 Gillis(2001, p. 69)는 라포를 "사람들 간에 주의의 상호성과 조화를 촉진하는 긍정적이고 생산적인 정서"로 정의한 바 있다. 범죄피해 조사 면담 현장에서 면담자와 피면담자 간의 관계 사이에 라포가 형성되면 서로에 대한 주의와 관심을 표현하게 되고, 따라서 피면담자와 면담자는 상호 간에 응집력을 형성하여 서로 하나가 된 듯한 기분을 느끼게 된다(Tickle-Degnen & Rosenthal, 1990).

2-3-1. 라포 형성의 중요성

범죄피해 조사 면담 과정에서 면담자와 피해자/목격자 간의 라포 형성은 매우 중요한 단계이다(Holliday & Marche, 2012). 일반적으로 면담 상황에서 피면담자가 느끼는 편안함이 증가할수록 제공하는 정보가 많아진다(Wilson & Powell, 2001). 이러한 효과는 이야기의 주제가 민감하거나 정신적 외상을 일으키는 사건 또는 상황에 관한 것일 때 더 극대화된다(Powell, Fisher, & Wright, 2005). 또한 FBI에서는 라포를 형성하는 것이 면담을 통해 정확한 정보를 얻어낼 수 있는 가장 효율적인 방법임을 강조하기도 하였다(Driskell, Blickensderfer, & Salas, 2013). 라포 형성의 중요성은 대부분의 유명한 수사면담(investigative interview) 프로토콜 훈련 프로그램에서 라포 형성을 위한 별개의 훈련단계가 있다는 점에 의해서도 지지된다(Brewer & Williams, 2007; Poole & Lamb, 1998). 다시 말하면, 범죄피해 조사 면담의 첫 단계는 전적으로 면담자와 피면담자 간의 긍정적인 관계, 즉 라포를 형성하기 위해 전념해야 한다고 볼 수 있다. 그러나 현장의 많은 범죄피해 조사자가 시간의 부족, 라포 형성의 유익에 대한 정보 부족, 혹은 라포 형성 방법에 대한 지식의 부족 등과 같은 이유로 인해 실제 조사 면담에서 충분한 라포 형성을 하지 않고 본격적인 면담으로 들어가는 경우가 많다(Vallano & Compo, 2011 참고).

그러나 면담의 성공에 미치는 라포 형성의 영향을 결코 간과해서는 안 된다. 범죄피해자는 이미 겪은 범죄피해로 인하여 불안하고 위축된 심리적인 상태를 가지고 면담에 임하는 경우가 대부분이다. 따라서 자신과 이야기를 하고 있는 면담자가 신뢰할 수 있는 사람인지, 전문성 있는 사람인지, 혹은 자신의 상태와 이야기에 관심을 가져줄 수 있는 사람인지 등에 대한 확신을 필요로 한다. 이러한 확신을 가질 수 있을 때 피해자는 안정감을 가지고 자신의 이야기를 정확하고 자세하게 면담자에게 전할 수 있다.

범죄피해 조사를 위한 면담에서의 라포 형성은 편안하고 안정된 범죄피해자/목격자가 면담자의 질문에 더 협조적이고 겪은 범죄피해에 대하여 더 열심히 기억하려 노력할 것이라는 전제에서 시작된다(Geiselman et al., 1984). 그리고 실제로 라포 형성이 범죄피해 조사를 위한 면담 시, 면담 효과에 막대한 이익을 줄 수 있다는 전제가 사실임을 검증하는 여러 연구들이 존재한다.

예를 들어, Collins는 동료들과 함께 실험 연구를 통해 라포가 형성된 집단의 사람들이 라포가 이루어지지 않은 집단에 비해 사건에 대한 정확한 정보를 더 많이 회상할 수 있음을 검증하였다(Collins, Lincoln, & Frank, 2002). 이 실험에서 연구자들은 42명의 대학생 실험 참가자를 "라포", "중립", 그리고 "무뚝뚝"의 세 가지 실험 조건 중 한 조건에 무작위로 할당하였다. 라포 조건에 할당된 참가자들은 면담자와의 라포가 형성된 상태에서 면담에 임했다. 무뚝뚝 조건의 참가자들은 면담자와의 라포가 형성되지 않은 상태로 다소 딱딱한 분위기에서 면담에 임했다. 마지막으로 중립 조건의 참가자들은 라포가 형성되지도 않았으나 딱딱한 분위기도 아닌, 최대한 중립적 분위기에서 면담에 임했다. 실험실에 도착한 모든 참가자들은 먼저 일상 속의 자극들(예, 사람, 사람들의 대화, 자동차, 오토바이 등)이 담겨 있는 한 사건에 대한 66초짜리 영상을 감상하였다. 그 후 모든 참가자들에게 면담자가 영상 속 사건에 대하여 회상하도록 요구하였다. 그 결과, 라포 집단의 참가자들이 나머지 두 집단의 참가자들보다 정확한 정보를 더 많이 회상해냈다. 보고된 모든 정보 중 정확한 정보의 비율은 라포 조건에서는 91%, 중립 조건에서는 86%, 그리고 무뚝뚝 조건에서는 84%였다. 반면, 정확하지 않은 정보를 회상한 정도에는 세 집단 간 차이가 존재하지 않았다.

대학생 참가자 111명을 대상으로 실시된 또 다른 연구에서도 범죄사건의 목격자와 면담자 간의 관계에서 라포가 형성되었을 때 목격자가 편안함을 느끼고, 이 때 진술 내용의 정확성이 높아진다고 보고되었다(Vallano & Compo, 2011). Vallano 와 Compo의 연구에서 참가자들은 약 1분가량의 설정된 범죄 발생 장면이 담긴 DVD 영상을 시청하였다. 영상 속 범죄는 절도였으며, 한 남성이 피해자의 지갑에 서 돈을 꺼내 사라지는 장면이었다. 참가자들이 자신이 목격한 영상 속 사건에 대 하여 회상하여 제시한 정보를 분석한 결과, 면담자와의 라포를 경험한 참가자들은 그렇지 않은 참가자들에 비해 정확한 정보 보고 비율은 높아진 반면, 부정확하거 나 틀린 정보 보고 비율은 떨어졌다.

범죄피해 조사 시 면담자와 피면담자 간의 라포가 형성되면 더 온전하고 정확 한 정보를 수집할 수 있는 이유는 무엇일까? 여기에 대하여는 크게 인지적 측면과 동기적 측면의 두 가지 가능성을 제시할 수 있다(Fisher & Geiselman, 2002; Vrij, Hope, & Fisher, 2014). 먼저 인지적 측면은 라포가 직접적으로 기억력을 향상시켜 회상을 돕는 것이다. 라포로 인하여 피면담자와 면담자 간의 협동성이 증가하고 이로 인해 기억 회상을 방해하는 요인들이 감소하면서 기억이 활성화될 가능성이 존재한다. 또 다른 이유는 동기적 측면에서 찾아볼 수 있다. 라포 형성으로 인해 면담자는 피면담자에 대한 긍정적 감정과 신뢰를 가지게 되어 더 열심히 사건에 대하여 기억해 내려고 노력할 수 있다.

이러한 연구 결과들이 종합적으로 지지하는 바와 같이 라포는 범죄피해 조사 의 효율에 매우 중요한 실질적 역할을 하는 것을 알 수 있다. 라포가 충분히 형성 되면 범죄피해 조사 시 부정확한 정보 수집의 위험성을 높이지 않으면서도 정확한 정보 수집의 양을 늘릴 수 있다. St-Yves(2005)는 라포의 중요성에 대하여 강조하 며, 다른 여러 수사기법들도 중요하지만 특별한 면담 기술이 없이도 좋은 라포가 형성되면 좋은 면담을 할 수 있는 반면, 다른 기술들은 라포가 형성되지 않으면 소 용이 없다고 제안하기도 하였다.

이처럼 범죄피해 조사 면담에서 라포 형성은 중요한 과정이나, 라포를 형성하 는 것은 간단하거나 쉬운 문제가 아니다. 그 이유는 일반적으로 긴 시간에 거친 라 포 형성 단계를 갖는 심리 상담과는 달리, 경찰 수사의 피해 조사 면담에서는 단시 간 동안 라포를 형성해야 한다. 심지어, 많은 경우 1회의 면담 중 극히 적은 시간 동안 라포를 형성해야 한다. 뿐만 아니라 일반적인 심리상담과는 달리, 범죄피해 조사자는 라포를 형성하면서도 전문가로서의 태도, 혹은 편견 없는 공정한 태도를 동시에 취해야 하는 것도 쉽지 않은 문제이다(Gudjonnson, 1992). 따라서 피해 조사 면담에서 높은 수준의 라포를 형성, 유지하기 위해서는 면담자가 라포의 이론적 개념을 명확히 해야 하며, 라포 형성 과정에서 달성해야 할 구체적인 목표 및 방법을 알아야 한다. 이 장에서는 이러한 내용들에 대하여 살펴볼 것이다.

2-3-2. 라포의 개념

Tickle−Degnen과 Rosenthal(1990)는 이론적으로 라포의 세 가지 구성 요소를 '상호적 주의집중(mutual attentiveness)', '긍정성(positivity)' 및 '협동성(coordination)'으로 정리하였다. 이 학자들이 제시한 라포의 이론적인 틀은 오늘날에도 라포를 개념화 및 구조화하기 위해 사용되고 있다. 라포의 첫 번째 필수적 구성요소인 상호적 주의집중은 면담자와 피면담자가 모두 경험하고 있는 면담에 대한 참여의 정도를 의미한다(Abbe & Brandon, 2012). 상호적 주의집중이 이루어지면 면담자와 피면담자는 서로 의사소통 상대와의 집중되고 응집력 있는 상호작용을 형성한다. 상호작용 중인 사람들 간에 높은 수준의 라포를 경험하게 되면 서로에 대해 높은 수준의 관심을 가지게 되어 응집성(cohesiveness) 있는 관계가 형성된다. 상호적인 주의집중을 하고 있음은 서로를 바라보고 있는지, 상대의 이야기에 고개를 끄덕이며 적절한 반응을 보이고 있는지 등을 통해 확인할 수 있다(Abbe & Brandon, 2012). 라포의 두 번째 필수적 구성 요소인 긍정성은 의사소통 상대와 친근하고 서로에게 긍정적인 관심을 가지고 있는 듯한 따뜻한 느낌을 의미한다(Abbe & Brandon, 2012).

라포의 첫 번째 구성요소인 상호적 주의집중과 두 번째 구성요소인 긍정성은 일반적으로 긍정적 상관을 지니는 개념이다. 즉, 상호적 주의집중이 일어날 때 긍정성도 함께 형성되는 경우가 많다. 그러나 반드시 그런 것은 아니다. 예를 들어 10대 청소년들 간에 신경전이 벌어지고 있는 상황을 생각해 볼 수 있다. 양측 주체가 서로를 향해 모두 고도의 주의집중을 하고 있으나 긍정적이지 않은, 적대적이고 부정적인 관계가 형성되는 상황이다. 이와 같이 긍정성이 없이 서로에 대한 주의집중이 형성된 상태는 라포라고 볼 수 없다.

라포의 세 번째 필수적인 구성요소인 협동성은 의사소통에 참여하는 사람들이 서로 균형(balance)과 협조(cooperation), 조화(harmony)를 이룸을 의미한다. 즉, 면담자와 피면담자의 행동과 대화가 일치성을 갖는 정도라고 볼 수 있다(Abbe & Brandon, 2012). 라포가 형성되기 위해서는 면담을 나누고 있는 두 주체의 양방향적 상호협조가 이루어져야 하는 것이지, 한 사람이 다른 사람에게 일방적으로 친절을 베푸는 것은 라포라고 볼 수 없다.

　　Tickle–Degnen과 Rosenthal(1990)은 라포에 이 세 필수 구성요소가 모두 필요하며, 이 구성요소들은 반드시 함께 발생하는 것은 아니라고 제안하였다. [그림 4–1]은 라포의 개념적인 구조를 보여준다.

[그림 4-1] 라포의 이론적 구조와 구성요소

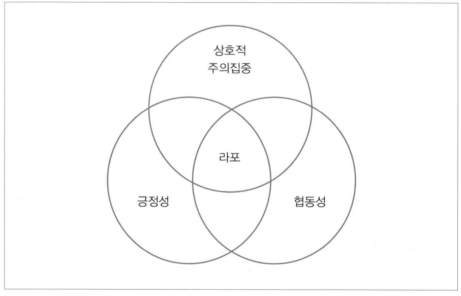

2-3-3. 라포 형성 단계의 목표

　　그렇다면 본격적인 면담이 이루어지기 전, 피면담자와 라포를 형성할 때 면담자가 달성해야 하는 단계별 목표는 무엇일까? Brewer와 Williams(2007)는 라포 형성 단계에서 달성해야 할 세 가지 목표를 다음과 같이 정리하였다. 라포 형성 단계에서 이루어져야 할 첫 번째 목표는 피해 조사자보다는 피면담자가 대부분의 이야기를 하도록 하는 것이다. 즉, 조사자가 많은 질문을 하여 이야기를 주도하기보다는 범죄피해자가 자신의 이야기를 많이 하도록 해야 한다는 것이다. 이를 위하여 범죄피해 조사자들은 특히 어린이 피해자/목격자들에게 생일이나 명절, 휴일 등에 있었던 일과 같이 자극적이지 않고 해롭지 않은 사건에 대하여 자유롭게 구체적으로 이야기하도록 교육받는다(Poole & Lamb, 1998). 피면담자가 대부분의 이야기를 하도록 하는 목표를 달성하기 좋은 방법 중 하나는 개방형으로 된 면담 방식으로 라포를 형성하는 것이다. 피면담자의 대답에 제약을 두지 않고 자유롭게 이야기하도록 하는 개방형 방식으로 라포 형성을 위한 면담을 진행하게 되면 피해자/목격자는 조사가 자신 중심으로 이루어진다는 인상을 갖게 된다. 이러한 인상은 이후에 이어지는 본격적인 범죄피해 조사를 위한 본 면담에서도 피해자가 보다 자세하게 응답하도록 하는 긍정적 영향을 미치게 된다(Sternberg et al., 1997).

라포 형성 단계에서 달성해야 할 두 번째 목표는 면담자가 피해자를 이해하고, 수용하는 태도를 갖고 있다는 점, 또한 강압적이지도 피해자를 비난하지도 않는 관점을 가지고 있다는 점을 피면담자에게 전달하는 것이다. 경찰의 수사면담 환경에서 많은 피면담자들이 피해 조사를 하는 경찰과 자신의 관계에서 권력(power)의 격차를 느낀다. 이로 인해 피면담자는 자신보다 많은 권력을 가지고 있다고 생각되는 면담자가 듣고 싶어 하는 응답을 하거나 면담자가 원하는 정보를 제공하고자 하는 강한 욕구를 갖는다. 이러한 경향은 사회적 소수 집단이나 아동, 지적장애인과 같이 사회적 지위가 낮거나 의사소통에 어려움이 있는 사람들에게서 더 강하게 나타난다(예, Agnew & Powell, 2004; Ceci & Bruck, 1993; Powell, 2000; Powell & Bartholomew, 2003). 따라서 이를 방지하기 위해 면담자는 유도적인 질문을 하지 않도록 주의해야 하며, 특히 라포 형성 과정에서 피면담자의 특정한 진술에 대하여 특정한 정서 표현을 한다거나 피면담자에 대하여 면담자가 기존에 형성하고 있는 태도나 믿음 등을 드러내는 행동을 하지 않도록 주의해야 한다(Ceci, Powell, & Principe, 2002).

라포 형성 시 달성해야 하는 세 번째 목표는 면담자가 비공식적이고 편안한 기분이 드는 편안한 분위기를 형성하는 것이다. 면담의 분위기는 면담자의 자질이나 질문의 방식 못지않게 중요한 라포 형성 요인이다. 면담자의 태도나 언어에서 공식적인 면담의 분위기가 덜해질수록 피면담자는 긴장감이나 위축된 감정을 적게 느끼게 된다. 또한 피해자/목격자가 면담자의 질문을 받은 뒤에 즉시 대답해야 한다는 압박감을 느끼지 않을 수 있는, 여유 있고 느긋한 분위기에서 면담을 진행하는 것도 라포 형성에 도움이 된다. 관련된 여러 연구들은 긴장된 분위기가 아닌 편안하고 이완된 분위기에서 면담이 진행될 경우 피면담자의 기억 수행이 향상된다고 보고한다(예, de Quervain, Roozendaal, Nitsch, McGaugh, & Hock, 2000). 면담을 위한 적절한 분위기, 즉 편안하고 비공식적인 분위기를 형성하기 위해서는 면담자가 피해자/목격자의 신체적, 비언어적 신호를 민감하게 살피고 파악해야 한다. 즉, 피해자가 불편해 보인다든지, 어색해하거나 부끄러워하거나 위축된 듯한 몸짓을 보이거나 행동을 하는 경우 이를 인지하여 적절한 조치를 해야 한다. 또한 면담 과정을 피면담자 입장에서 더 편하고 쉽게 느껴지도록 하기 위해서 피면담자의 의견을 묻고 반영하는 것도 좋은 방법이 될 수 있다(Powell, 2000).

2-3-4. 라포 형성기법

라포 형성을 위해 사용되는 기법은 다양하다. 학자들마다 서로 다른 효과적인 라포 형성기법을 사용할 것을 제안하고 연구해왔다. 먼저, Fisher와 Geiselman (1992)는 공감(empathy) 표시와 개인화하기(personalizing)기법을 제안하였다. 공감 표시를 통해 피해자와 라포를 형성하기 위하여, 피해 조사자는 피해자가 표현하는 감정을 이해하고 있음을 피해자에게 전달하고, 피해자와 동일한 관점으로 사건을 보아야 한다. 또한 면담자가 피면담자, 즉 피해자의 안녕에 관심을 가지고 있음을 표현해야 한다. 개인화하기는 면담자와 피면담자의 관계가 공적인 관계가 아닌 사적, 혹은 개인적인 관계로 느껴지도록 하는 기법을 말한다. 개인화를 통한 라포 형성을 위해, 면담자가 피면담자의 이름을 불러주거나, 사건과 관련 없는 개인적인 정보에 대하여 관심을 갖는다거나, 피해자와 공통적으로 가지는 개인적인 특성이나 경험 등에 대한 정보를 제공하는 등의 방법 등을 사용할 수 있다.

Milne와 Bull(1999)은 라포 형성을 위해 경청기법을 사용할 것을 제안하였다. 경청은 주의 깊게 적극적으로 피해자의 진술을 듣는 것을 말한다. 예를 들어, 면담자의 질문에 대하여 피면담자가 응답하면 이 응답에 대하여 다시 면담자가 "아~" 와 같은 소리를 내어 반응해 주는 것도 적극적 경청의 한 방법이다. 연구자들은 면담자가 피면담자에게 시선을 고정하고 진술을 경청하며, 피해자의 이야기가 이해받고 있다는 신호를 전달할 때 라포가 형성된다고 보았다. 경청에 대하여는 이 장의 뒤에서 다룰 범죄피해 조사 시의 진술청취기법에서 더욱 자세하게 알아볼 것이다.

피면담자가 면담자에 대하여 전문적이고 신뢰할 수 있는, 즉 편파적이지 않은 사람이라고 생각하도록 하는 것도 라포를 형성하는 방법이 될 수 있다. 김시업 (2013)은 이러한 기법을 '신빙성(credibility) 쌓기'라고 하였다. 피면담자가 면담자에게 자신이 겪은 정서적인 사건에 대하여 이야기하기 위해서는 먼저 면담자가 자신의 이야기를 들어주고, 이해해 주며, 판단하지 않을 사람이라는 것을 신뢰할 수 있어야 한다. 신빙성을 쌓기 위해서는 피면담자에게 필요한 전문적인 정보를 제공하거나 현실적인 해결책을 제시해 줌으로써 면담자가 관련 문제에 대한 전문성을 가졌음을 표현하는 방법이 있다. 또한 면담자가 피면담자의 어려움이나 문제에 대하여 수용하고 이해한다는 것을 언어적 혹은 비언어적인 경로를 통해 표현함으로써 신뢰할 수 있는 사람이라는 인상을 주는 방법도 있다.

이 외에도 라포는 언어적 기법과 비언어적 기법을 통해 형성될 수 있다(St-Yves, 2005). 성인 목격자 및 피해자와의 수사면담 현장에서는 주로 언어적 라포 형성기법의 사용이 제안된다. 인지적 면담기법은 특히 성인을 대상으로 한 조사 면담에서 언어적 라포 형성기법을 사용할 것을 제안한다(Fisher & Geiselman, 1992). 예를 들어, 피해자/목격자에게 범죄피해사실과 직접적 관련이 없는, 피해자의 삶 전반에 관한 질문을 던짐으로써 면담자가 피면담자에게 관심을 가지고 있음을 느끼도록 하는 것도 언어적 라포 형성의 한 방법이다(Vallano & Compo, 2011).

언어적 통로를 통해 성인 목격자와 라포를 형성하는데 효과적인 대표적인 언어적 기법 중 하나는 면담자의 자기개방(self-disclosure)이다. 자기개방은 라포 형성을 위해 임상 현장에서 오랜 기간 성공적으로 사용되어온 기법이며, 경찰의 조사 면담과 관련하여서도 인지적 면담기법[7]에서 자기개방을 통해 라포를 형성할 것을 제안하고 있다(예, Hanson, 2005). 자기개방이란 자신의 개인적인 정보를 상대에게 전달하는 것으로(Collins & Miller, 1994), 범죄피해 조사를 위한 면담에서 면담자가 피면담자에게 자기개방을 통해 라포 형성을 시도했을 때, 실제로 라포 관계가 이루어지며 피면담자의 진술 정확성이 높아지는 것으로 보고된다(Vallano & Compo, 2011).

개방식 질문은 라포 형성에 효과적인 또 다른 언어적 기법이다. 라포 형성 단계에서 직접적 질문, 혹은 단답식의 폐쇄형 질문보다 개방식 질문을 하는 것이 라

---

7) 인지적 면담기법에 대하여는 추후 별개의 단원에서 자세하게 다룰 것이다.

포 형성에 도움이 되고, 이후 사건과 관련된 질문에 대해서도 더 정확한 정보를 제 공하는 것으로 보고된다(Roberts, Lamb, & Sternberg, 2004). 성인 목격자를 대상으 로 한 연구에서 개방식 질문을 사용한 언어적 라포 형성기법은 목격자 진술의 부 정확성을 떨어뜨림으로써 전체적인 진술의 정확도를 높이는 것으로 보고되었다 (Vallano & Compo, 2011).

일반적으로 언어적 라포 형성기법의 효과는 성인 피해자/목격자 대상 면담에 서 더 적극적으로 제안되지만, 어린이를 대상으로 한 조사 면담에서도 개방식 질 문을 사용한 언어적 라포 형성기법의 효과가 검증된다. 예를 들어, 어린이 목격자 를 대상으로 실시한 연구에서 라포 형성 시, "가족은 누구누구야?"와 같은 직접적 질문 혹은 단답식 질문보다는 "너희 가족들에 대해서 이야기해줄래?"와 같은 개방 형 질문을 하는 것이 이후 본 면담단계에서 사건에 대한 정확한 기억을 더 많이 보 고하게 하는 것으로 나타났다(Sternberg et al., 1997).

언어적인 기법뿐 아니라 비언어적 라포 형성기법도 중요하다. 면담자의 모든 행동과 일거수일투족이 범죄피해자/목격자의 정서와 생각에 영향을 미칠 수 있기 때문이다. 면담자의 몸짓, 단어 선택, 행동, 포즈, 심지어 성격도 이러한 영향을 미 칠 수 있는 요인이 될 수 있다(St-Yves, 2005). 경찰의 조사 면담에서 비언어적 기 법을 사용한 라포 형성의 효과에 대한 연구는 주로 아동을 대상으로 한 면담에 대 하여 알려져 있으나, 성인 대상 면담에서도 비언어적 기법을 사용한 라포 형성은 여전히 효과가 검증된다.

예를 들어, 앞서 간단히 설명된 Collins와 동료의 실험 연구(2002)에서 참가자 들은 먼저 가짜 사건을 담은 짧은 비디오 클립을 시청한 뒤, 면담자와의 목격한 사 건에 대한 면담을 통해 사건에 대한 기억을 회상하였다. 이때 면담자는 다양한 비 언어적 기법을 통해 라포 조건에 할당된 참가자들에게는 라포가 형성되는 분위기 를 형성한 채로, 라포 조건이 아닌 조건을 할당한 참가자들에게는 비언어적 기법 을 통해 라포를 형성하지 않은 채로 면담을 진행했다. 라포 형성 조건에서 면담자 가 피면담와 라포를 형성하기 위하여 사용한 여러 가지 비언어적 요인들을 다음과 같다. 우선 면담자와 피면담자 사이에는 시각적, 심리적 장애물이나 방해가 될 수 있는 어떠한 물건도 놓지 않았다. 또한 면담자가 피면담자에게 시종 부드러운 톤 으로 이야기하며, 몸은 이완된 포즈를 취하며 면담에 임하였다. 연구 결과에 의하면 이러한 비언어적 요인들을 사용한 라포 형성 조작의 효과가 있는 것으로 나타났다.

정리하면, 짧은 시간 동안 면담자와 피면담자 간 라포가 형성되어야 하는 범죄피해 조사 면담에서 라포 형성을 위해 언어적, 비언어적 기법이 모두 동시에 사용되는 것이 효율적임을 알 수 있다. 범죄피해 조사자는 피해자에게 '무엇을' 이야기해야 할지(이야기의 내용, 언어적 요인)에만 주의할 것이 아니라 '어떻게' 이야기해야 하는지, 즉 이야기하는 방식(비언어적 요인)에도 주의를 기울여야 한다.

2-4. 질문기법

질문의 유형은 크게 개방식 질문과 폐쇄식 질문으로 나누어 볼 수 있다. 이 단원에서는 개방식 질문과 폐쇄식 질문의 정의, 장점 및 한계점, 사용의 예에 대하여 알아보고, 어떤 질문의 기법이 어떤 상황에서 더 효과적으로 범죄피해 조사에 사용될 수 있는지 정리하여 보겠다.

2-4-1. 질문의 유형

개방식(open-end) 질문이란 질문에 답하기 위해 여러 단어를 필요로 하는 질문, 진술하는 사람에게 사건의 어떤 측면을 어떤 단어를 사용하여 어떤 페이스로 어떻게 설명할 것인지 면담자로부터 방해를 받지 않고 스스로 선택할 수 있는 유연성을 허용하는 질문을 의미한다(Brewer & Williams, 2007; Fisher, 1995). 반대 개념인 폐쇄식(closed) 질문이란 응답할 수 있는 대안이 한정되어 있고, 몇 개의 단어만 사용하여 답변할 수 있는 구체적인 질문이다(Brewer & Williams, 2007). 폐쇄식 질문에는 선다형 질문과 예/아니요 질문이 포함된다(Poole & Lamb, 1998).

가. 개방식 질문의 장단점

피해 조사 면담뿐 아니라 경찰의 모든 조사 면담에서 유용한 정보들은 대부분 개방식 질문에 대한 자유진술을 통한 응답을 통해 얻게 된다(Milne & Bull, 1999; Powell, Fisher, & Wright, 2005). 구체적으로 개방식 질문 사용은 폐쇄식 혹은 구체적 질문 사용과 비교하여 네 가지 차원에서의 장점을 지닌다(Powell, Fisher, & Wright, 2005). 각 장점에 대하여 구체적으로 살펴보겠다.

첫 번째 장점은 진술의 정확성에 있다. Powell과 동료들은 성공적인 조사 면담 프로토콜들이 가진 공통적 요소 중 하나로 개방식 질문 방식을 꼽았다(Powell,

Fisher, & Wright, 2005). 일반적으로 개방식 질문에 대한 응답이 폐쇄식 질문에 대한 응답보다 정확하다는 것이 많은 연구들에 의해 반복적으로 나타난다. 예를 들어, 실제 이루어지는 수사면담과 비슷한 환경에서 개방식 질문과 폐쇄식 질문에 대한 응답의 정확성을 조사한 연구에서 사람들은 35년 전의 일을 회상하여 보고하는 과제를 실시했다. 그 결과 응답자들은 개방식 질문을 받았을 때 폐쇄식 질문을 받았을 때보다 더 자세하고 더 많은 정보를 회상해냈다(Fisher, Falkner, Trevisan, & McCauley, 2000).

개방식 질문에 대한 응답이 폐쇄식 질문에 대한 응답보다 정확성이 높은 이유는 개방식 질문에 대한 응답 방식인 자유진술로 이루어지는 응답이 보다 엄중한 초인지적(meta-cognitive) 수준의 조절을 사용하도록 하기 때문일 수 있다. 초인지(meta-cognition)란 자신의 생각에 대하여 생각하는 것을 말한다(Koriat & Goldsmith, 1996). 즉, 개방식 질문에 대하여 피면담자가 자유로운 진술을 통하여 회상한 내용을 보고하게 되면 자신의 기억이 정확한 것인지 스스로 생각해 보게 되기 때문에 정확성이 높아질 수 있다. 또한, 개방식 질문을 사용하면 면담자가 여전히 회상 중인 피면담자에게 잦은 질문을 던짐으로써 피해자의 회상을 방해할 가능성이 적다. 따라서 과도한 질문으로 인한 피해자의 회상 과정 방해가 줄어들기 때문에 더 정확한 답변을 얻을 수 있다는 가능성도 존재한다.

두 번째 장점은 피해자에게 언어적 제한 혹은 장애가 있을 경우 개방형 질문을 통해 이러한 문제점을 발견하고 그 정도를 파악할 수 있다는 것이다. 폐쇄식 질문이나 구체적 질문을 사용하는 경우 피해자는 개방형 질문에 응답할 때보다 더 적은 단어만을 사용하여 질문에 응답할 수 있다. 따라서 피면담자에게 언어적인 문제가 있다 하더라도 폐쇄식 질문에 대한 답변에서는 이러한 문제가 잘 드러나지 않으며, 따라서 면담자는 피면담자가 가진 언어적 문제의 심각성을 과소평가할 가능성이 높다. 이러한 문제는 피면담자가 자신의 언어적 제한을 감추려 하는 경우에 더 심각해질 수 있다. 심지어 피해자가 면담자의 질문을 제대로 이해하지 못한 경우에도 피해 조사자가 질문할 때 사용했던 단어를 반복하거나, 단순히 '예' 혹은 '아니요'라는 답을 통해 조사관의 생각을 확증해 주는 답변을 할 수 있다. 또는 정형화된 답변을 함으로써 언어적 한계를 노출시키지 않을 수도 있다. 이러한 요인은 폐쇄식 질문에 대한 답변의 정확성을 떨어뜨리는 간접적인 요소로 작용할 수 있다. 반면 개방식 질문을 하게 되면 피면담자가 다양한 단어와 표현으로 이전에 일어난 사건에 대하여 설명해야 하므로, 피면담자가 가진 언어적 유창성에 대하여 어느 정도 신뢰할 수 있는 측정을 할 수 있게 된다(Cooke, 1996; Powell, Fisher, & Wright, 2005).

개방식 질문을 사용하는 것의 세 번째 장점은 시간 사용에 있다. 개방식 질문을 던지면 피면담자는 자유 진술을 통해 자신에게 편안한 페이스로 응답할 수 있다. 따라서 피해자는 충분한 시간을 가지고 사건과 관련된 생각들을 수집할 수 있으며, 결과적으로 보다 상세한 기억까지 자세하게 회상해내게 된다. 피해자를 포함한 모든 사람에게는 사용할 수 있는 정신적 자원(mental resources)이 제한되어 있다. 사람들은 인지적 과제를 수행할 때 한정된 자원을 사용하게 되는데, 언어적인 회상 과제와 언어적인 정보처리 과제는 동일한 제한된 자원을 사용하게 된다. 따라서 과거의 사건에 대한 정보를 회상해내는 작업이 면담자의 질문으로 인해 방해받거나, 생각의 방향이 자주 돌려지게 되면 정신적 자원이 더 많이 사용되고 고갈되어 중요한 사건에 대하여 회상하는 능력에 부정적 영향을 미칠 수 있다(Vergauwe, Barrouillet, & Camos, 2010). 그러므로 피해 조사자는 피면담자에게 구체적인 폐쇄식 질문을 과도하게 던짐으로써 피면담자의 인지적 자원을 고갈시키고 사건에 대한 회상을 방해하기보다 개방식의 질문을 적게 던짐으로써 피면담자가 회상하여 보고하는 일에 집중할 수 있도록 하는 것이 바람직하다. 잦은 폐쇄형 질문은 피해자가 내적으로 기억 속을 성찰하도록 하는 대신 외적으로 주어지는 면담자의 질문과 다음에 주어질 질문 등 사건 회상 이외의 외적인 요소에 주의를 분산시키도록 할 우려가 크다.

개방식 질문이 갖는 네 번째 장점은 면담자의 인지적 자원 측면에 있다. 피면담자, 즉 범죄피해자뿐 아니라 면담자 또한 한정된 인지적 자원을 가지고 있다(Fisher, 1999). 이는 범죄피해 조사자 또한 동시에 여러 가지 인지적, 언어적 과제를 수행할 경우 한 수행이 다른 수행을 방해할 수 있다는 의미이다. 사건에 대하여 여러 가지 질문을 생각하고 만들어 내는 데에는 인지적 자원이 사용된다. 따라서 면담자가 개방적 질문에 대한 피면담자의 자유진술을 집중적으로 경청하는 것 보다, 피면담자의 진술을 들으며 사건에 대한 질문을 만드는데 인지적 에너지를 사용하게 되면 진술을 듣는데 사용되는 인지적 에너지가 분산되어 더 많은 에너지가 사용된다. 이는 면담자가 피해자의 진술을 이해하거나 기록하는데 어려움을 겪는 결과로 이어질 수 있다(Briggs, Peters, & Fisher, 1972).

위의 네 가지 차원에서의 장점을 종합해 볼 때, 개방식의 적은 질문을 하는 면담자가 구체적이고 폐쇄적인 질문을 많이 하는 면담자보다 범죄의 피해자 및 목격자로부터 정확한 정보를 보다 많이 얻어낼 수 있다는 자연스러운 결론에 도달할 수 있다.

나. 개방식 질문 사용의 방법 및 관련 연구

모든 뛰어난 조사 면담(investigative interview) 프로토콜에서는 중요하고 유용한 정보가 피해자가 자유롭게 이야기하는 방식, 즉 자유진술 식의 응답에서 얻어진다고 강조한다(Brewer & Williams, 2007; Milne & Bull, 1999). 자유진술은 면담자가 피면담자에게 발생한 사건 혹은 상황에 대하여 자유롭게 자신의 말로, 자신에게 편안한 속도로 이야기하도록 격려하고 진술을 방해하지 않음으로써 이루어진다(Fisher, 1995). 조사 면담에서 자유진술은 반드시 구체적인 질문을 던지기 전에 이루어져야 한다.

조사 면담에서의 대화는 일반적으로 대략적인 개방식 질문으로 시작된다. 예를 들어, 수사관은 피해자/목격자에게 다음과 같은 질문을 할 수 있다. "그 일(혹은 상황)에 대해서 생각나는 것을 전부 얘기해주세요. 사건의 시작부터 차근차근 모두 얘기해 주세요. 제일 처음 일어난 일이 무엇이었죠?" 이렇게 질문한 뒤, 피면담자가 자유진술을 통해 자연스럽게 이야기하도록 한다. 면담자는 범죄피해자/목격자가 자유진술하는 동안 최소한의 비언어적 격려를 통해 피해자에게 이야기를 경청하고 있다는 암묵적인 신호를 보낸다. 예를 들어, 조사관은 고개를 끄덕거린다거나 침묵하며 들음으로써, 또는 "아" 또는 "음" 등의 소리를 냄으로써 비언어적 격려를 한다.

피해자가 진술하는 과정에서 이야기가 다음 국면이나 다른 측면으로 넘어가야 할 필요성이 발생하거나 피해자에게 조심스럽게 추가적으로 보다 구체적인 정보를 요구하고 싶을 때엔 추가적인 개방식 질문을 던질 수 있다. 이러한 추가적 개방식 질문의 예로는 "그 다음엔 어떻게 되었나요?", "거기에 대해서 더 기억나는 것은 없나요?" 또는 "거기에 대해서 좀 더 얘기해 줄 수 있나요?" 등이 있다(Brewer & Williams, 2007, p. 19).

앞서 제시된 바와 같이 개방식 질문은 응답하는 사람이 사건 중 어떤 측면에 대하여 어떤 방식으로 설명할 것인지 스스로 선택할 수 있다는 것이 핵심적인 특성 중 하나이다. 이러한 특성으로 인해 피면담자의 첫 번째 자유진술에서 사건과 관련된 모든 측면과 모든 정보가 다 다루어지기는 어렵다. 따라서 일반적으로 개방식 질문을 사용하여 피해자가 일단 사건의 마지막까지에 대한 첫 번째 진술을 마치고 나면, 면담자는 피해자에게 사건의 특정 국면으로 돌아가 추가적인 정보를 회상해 줄 것을 요구한다. 단, 이러한 추가적인 질문도 개방식 질문으로 하여 자유진술을 통해 답할 수 있도록 한다. 예를 들면, 면담자는 "아까 그 남자가 ○○씨를 밀었다고 하셨죠. 거기에 대해서 좀 더 얘기해 주실래요?"와 같은 개방식 질문을 통해 추가적인 정보를 얻는다. 이처럼 개방식 질문을 통해 추가적인 정보를 요구하는 것은 피해자에게 사건의 특정한 국면에 초점을 두게 하면서도 진술 자체를 주도하지 않고, 피해자에게 면담자가 어떤 특정 정보를 필요로 한다는 암시를 주지 않기 때문에 좋은 질문 방식이라 볼 수 있다.

개방식 질문이 폐쇄식 질문에 비하여 정확한 정보를 얻어내는 효과가 크다는 것이 많은 연구들에 의해 검증되었다. Sternberg는 동료들과의 연구(Sternberg et al., 1997)에서는 14명의 범죄피해 조사자가 51명의 아동성범죄피해자와의 면담을 통해 사건에 대하여 수집한 정보를 분석하였다. 조사자들은 미리 정해진 면담 질문 대본을 이용하여 개방식 질문과 폐쇄식 질문의 효과를 알아보았다. 51명의 피해자 중, 25명의 피해자와의 면담에서는 라포 형성 단계에서 개방식 질문 위주로 이루어진 대본을 사용했다. 같은 조사자들이 나머지 26명의 피해자와의 면담에서는 폐쇄식, 직접적 질문이 많이 포함된 라포 형성 대본을 사용하였다. 개방식 질문 조건과 폐쇄식 질문 조건 모두 라포 형성 과정에 7분을 사용했다. 개방식 질문으로는 "명절날 밤에 무엇을 했는지 전부 다 말해줄래?"와 같은 형태의 질문들이 사용되었다. 폐쇄식, 직접적 질문으로는 "명절날 밤에 촛불을 켰었니?" 등의 단답형 또는 예/아니요 응답이 가능한 질문들이 사용되었다. 서로 다른 질문 스타일로 라포 형성 단계를 거친 이후, 아동 피해자에게 자유진술을 통해 사건과 관련된 정보를 이야기하도록 했다. 자료 분석 결과, 개방식 질문에 답하며 라포를 형성한 아동 피해자들은 폐쇄식 질문에 답했던 아동 피해자들보다 2.5배 많은 구체적 사항이나 단어를 제공한 것으로 나타났다.

이 연구는 실제 범죄피해자 조사 면담 현장에서, 본 면담단계에서뿐 아니라 라포 형성 단계에서도 개방식 질문이 더 좋은 결과를 도출할 수 있음을 보여주었다. 연구자들은 이러한 결과가 나타나는 이유가 면담의 시작 및 소개단계에서 길고 자세한 자유진술을 통해 응답하는 것이 훈련 효과를 발생시켜, 이야기의 주제가 범죄피해로 옮겨졌을 때에도 동일하게 자세하고 길게 이야기하도록 영향을 주기 때문이라고 제안했다.

다. 폐쇄식 질문

폐쇄식 질문은 단답식의 구체적인 응답을 도출하기 때문에 더 정확하고 명확한 정보를 얻을 수 있을 것이라는 일반적인 믿음과는 달리, 오히려 개방식 질문에 대한 응답보다 정확한 정보를 도출하는 양이 현저하게 적은 것으로 보고된다(Brewer & Williams, 2007). 뿐만 아니라, 폐쇄식 질문은 피면담자와 면담자 간의 라포를 저해하거나, 피면담자를 추궁하는 듯한 어감으로 피면담자에게 위축감이 들게 할 수 있으므로 제한적으로 사용하는 것이 좋다.

그러나 폐쇄식 질문이 완전히 불필요하거나 항상 나쁜 결과를 도출하는 것만은 아니다. 적절하게 제한적으로 사용할 경우 폐쇄식 질문의 장점이 범죄수사에 도움이 될 경우가 있다. 그중 한 가지 경우가 피해자의 자유진술에 대한 추가적 정보를 요구할 때이다. 앞서 다루어진 바와 같이 개방식 질문에 대한 자유진술을 통한 응답이 가장 정확한 정보를 많이 도출하긴 하지만, 이 자유진술 속에서 사건에 대한 모든 측면이 다루어지는 것은 아니다. 따라서 자유진술을 통한 정보를 얻은 뒤에도 여전히 면담자가 추가적인 정보를 필요로 하는 경우가 대부분이다. 즉, 면담자가 피면담자에게 자유기술 응답에서 아직 보고되지 않은 사건에 관련된 구체적 사항들을 추가로 요구하게 된다. 추가로 요구될 수 있는 구체적 정보들의 예로는 사건이 발생한 시간과 장소, 구체적으로 어떤 사건이 발생했는지, 가해자의 정확한 인상착의 등이 있을 수 있다(George & Clifford, 1992). 예를 들어, "도둑이 들어온 시간이 몇 시였습니까?" 혹은 "그 남자가 무슨 옷을 입었나요?" 등의 질문을 할 수 있다.

폐쇄적 질문이 유용한 또 다른 특수한 상황은 발달장애나 학습장애 등 지적장애를 가진 피해자를 면담할 경우이다. 단, 지적장애를 가진 피해자와의 면담에서도 폐쇄적, 구체적 질문은 적절한 방식으로 제한적으로만 사용되어야 한다. 여기에 대하여는 추후 "장애인 성폭력 피해자의 특징 및 면담기법" 부분에서 자세히 다루도록 하겠다.

보다 구체적인 정보의 필요성에 의해서 추가적인 질문을 해야만 하는 경우가 있긴 하지만 폐쇄적 질문, 구체적 질문은 잘못 사용할 경우 개방식 질문에 대한 응답보다 잘못된 정보를 도출해낼 가능성이 높으므로 주의해서 사용해야 한다(Brewer & Williams, 2007). 추가적인 폐쇄식 구체적 질문에 대한 응답이 옳지 않은 정보를 도출할 가능성은 면담자가 질문을 적절하게 하지 못했을 때 특히 높아진다.

적절한 폐쇄식 추가 질문을 하기 위해서는 다음과 같은 몇 가지 전략을 사용할 수 있다. 첫째, 단순한 언어를 사용한다. 복잡하거나 어려운 언어를 사용할 경우, 피면담자가 질문을 정확하게 이해하지 못함으로 인하여 피해 조사자가 필요로 하는 정보를 알고 있다 하더라도 제공하지 못할 가능성이 있다. 둘째, 피면담자가 이미 사용한 용어를 사용한다. 피면담자와의 정확한 의사소통을 위해, 추가 질문을 할 때에는 면담자의 용어, 면담자가 주로 사용하는 단어가 아닌 피면담자가 자유진술 당시 사용한 용어를 동일하게 사용하는 것이 오해나 혼선을 막는데 도움이 된다. 셋째, 추가로 필요로 하는 정보 및 이야기하고자 하는 주제를 명확하게 표현한다. 면담자가 요구하는 정보가 명확할수록 피면담자가 추가로 제공해야 하는 정보가 무엇인지 이해하기 위해 소모하는 추가적인 자원이 줄어든다. 넷째, 피면담자가 지치거나 피로해 보이지 않는지, 또는 집중력이 흐트러지지 않았는지 주의 깊게 살핀다. 피해자의 집중력이 떨어진 상태에서 무리하게 면담을 진행하거나 추가적인 정보를 회상해낼 것을 요구하는 것은 정확하고 의미 있는 정보를 얻는 데 도움이 되지 않는다. 피면담자가 지친 듯한 신호를 보내면 반드시 휴식을 취한 뒤 면담을 재개해야 한다. 또한 면담이 길어질 경우, 여러 차례 자주 휴식을 취하며 진행하는 것이 좋다(Walker, 1999 참고).

2-4-2. 피해자 조사에의 응용: 조사 면담기법 훈련

여러 연구자들이 실제로 현장에서 범죄피해자들을 만나 피해 조사 면담을 하는 조사관 및 경찰에게 조사 면담 시 적절한 질문을 하는 방법에 대한 일련의 훈련을 실시하고, 이 훈련의 효과를 연구하였다. 즉, 훈련을 거쳤을 때 실제로 조사관들이 면담에서 피해자에게 질문하는 방법이 더 바람직한 방향으로 변화되는지, 또한 이러한 변화로 인해 면담에서 더 많은 정확한 정보를 얻어내는지의 효과를 알아본 것이다. 결과적으로 경찰 및 범죄피해 조사 업무를 담당하는 조사관들에게 실시한 면담 방식, 특히 질문 방식과 관련된 훈련들은 매우 성공적이었다. 훈련을 받은 경찰 및 조사관들은 훈련 전과 비교하여, 그리고 훈련을 받지 않은 다른 경찰 및 조사관들과 비교하여 조사 면담을 통해 보다 많은 정보를 도출한 것으로 보고된다. 이러한 개선은 훈련 직후에만 일시적으로 나타난 것이 아니라 상당한 시간이 지난 후까지도 장기적으로 효과를 발휘하는 것으로 나타났다(Brewer & Williams, 2007).

이와 같은 피해 조사기법 및 질문 방식에 대한 훈련들 중, 결과적으로 성공적이었던 훈련들의 공통점은 무엇일까? 면담자들의 조사 면담 기술에 장기적인 향상을 불러오도록 한 공통적인 요인은 무엇일까? 여러 성공적인 훈련 프로그램들과 관련 연구들을 종합해 보면 크게 다음과 같은 네 가지 요소가 성공의 요인으로 작용했다고 볼 수 있다.

첫 번째는 훈련 및 연습의 시간적 배치이다. 성공적인 훈련 프로그램들은 공통적으로 휴지 기간과 훈련 기간을 반복적으로 긴 시간에 걸쳐 배치하였다. 성공적인 프로그램들은 단기적으로 단 회에 이루어지는 훈련이 아니라, 며칠간의 훈련 및 연습과 몇 주간의 휴지기를 반복하는 양상을 띤다. 휴지 기간을 갖는 훈련 프로그램은 휴지 기간 없이 집중적으로 이루어진 훈련 프로그램에 비해 장기적인 효과가 월등한 것으로 보고된다(Donovan & Radosevich, 1999). 또한 이러한 훈련 세션이 6개월 혹은 12개월 등과 같이 확장된 시간에 걸쳐서 이루어졌다. 휴지 기간을 갖는 프로그램의 훈련 효과가 더 좋은 이유는 한 번에 모든 기술을 다 전수하는 프로그램에 비해 훈련생이 학습한 내용을 익히고 숙지하며 실제 현장에 적용해 볼 시간과 자원을 허용하기 때문이다. 휴지 기간 없이 연속적으로 진행되는 훈련 프로그램은 이러한 숙지 및 적용을 위한 자원과 시간을 허용하지 않으므로 훈련의 효과가 상대적으로 떨어지는 것으로 볼 수 있다.

피해 조사를 위한 면담기법 훈련 효과에 장기적 영향을 미치는 두 번째 요인은 전문가의 교육 및 피드백이다. 성공적인 훈련 프로그램들은 공통적으로 훈련생이 집단 세션 및 개인 세션에서 전문가로부터 지도와 피드백을 받는 기회가 제공되었다. 기술을 습득하는 데에는 분야를 막론하고 그 분야의 전문가로부터 교육을 받는 것이 결정적인 역할을 한다(Ericsson, Krampe, & Tesch-Römer, 1993). 경찰들은 현장에서는 학교에서 배운 내용들이 실제 수사와 경찰 업무에는 도움이 되지 않으니 모두 잊고 현장의 감각을 익혀야 한다고 생각하는 경향이 있다(Brewer &

Williams, 2007). 이와 같이 책상에 앉아 배운 이론은 현장에서는 적용되지 않는다는 인식으로 인해 수사기법 교육에 대한 전문가 교육의 중요성이 간과되는 경우가 적지 않다. 전문가의 피드백이 훈련생의 기술 향상에 미치는 강력한 영향을 고려하여, 경찰 내부에서도 선배가 후배에게 면담기법과 관련한 피드백 및 감독 (supervision)을 제공하는 프로그램이 만들어지는 것이 제안되는 바이다.

면담기법 훈련의 장기적 성공을 위한 세 번째 요인은 좋은 수사면담 예시의 활용이다. 장기적인 훈련 효과가 나타났던 훈련 프로그램들은 공통적으로 비디오로 녹화된 바람직한 실제 수사면담의 예를 훈련 도구로 활용하였다. 훈련생들이 비디오를 통해 성공적인 실제 면담의 사례를 학습하는 것은 새로 학습한 면담 및 질문기법들이 실제 상황에서 어떻게 적용되는지 모방훈련을 통해 익힐 수 있는 좋은 수단이다. 다만, 비디오를 통해 실제 수사면담 상황의 예를 보여주는 방법의 훈련이 성공적이기 위해서는 예시로 사용되는 면담이 뛰어나야 한다. 면담기법 훈련의 성패가 예시 면담의 질적 수준에 의해 좌우될 수 있기 때문이다.

네 번째 성공 요인은 훈련 프로그램에 참가했던 경찰들의 조사 면담 기술 향상에 대한 의지와 동기로 볼 수 있다. 성공적이었던 훈련들에는 공통적으로 경찰들이 자발적으로 훈련에 참여하였다. 시간과 노력의 부담이 있는 훈련임에도 자발적으로 참여했다는 것은 참가한 경찰들에게 자신의 수사면담 기술을 향상시키고자 하는 내적인 동기부여가 있었다는 것으로 볼 수 있다. 또한 훈련 참가자들은 연구자들이 제공한 훈련 프로그램을 통해 자신의 면담기술이 향상될 것이라는 신뢰와 기대를 가지고 있었다. 기술 습득 및 계발은 장기적이고 많은 연습과 훈련을 필요로 한다(Ericsson et al., 1993). 장기적으로 연습을 지속하는 것은 반드시 일정 수준 이상의 동기가 부여되어야만 가능한 일이다. 조사 면담기법 훈련에 있어서도 개인의 동기가 중요한 역할을 하는 것은 외국어나 악기 등의 다른 기술 습득 및 계발과 마찬가지이다. 대부분의 경찰 업무 환경에서 조사 면담 기술 향상에 대한 보상이나 강화는 잘 이루어지지 않는다. 즉, 더 바람직한 면담기법을 통해 범죄피해자로부터 사건과 관련된 정보를 더 많이 도출해 내는 것이 승진이나 월급인상, 장려금, 훈장 등으로 이어지는 일은 드물다. 이처럼 환경적으로 경찰의 면담기술 향상에 대한 외적인 동기부여는 잘 이루어지지 않기 때문에 훈련생 개인의 내적 동기 수준이 훈련의 성과에 결정적인 영향을 미칠 수 있다(Langan-Fox, Arnstrong, Balvin, & Anglim, 2002).

이상의 네 가지 요인, 즉 훈련과 연습의 시간적 배치, 전문가의 피드백, 좋은 예시의 활용 및 내적 동기가 존재할 때 수사면담 훈련은 장기적으로 수사면담기법 및 질문기법에 있어 장기적인 향상을 가져올 수 있다. 다음 절에서는 실제 경찰 조사관을 대상으로 실시되었던 성공적인 수사면담 훈련 프로그램의 실례를 살펴볼 것이다. 이 수사면담 훈련에 위의 네 가지 성공적 훈련을 위한 요소들이 반영되어 있음을 발견할 수 있다.

2-5. 진술의 정확성 확보

2-5-1. 거짓 진술

경찰 면담에서 피해자는 의도적으로 또는 의도치 않게 정확하지 않은 진술, 혹은 거짓 진술(false testimony)을 할 수 있다. 피면담자, 즉 피해자는 성인이건 아동이건, 혹은 지적장애나 발달장애를 가진 사람이건 모두가 어느 정도는 거짓 진술을 할 위험성을 가지고 있다(Milne & Bull, 1999). 범죄피해자 또는 목격자의 거짓 진술, 특히 잘못된 가해자 지목은 무고한 사람에게 유죄판결을 받게 하는 치명적인 오류의 주요한 원인이기도 하다(Gerrie, Garry, & Loftus, 2005). 그럼에도 경찰 수사면담에서 이러한 거짓 진술을 방지하고 사건에 대한 정확하고 진실된 정보를 얻어낼 수 있도록 하는 것은 최종적으로는 면담자의 책임이고 의무이다. 따라서 경찰 면담자는 피면담자가 진실한 진술을 하는 데 도움이 되는 질문 방식 및 면담 방식을 사용해야 하며, 수집된 정보가 정확한 정보인지 확인하는 방법도 숙지해야 한다.

정확하지 않은 정보에 대한 진술, 즉 거짓 진술은 기억의 암시성(suggestibility) 이라는 개념을 통해 설명된다. 1970년대 이후 많은 연구자들이 암시가 거짓기억에 미치는 영향에 대하여 실험 및 다른 연구 방법들을 사용하여 연구해왔다(Gerrie et al., 2005). 암시성은 피면담자가 사건과 관련된 정보를 부호화(encoding)하여 입력하거나 저장(storage)하는 과정, 또는 회상(retrieval)하거나 보고하는 과정에서 기억된 정보가 일련의 사회적 혹은 심리적인 요인에 의해 영향을 받거나 왜곡될 수 있는 특성을 말한다(Milne & Bull, 1999). 사람의 기억은 사진에 찍히거나 돌에 새겨진 것처럼 정확하고 불변하는 것이 아니며, 유동적인 특성을 가진다. 즉, 상황에 따라 기억이 첨가되거나 대체되거나 재구성되는 것이 가능하다.

기억의 재구성 과정은 사건이 발생한 이후에 외부적으로 주어지는 정보에 의해, 혹은 개인의 내적인 요인에 의해서도 유발될 수 있다. 먼저, 내적으로 기억 재구성에 영향을 미치는 요인에는 추론하기(use of inference)나 편파성 등이 있을 수 있다(Boon & Davies, 1996). 편파성에 의한 기억의 재구성을 단적으로 보여주는 연구는 1951년에 미국에서 다트머스 대학(Dartmouth College)과 프린스턴 대학(Princeton University) 간에 벌어진 매우 유명했던 대학 미식축구 경기를 본 사람들을 대상으로 한 연구이다(Hastorf & Cantril, 1954). 승리가 프린스턴 대학으로 돌아간 이 경기는 매우 거칠었던 경기로 기록되었다. 양 팀 모두 많은 선수들이 경고를 받았으며, 프린스턴 팀의 쿼터백 선수는 경기 중 코뼈 골절과 뇌진탕을 입었고, 다트머스 선수는 다리가 골절되고 퇴장을 당하기도 했다. 이 경기는 양 팀이 소속된 대학뿐 아니라 일반 대중에게까지 그 난폭함으로 인해 이후 몇 주 동안 논란이 되었다. 연구자들은 두 학교의 학생들이 이 경기에 어떤 일이 벌어졌는지에 관하여 전혀 다른 기억을 하고 있다는 것을 발견하고 경기가 있던 날로부터 일주일 뒤, 이 경기를 관람한 양 대학의 학생들에게 양 팀 중 어떤 팀이 먼저 거친 플레이를 시작했는지 등의 경기에 관련된 질문을 던졌다. 흥미롭게도 프린스턴 대학교 학생들과 다트머스 대학교 학생들은 동일한 경기에 관한 동일한 질문에 정반대의 응답을 하였다. 어떤 팀이 먼저 거친 플레이를 시작했는지에 대한 질문에 프린스턴 대학교 학생들은 86%가 상대 대학인 다트머스 팀이 거친 경기를 시작했다고 보고한 반면, 다트머스 대학교 학생들은 36%만이 자신의 대학인 다트머스 팀이 거친 경기를 먼저 시작했다고 보고했다. 이 케이스 연구는 자신이 어느 편에 속해 있는지에 의해 동일한 사건에 대해서도 편파적으로 왜곡된 기억을 가질 수 있음을 보여준다.

2-5-2. 암시적 질문과 그 폐해

앞서 살펴본 바와 같이, 기억은 사건을 경험한 이후에, 즉 사후적으로 재구성될 수 있으며, 외부적인 요인도 기억의 재구성 과정에 영향을 미칠 수 있다. 예를 들어, Loftus와 Palmer(1974)는 연구자들이 던지는 질문에서 사용된 동사 한 단어만 바꾸었을 뿐인데도 잘못된 정보를 기억하는 사람의 비율에 큰 차이가 날 수 있음을 보여준다.

연구자들(Loftus & Palmer, 1974)은 실험 참가자들에게 도로에서 발생한 교통사고 영상을 보여주었다. 사진을 본 날로부터 일주일이 지난 뒤, 연구자들은 참가자들을 다시 불러 영상 속 교통사고에 대한 몇 가지 질문을 했다. 여러 질문들 중, 연구자들이 관심을 가지고 있던 것은 질문에 서로 다른 속도를 암시하는 동사가 사용되었을 때 참가자들이 사진 속의 사고 현장에 유리 파편이 있었다고 기억하는지 없었다고 기억하는지 여부였다. 질문에 사용된 표현은 "차들이 서로 부딪혔을 (hit) 때 얼마나 빨리 달리고 있었나요?"와 "차들이 서로 충돌했을(smashed into) 때 얼마나 빨리 달리고 있었나요?"와 같이 단어 자체가 자동차의 속도에 대한 어감을 부여하는 동사들이었다. 실제로 참가자들이 일주일 전에 본 사고현장 영상에는 깨진 유리 파편이 전혀 없었다. 즉, 영상 속 사고 현장에 유리 파편이 있었다고 응답할 경우 잘못된 기억을 바탕으로 한 거짓 진술을 하는 것으로 볼 수 있다. 연구 결과, 질문에 "hit(부딪히다)"라는 동사가 들어간 경우, 유리 파편이 있었다고 잘못 기억한 사람이 16%였던 반면, 질문에 "smashed into(충돌하다 또는 세게 부딪히다)" 라는 표현이 사용된 경우 32%의 참가자가 유리 파편을 보았다고 잘못 기억했다. 참가자들은 연구자들이 질문에서 사용한 자동차의 속도를 의미하는 동사(부딪히다 혹은 세게 부딪히다)를 통해 사진 속에서 보았던 사고의 심각성에 대한 기억이 바뀐 것이다. 이 연구는 이전에 본 사고에 대한 기억이 아주 사소한 단어 사용의 차이를 통한 암시적 질문에 의해서도 재구성될 수 있음을 보여주었다.

이 연구 결과를 피해 조사 면담 현장에 적용한다면 경찰 조사관(면담자가)이 어떤 방식의 질문을 던지는지에 따라 피면담자가 잘못된 기억을 보고할 가능성, 즉 거짓 증언을 하게 될 가능성이 높아지거나 낮아질 수 있다는 것으로 볼 수 있다. 따라서 면담자는 범죄피해 조사 면담 시 피면담자의 기억을 왜곡시킬 수 있는 유도적인 질문을 던지지 않도록 주의해야 한다. 피면담자의 응답을 특정한 방향으로 유도할 수 있는 암시적인 질문을 할 경우, 잘못된 정보를 수집하게 될 수 있기 때문이다.

암시적인 질문은 심지어 그 질문으로 인해 암시를 받은 피면담자의 응답이 정확한 정보를 제공한다 할지라도 큰 그림에서 볼 때 두 가지 측면에서 해로운 영향을 미칠 수 있다. 첫째는 재판 과정에서 드러날 수 있는 문제이다. 면담자가 암시적인 단어를 사용하여 피해자가 특정 방향으로 대답하도록 유도하는 질문을 할 경우, 피해자가 이러한 암시에 따르게 되면 실제로 관련된 구체적인 정보를 기억하지 못한 상태로 법정에서 증언해야 하는 상황이 발생할 수 있다. 이러한 경우 오히려 가해자를 기소하는데 문제가 발생하는 등 이차적인 부정적 결과가 야기될 가능성이 있다. 둘째는 조사 면담 과정에서 드러날 수 있는 문제이다. 실제로 암시적인 질문이 매우 효과적으로 피해자의 기억을 회상시키는 단서로 사용되는 경우도 존재한다. 그 결과 피해자가 사건의 특정한 해당 측면과 관련하여 이전에 회상하지 못하던 구체적인 정보들을 회상해낼 수도 있다. 그러한 경우 범죄피해자, 즉 피면담자는 면담자가 이미 모든 질문에 대한 답들을 알고 있다는 믿음을 강화시키고 견고히 하여, 이외의 다른 모든 질문들에 대해서도 면담자가 유도하거나 암시하는 방향으로 대답할 가능성이 높아진다. 이처럼 특정한 암시적 질문에 대한 피면담자의 응답이 어떤 방향으로 이루어졌는가와 상관없이 전체적으로 볼 때 유도적인 질문은 경찰의 조사와 사건 해결에 부정적이고 파괴적인 영향을 미칠 수 있다. 따라서 면담자는 무심결에라도 암시적, 유도적인 질문을 하지 않도록 주의해야 한다.

그렇다면 유도적 질문의 암시성 효과 기저에 있는 인과적 메커니즘은 무엇일까? 즉, 암시성 효과가 나타나는 원인은 무엇일까? 기억에 대하여 연구하는 학자들은 이러한 효과의 원인으로 크게 세 가지 측면에 주목한다. 그 세 가지 원인은 인지적 요인, 사회적 요인, 그리고 인지적 요인과 사회적 요인의 상호작용이다(Gerrie et al., 2005).

먼저, 인지적 요인으로 인해 암시성 효과가 나타난다고 보는 학자들은 인지적 정보 처리과정의 결과로 기억의 흔적(memory trace)이 나타난다고 생각한다. 기억의 흔적이 강한 경우, 즉 피면담자가 정확한 기억을 가지고 있는 경우에는 면담자로부터 제안된 유도적인 정보가 피면담자의 기억의 일부로 포함되기 어렵다. 그러나 사건에 대한 기존 기억의 흔적이 약한 경우, 즉 피면담자가 발생한 사건에 대하여 확실하고 정확하게 기억하고 있지 못한 경우에는 면담자에 의해 주어진 사후적 정보가 기존 기억의 흔적을 소멸시키다가 정확하지 않은 새로운 정보가 피면담자의 기억으로 재구성된다(예, Loftus, Miller, & Burns, 1978). 즉, 피면담자가 특정 대상이나 사건에 대하여 형성한 기억의 흔적이 약한 경우, 피면담자는 면담자의 암시에 보다 더 순응적이 되고 암시를 더 잘 받아들이게 되는데, 이러한 현상은 피면담자에게 암시적으로 받은 정보를 반박할만한 강한 기억의 흔적이 없기 때문에 발생한다(Ceci & Bruck, 1993).

한 피해자의 기억 내에서도, 한 사건에 대한 기억 중에서도 대상에 따라 강하게 기억에 남은 정보와 약하게 기억에 남은 정보에 차이가 있을 수 있다. 주로 범죄피해자들은 범죄 사건과 관련된 중심적인 사항들(예, 강도 범죄에서 강도가 훔쳐간 물건)은 정확하게 기억(강한 기억의 흔적)할 가능성이 높으나, 주변적인 세부사항(예, 범죄 현장에 있었던 다른 목격자의 옷 색깔)은 정확하게 기억하지 못할(약한 기억의 흔적) 가능성이 높다(Gerrie et al., 2005). 따라서 범죄피해자에게 면담자에 의해 암시적 질문이 던져졌을 경우 중심적인 기억에 대하여는 거짓 진술이 나타날 가능성이 상대적으로 낮으나, 주변적 정보에 대하여는 암시적 질문의 효과가 거짓 진술의 형태로 나타날 가능성이 상대적으로 높다(Wright & Stroud, 1998).

　　암시성 효과에 있어 사회적 요인을 중요하게 다루는 접근도 존재한다. 즉, 암시성 효과는 단지 인지적 요인에 의해서만 영향을 받는 것이 아니라 맥락이나 상황적 영향을 받을 수 있다는 입장이다. 즉, 피면담자가 암시적 메시지를 전달하는 사람을 어떻게 지각하는지에 따라 동일한 암시적 메시지에 대해서도 더 많이 영향을 받을 수도, 더 적게 영향을 받을 수도 있다. 암시성 효과가 사회적인 요인이나 개인의 동기적인 요인의 정도에 따라 변화할 수 있다고 생각한다. Gudjonsson과 Clark(1986)이 제안한 사회적 우월성 현상(social dominance phenomenon)은 주어진 상황적 맥락에서 피면담자가 면담자가 자신보다 사회적으로 우월하다고 느낄수록 면담자의 암시적 질문을 더 잘 수용한다고 제안한다(Milne & Bull, 1999에서 재인용). 여기에서 면담자가 사회적으로 우월하다는 것은 면담자(경찰 조사관, 심리상담가 등)가 권위를 가지고 있다고 생각하거나 범죄 수사 전문가라고 여겨지는 경우, 또는 해당 분야에 대한 경험이 풍부하다고 평가되는 경우 등이 포함된다. 면담자가 피면담자에 비해 사회적 우월성을 가지는 상황에서 피면담자는 면담자의 의도를 읽고 이 의도와 일치하는 입장에서의 답변을 하게 될 가능성이 높아진다. 또는 면담자의 의도를 읽고 의식적으로 면담자와 일치하는 답변을 하는 것이 아니라 할지라도 면담자의 암시적 질문에 포함된 잘못된 정보가 잘못되었음을 파악할 수 있는 능력 또한 면담자의 사회적 권력이 크게 지각될 때 감소한다(Vornik, Sharman, & Garry, 2003).

　　거짓 진술에 영향을 미칠 수 있는 또 한 가지 중요한 사회적 요인은 면담자의 매력이다. 범죄피해자들은 자신이 실제로 겪거나 목격한 사실과 다른 이야기를 하는 화자가 매력적이거나 호감이 가는 사람일 경우 상대의 이야기에 의해 더 기억이 왜곡되는 영향을 받는다(Vornik et al., 2003).

인지적 요인과 사회적 요인이 상호작용하여 암시성 효과에 영향을 미치기도 한다. 여러 가지 방식으로 상호작용이 일어날 수 있으나 한 가지 예를 들어 보자면, 사회적 요인이 인지적 요인의 작용에 영향을 미쳐 암시성 효과가 나타나는 경우를 생각해 볼 수 있다. 피면담자의 사건에 대한 정보 제공은 처음에는 공권력이라는 권위를 가진 것으로 생각되는 경찰 면담자에게 순응하고자 하는 동기에 의해 시작될 수 있다. 이러한 순응적인 응답이 시간이 지나면서 피면담자의 재구성되는 기억 속에 포함되어, 잘못된 정보를 기억하게 되는 경우가 발생할 수 있다. 이는 인지적 요인의 크기가 사회적 요인에 의해 변화되는 경우이다(Milne & Bull, 1999).

2-5-3. 암시적 면담기법

직접적으로 암시적인 질문을 하는 방법 외에도 면담 중에 피면담자에게 특정 방향으로 응답하거나 진술하도록 암시를 주는 면담기법들이 존재한다. 이러한 암시적인 면담기법들의 존재와, 유형, 그리고 그러한 암시적 기법들의 효과에 대하여 숙지하는 것은 의식적, 무의식적으로 수사 면담 시 암시적 기법을 사용하는 것을 스스로 인식하여 방지할 수 있도록 하기 위함이다.

Garven과 동료들(1998)은 아동 피해자를 대상으로 한 면담에서 주로 사용되는 암시적 면담기법을 크게 다섯 가지로 나누어 정리하였다(Milne & Bull, 1999에서 재인용). 첫 번째 암시적 기법은 타인을 이용하는 것이다. 즉, 아동에게 현재 이야기 하고 있는 주제에 관하여 면담관이 다른 사람으로부터 정보를 얻었다고 이야기하는 방법이다. 이 기법을 사용하면 피면담자는 면담자가 이미 정답을 알고 있다고 생각하는 정도가 커지므로, 면담자의 암시에 더 순응적으로 진술하게 될 수 있다. 또는 다른 사람이 이미 어떤 방식으로 이야기했다는 생각이 들 경우, 피해아동 또한 같은 방식으로 이야기해야 한다는 압박을 느낄 수 있다.

두 번째 기법은 긍정적인 결과를 이용하는 방법이다. 피해아동이 특정한 이야기를 하거나 특정한 행동을 하는 것에 대하여 선택적으로 칭찬을 하거나 보상을 주는 방법이다. 이 기법을 사용하면 아동 피해자는 추가적인 칭찬 혹은 보상을 얻고자 하는 동기 때문에, 면담자를 기쁘게 하고자 하는 경향이 커질 수 있다. 결과적으로 아동 피면담자는 면담자가 원하는 응답을 하고자 하는 성향, 순응성이 암묵적으로 커질 수 있다. 세 번째 기법은 두 번째와 유사하나 반대의 방향성을 적용하는 것으로, 부정적 결과를 이용하는 방법이다. 피해자의 특정한 진술 혹은 특정 상황에 대한 보고가 적절하지 않다고 선택적으로 지적하거나 비난하는 것이다. 아동들은 권위를 가진 어른으로부터 지적을 당하거나 틀린 대답을 했다는 비난을 당하는 것을 피해고자 하는 동기가 강력하다. 따라서 이러한 경향으로 인해 사실이 아닌, 그러나 면담자가 원하는 응답을 하게 될 수 있다.

네 번째 암시적 면담기법은 질문과 응답을 반복하는 기법이다. 예를 들어, 면담자가 아동 피면담자가 성적 학대를 당했다는 전제를 가지고 아동에게 성적인 학대를 당했는지에 대하여 반복적으로 물어보는 것이다. 면담자로부터 같은 질문을 반복적으로 받게 되면 처음에 성적 학대에 대하여 부인하던 아동들이 자신의 응답이 잘못되었다고 생각하여 나중에는 성적 학대를 당했다고 이야기하게 될 수 있다. 그러나 실제로 성적 학대를 당하지 않았는데 반복적 질문과 대답기법을 사용한 암시적 면담 분위기에 의해 학대를 당했다고 거짓 진술을 한 아동들은 다시 다른 상황에서는 자신이 성적 학대를 당했다는 진술을 철회하는 경우가 대부분이다 (Bruck, Ceci, & Hembrooke, 1998).

마지막 다섯 번째 기법은 추측하게 하는 방법이다. 이 기법을 사용할 때 면담자는 아동 피면담자가 보고하지 않았지만 일어났을 것이라고 믿는 사건이나 상황에 대하여 피면담자에게 의견을 제시해 달라고 한다. 또는 그 상황을 상상하여 구체적인 내용을 이야기해 보라고 요구한다. 이처럼 직접적인 유도적 질문을 하지 않으면서도 암시적으로 면담을 이끌어나가는 기법들이 존재한다.

Garven과 동료들(1998)은 아동 피해자가 피면담자인 경우에 사용할 수 있는 암시적 면담기법뿐 아니라 성인과 아동을 포함하는 모든 범죄피해자/목격자를 피면담자로 하는 면담에서 거짓 진술을 얻어내는 암시 모형인 "SIRR" 모형을 제안하였다(Milne & Bull, 1999). SIRR 모형의 이름은 이 모형에서 제시하는 네 가지 암시 유형 각각을 나타내는 용어인 ① 암시적 질문(Suggestive questions), ② 사회적 영향(social Influence), ③ 강화(Reinforcement), ④ 제거(Removal)에서 한 글자씩 따와 만들어졌다.

SIRR 모형의 첫 번째 암시 유형은 암시적 질문, 즉 'Suggestive question'으로 상당히 강력한 암시 방법이 될 수 있다. 이 기법을 사용하면 성인과 아동 피면담자 모두 진술하고 있는 사건에 대하여 즉각적으로 암시된 방향으로 진술을 변경하는 경우가 많다. 이 기법은 직접적으로 암시적 질문을 함으로써 범죄피해자가 기억하지 못하거나 아직 보고하지 않은 정보를 기정사실화하도록 하는 역할을 할 수 있다. 예를 들어 면담자가 피해자에게 "용의자가 도망칠 때 타고 간 차가 은색 소나타 맞죠?"와 같은 질문이다. 아직 피면담자가 용의자가 차를 타고 도망쳤다는 정보를 제공하지 않은 상태에서 이러한 질문을 받게 되면 피면담자는 용의자의 자동차에 대하여 구체적인 정보를 기억하지 못하면서도 용의자가 차를 타고 도망쳤다고 잘못된 정보를 기억하거나 보고하게 될 수 있다(Milne & Bull, 1999). 또 다른 예로, 피해자에게 "가해자가 자동차를 타고 도주하며 oo은행 옆길로 달릴 때 얼마나 빨리 달렸나요?"와 같이 질문하는 것이다. 피면담자에게 가해자가 얼마나 빠른 속도로 차를 몰았는지 물어보는 질문에서 피면담자가 보고한 적 없는 '○○은행 옆길'이라는 정보를 제시함으로써 피면담자는 이 정보를 자연스럽게 자신이 기억한 사실인 것처럼 느끼게 될 수 있다.

SIRR 모례의 두 번째 글자 "I"를 나타내는 암시 유형인 사회적 영향(social Influence)은 사회적, 즉 사람들의 영향을 사용하는 것이다. 사회적 영향력을 사용한 방법 중 한 가지는 피면담자에게 중요한 타인, 즉 피면담자의 사회적 관계를 이용하여 영향을 미치는 방법이다. 피해 조사 면담자가 면담 중인 범죄피해자에게 가족이나 연인, 친한 친구 등 주위의 가까운 사람들이 어떤 진술을 했는지 이야기해 주는 방식으로 이루어진다. 자신에게 가깝고 중요한 사람들이 특정한 진술을 했다는 이야기를 듣게 되면 피면담자에게는 이러한 정보가 "사회적 증거(social proof)"로 받아들여질 수 있다. 즉, 그 사람들이 그렇게 이야기했다면 그것이 설령 자신의 기억과 일부 다른 점이 있다고 할지라도, 또는 해당 사항에 대하여 자신의 기억이 확실치 않다고 할지라도 그 말이 사실일 것으로 생각하게 될 수 있다. 결과적으로 자신도 그러한 사항을 기억하는 것처럼 생각하게 될 수 있다. 또는 실제로 그러한 진술이 사실이라고 믿지 않더라도 가까운 여러 사람이 진술한 대로 동조하고 싶어지는 경향도 나타난다.

사회적 영향력을 이용하는 또 다른 암시적 방법으로 고정관념형성(stereotyping) 기법이 있다. 이 기법을 사용할 때 면담자는 범죄피해자 혹은 목격자인 피면담자에게 조사 중인 사건과 직접적인 상관이 없으나 용의자 혹은 피고인에 대한 부정적인 정보들을 이야기한다. 예를 들면 용의자는 "나쁜 사람이다" 혹은 "나쁜 행동들을 일삼아 한다"는 식의 정보들이다(Bruck, Ceci, & Hembrooke, 1998). 이러한 부정적인 정보들을 통해 피면담자는 용의자에 대한 부정적인 고정관념을 형성하게 되고, 형성된 고정관념에 부합하는, 따라서 용의자에게 불리한 거짓 정보를 진술하게 될 가능성이 높아진다.

사회적 영향을 이용하는 세 번째 방법으로 사회적 권력(social power)을 이용하는 기법이 있다. 이러한 방법은 면담자와 피면담자 간에 암묵적으로 사회적 권력의 차이가 존재할 때 주로 사용된다. 예를 들어 면담자가 성인이고 피면담자가 아동일 경우, 또는 면담자가 심리상담사이고 피면담자가 내담자 혹은 환자일 경우 등이 있다. 상호작용하는 두 사람 사이에 사회적 권력의 차이(혹은 지각된 사회적 권력의 차이)가 존재할 경우, 권력 구조에서 하위를 차지하는 사람은 상위를 차지하는 사람의 뜻대로 말하거나 행동할 가능성이 높아진다(Magee & Smith, 2013).

SIRR 모형의 세 번째 암시 유형은 강화(Reinforcement)이다. 강화기법은 언어적, 신체적 보상 또는 처벌을 사용하여 실시된다. SIRR 모형의 강화기법은 앞서 제시된 Garven과 동료들(1998)의 '긍정적 결과를 사용하는 기법'과 '부정적 결과를 사용하는 기법'을 모두 포함하는 방법이다. 즉, 강화에는 보상과 처벌이 모두 포함된다. 강화기법을 사용하는 면담자는 피면담자가 동의하거나 진술해주기 바라는 주제나 내용에 대한 선택적 강화를 제공하는 방법으로 거짓 진술을 하도록 만들 수 있다. 구체적으로 면담자가 피면담자로부터 듣고자 하는 진술을 피면담자가 할 때 보상을 제공하는 반면, 피면담자로부터 듣지 않고자 하는 진술을 하는 피면담자에게 처벌을 제공하는 것이다. 여기에서 사용될 수 있는 보상과 처벌에는 다양한 형태가 존재한다. 예를 들어, 피면담자가 아동인 경우 면담자가 원하는 진술에 대해서만 선택적으로 "그렇지" 혹은 "잘 하는구나" 등의 칭찬으로 언어적 보상을 하여 특정 진술을 강화시킬 수 있다. 또 다른 예로, 성인 피면담자를 상대로 한 면담 상황에서는 피면담자가 흡연자일 경우 면담자가 원하는 진술이 나올 때까지 피면담자에게 담배를 피우지 못하게 하는 처벌을 사용하여 면담자가 원하는 방향으로 면담을 이끌어가는 방법이 사용되기도 한다.

SIRR 모형에 포함된 마지막 네 번째 암시 유형인 제거(Removal)는 '직접적 경험의 제거'를 의미한다. 즉, 피면담자의 직접적인 경험이 제거된 진술이란 의미로, 피면담자가 직접 경험하지 않은 사건 또는 상황에 대해서 질문을 던지는 방식이다. 피면담자가 경험하지 않은 사건에 대하여 응답할 수 있도록 하기 위하여 면담자는 "지시적 심상화(guided imagery)" 방식을 사용하기도 한다(Bruck et al., 1998). 지시적 심상화란 면담자의 가설에 부합하는 상황이 발생했다고 피면담자에게 상상하여 마음속으로 그 상황에 대한 구체적인 그림을 그리도록 한 뒤 심상화한 내용을 보고하도록 하는 방법이다.

지금까지 살펴본 암시적 면담기법들은 수사면담 현장에서 면담자에 의해 의도치 않게 또는 의도적으로 빈번하게 사용될 수 있는 기법들이다. 면담자들은 단기적으로 강력한 효과를 내고, 피면담자로부터 자신이 원하는 정보를 얻어낼 수 있는 이러한 암시적이고 유도적인 면담기법을 사용하고 싶은 유혹에 빠지기 쉽다. 심지어 특정 암시적 기법들은 암시적 효과가 있는지 모르는 상태로 일선에서 사용되기도 한다. 그러나 암시적 질문과 암시적 면담기법은 장기적으로 볼 때 피면담자에게도, 수사 전반의 측면에 있어서도 해로운 영향을 미치는 면담 방식이다. 따라서 이러한 암시적 기법들과 그 효과에 대한 정확한 지식을 가지고, 수사면담 시 이러한 기법을 사용하지 않도록 주의해야 한다.

2-6. 진술청취기법

2-6-1. 적극적 경청의 개념

일반적인 믿음과는 반대로 좋은 수사면담은 면담자가 하는 말보다는 면담자가 어떻게 듣는지에 의해 더 많이 좌우된다(St-Yves, 2005). 범죄피해자/목격자의 진술에 주의를 기울이며 듣는 것보다 더 효율적인 면담 방법은 없을 것이다. 단순한 듣기와 경청은 다르다. 경청은 상대방이 무엇을 이야기하려고 하는지에 대해 주의를 기울이며 듣는 태도이다. 이러한 청취 태도를 심리학적 용어로 '적극적 경청(active listening)'이라 일컫는다. 적극적 경청은 상대방이 표현하고자 하는 바가 무엇인지 읽는 것이다. 피해자/목격자가 표현하고자 하는 바에는 언어적 측면뿐 아니라 행동, 몸짓 등의 비언어적 측면도 포함된다. 피면담자가 표현하려는 것이 무엇인지 알기 위하여 적극적인 자세로 피해자/목격자를 세밀하게 살피고, 이것을 잘 표현할 수 있도록 적절한 격려를 하되, 피면담자의 진술이 면담자가 바라는 바에 의해서 영향을 받거나 오염되지 않도록 주의해야 한다.

적극적 경청은 단순해 보이지만 인간이 타고난 자연스러운 행동 성향에 반하는 행동이기 때문에 쉽지 않고, 이 기술에 숙련되기 위해서는 훈련을 필요로 한다. 그럼에도 수사면담 성공에 반드시 필요한 필수적 신뢰관계 구축을 위해 적극적 경청은 반드시 필요하므로 면담자들은 이를 반드시 익혀야 한다.

적극적 경청 기술을 개발하고 정리한 미국의 심리학자 Carl Rogers(1942)는 적극적 경청의 성패 여부는 무조건적인 수용(unconditional acceptance), 상대방 안정시키기(valorization of the other), 공감(empathy), 및 진정성(authenticity)에 달려 있다고 하였다. 그러나 실질적인 범죄피해 조사 면담 현장에서 많은 수사관이 피면담자(범죄피해자/목격자)의 관심이나 염려에 대하여 잘 알지 못한다. 대부분의 경우 피해 조사를 하는 경찰들은 발생한 범죄사건에 관심이 있으며, 자신과 면담하고 있는 피면담자, 즉 사람에 대해서는 상대적으로 관심이 적다. 따라서 Rogers가 제안한 수용적 태도나 상대방을 안정시키려는 노력, 공감적인 태도와 진정성 있는 관계를 형성하려는 노력을 보여주기 어렵다.

이번 절에서 성공적 범죄피해 조사 면담을 위해 반드시 필요한 요인이나 실제로 피해 조사 면담 현장에서 성공적으로 이루어지기 어려운 적극적 경청의 기술에 대하여 살펴보겠다.

2-6-2. 적극적 경청의 기술(중요 요인)

St－Yves(2005)는 적극적 경청의 기술을 익히기 위하여 다음의 여섯 가지 중요 요인이 반드시 필요하다고 제안하였다. 첫 번째 요인은 '최소의 격려(minimal encouragement)'이다. 격려하는 행동은 피해자의 진술을 방해하지 않으면서도 피면담자에게 자신이 표현하는 것을 면담자가 정말로 경청하고 있다는 신호를 보낼 수 있는 방법이다. 이러한 격려의 신호는 시각적으로도 전달할 수 있고 청각적으로도 전달할 수 있다. 시각적 격려의 표시는 표정, 고개 끄덕거리기, 자세 등으로 전달할 수 있다. 청각적 격려의 표시는 "아", "그렇군요", "네" 등의 표현을 통해 전달할 수 있다. 격려는 반드시 필요하지만, 그 정도가 과도해지면 오히려 피해자의 진술을 방해할 수 있다. 따라서 최소의 격려에서 '최소'라는 말은 진술하는 피해자가 자신의 이야기가 이해받고 있다는 생각이 들 수 있을 최소한의 정도를 의미한다. 면담자는 피해자가 격려를 받을 수 있을 정도나 진술을 방해하지 않을 정도로 최소한의 격려를 하도록 주의해야 한다.

두 번째 요인은 '표현 바꿔 설명하기(paraphrases)'이다. 표현 바꿔 설명하기는 피면담자가 진술한 기존 내용의 핵심은 바뀌지 않되 다른 말로 다시 표현해 보는 것이다. 표현 바꿔 설명하기는 피면담자에게 면담자가 자신의 이야기를 주의 깊게 듣고 있으며 이해하고 있다는 것을 확인시켜 줌으로써 피면담자가 보다 열린 마음으로 진술하도록 하는 데 도움이 된다. 결과적으로 면담에서의 라포 형성, 더 나아가 논의가 촉진된다. 표현 바꿔 설명하기는 여러 가지 방법을 통해 실시할 수 있다. 그 중, '재표현(reformulation)' 방법과 '반영(reflection)' 방법이 주로 쓰인다. 재표현은 피면담자가 진술한 내용을 면담자가 자신의 말로 고쳐 다시 표현해 보는 방법으로, 직전 진술을 다시 표현해 봄으로써 피면담자의 진술에 면담자가 주의를 기울이고 있음을 나타내는 측면이 있다(Rogers, 1957). 재표현을 통해 면담자는 피면담자의 진술 내용뿐 아니라 피면담자가 말로 표현하지 않은 행간의 감정까지도 고려하고 있음을 전달할 수 있다(Zohar, 2015). 반영은 '메아리'라고도 불리는데, 말 그대로 피해자가 진술한 내용 중 마지막 단어를 메아리처럼 반복해 보는 방법이다. 반영 또한 피면담자에게 면담자가 진술을 열심히 경청하고 있음을 알릴 수 있는 효과적인 방법이다.

　세 번째 요인은 '감정의 확인(identification of emotions)'이다. 진술하고 있는 피해자가 표현한 감정에 이름을 부여하고 그 감정을 확인하는 것은 면담자가 피해자의 말을 경청하고 있으며, 피해자의 감정에 깊이 공감하고 있음을 보여준다. 또한 피해자의 감정을 확인하는 과정을 통해 피해자가 미처 깨닫지 못하고 있었던 통찰을 얻게 하는데 일조할 수도 있다.

　네 번째 요인은 '개방형 질문(open questions)'이다. "예" 혹은 "아니요"로만 대답할 수 있는 폐쇄식 질문은 되도록 피해야 한다. 또한 "왜?"라는 질문이나 "그렇지만"으로 시작하는 말도 피하는 것이 좋다. 범죄피해자 또는 목격자의 행동에 대한 이유를 묻는 질문(예, '왜?' 질문)이나 기존의 응답에 대하여 반하는 의견을 제시하는 말(예, '그렇지만')은 면담자가 피면담자를 경멸적으로 생각하는 것으로 비칠 수 있다. 또한 피면담자에게는 면담자가 피면담자의 진술 가치를 떨어뜨리고 있는 것으로 받아들여질 수 있다. 반면, 개방형의 질문을 던지면 피면담자에게 의도치 않은 부정적 신호를 보낼 위험을 줄일 수 있다.

　다섯 번째 요인은 '나(the 'I')이다. '나' 혹은 '저'라는 단어를 사용하는 것을 의미한다. '나'라는 단어를 사용한다는 것은 면담자가 자신에 대해서 이야기하는 것을 말하며, 이는 면담자가 피면담자의 진술과 의견에 관심을 가지고 있다는 신호를 전달한다. 따라서 면담자가 자신을 가리키는 단어인 '나'를 사용하게 되면 비공식적인 분위기 혹은 인간적인 분위기가 형성되어 라포 형성에 긍정적인 영향을 미친다.

　여섯 번째 요인은 '정적(silence)'이다. 많은 조사관들이 피해 조사 면담 중에 정적이 흐르는 것을 잘 참지 못한다. 특히 면담이 녹화 혹은 녹음되고 있을 때 더 그런 성향이 강하다. 따라서 피해자가 진술 중간에 말을 잇지 않고 정적이 흐르는 경우 이를 불편하게 생각하여, 단지 정적을 메꾸기 위한 목적으로 피면담자에게 불필요한 질문을 하거나 사건과 관련 없는 의견을 제시하기도 한다. 그러나 피해자의 진술을 독려하기 위한 적절한 말이 떠오르지 않을 때에는 단순히 정적을 없애기 위해 아무런 말이나 하는 것보다는 오히려 조용히 정적을 유지하는 것이 더 바람직한 방법이다. 정적이 유지되는 것은 피면담자가 범죄피해 당시 상황에 대하여 또는 면담자의 이전 질문에 대하여 생각하는 기회를 가지고 있음을 할 수 있는 기회를 가지게 되는 등의 순기능이 있다. 면담자는 정적이 유지되는 동안 피면담자의 몸짓이나 표정 등, 언어적으로 전달되지 않는 비언어적 단서들을 유심히 살핌으로써 적극적 경청을 할 수 있다.

03

새로운 범죄피해 조사기법

3-1. 인지심리학적 면담기법

3-1-1. 인지적 면담기법의 정의와 필요성

범죄피해가 발생했을 수사에서 정확한 정보를 얻는지의 여부가 사건을 종결하거나, 피의자를 기소하거나 혹은 무고한 피의자를 석방하는 등을 결정하는 중요한 요소로 작용할 수 있다. 범죄와 관련된 조사에서 피해자와 목격자가 제공하는 정보는 결정적인 역할을 하는 매우 중요한 요소이다(Milne & Bull, 2006). 그러나 반대로 범죄피해자나 목격자의 진술이 정확하지 않으면 수사와 재판에 치명적인 문제가 발생할 수 있다. 연구 결과들에 의하면 수사를 위한 조사 면담에서 피면담자의 증언이 불완전하거나, 신뢰할 수 없을 가능성이 있으며, 변화되거나 부분적으로 만들어질 수 있다는 점이 보고된다(Milne & Bull, 1999).

이러한 부작용을 최소화하기 위해서는 범죄피해자의 진술 정확성을 높이는 것이 매우 중요하다. 이를 위하여 많은 시도가 있어왔고, 이러한 시도 중 하나가 인지심리학적 면담기법(CI: Cognitive Interview)이다(Fisher & Geiselman, 1992). 인지적 면담은 면담에서 다양한 인지적 기법들을 활용하여 진술하는 사람의 기억 능력을 향상시킴으로써 정확한 정보를 최대한 많이 얻어내기 위하여 개발되었다(Milne & Bull, 1999). 1980년대 인지심리학 분야에서 연구된 기억에 관련된 결과들을 바탕으로 한 조사면담기법의 발전이 요구되었다. 이러한 요구에 부응하여 미국의 인지심리학자들이 심리학을 기반으로 한 조사 면담 절차를 개발하였고, 이러한 노력의 결과로 만들어진 결과물이 인지적 면담(CI)이다. 인지적 면담기법은 주로 협조

적인 성인 피면담자를 면담할 때 사용하기 위하여 개발된 기법이다(Fisher &
Geiselman, 2002). 인지적 면담의 근본적인 목표는 피해자, 목격자, 및 피의자로부
터 얻어낸 정보의 양과 질을 모두 향상하는 데 있다.

3-1-2. 네 가지 인지적 면담기법

인지적 면담기법에는 면담자가 피면담자에게 제시하는 네 가지 지시사항이 포
함되어 있다(Fisher, Geiselman, & Amador, 1989). 이 네 가지 기법은 아래의 〈표
4-1〉에 제시된 바와 같다.

〈표 4-1〉 Fisher 등(1989)이 제시한 네 가지 인지적 면담기법

1. 모든 것을 보고하라는 지시(the report everything instruction)
2. 맥락/상황에 대한 심상재연(the mental reinstatement of context)
3. 서로 다른 순서로 사건 회상하기(the recalling of events in a variety of different orders)
4. 관점 변화 기술(the change perspective technique)

이번 절에서는 네 가지 인지적 면담기법, 모든 것을 보고하라는 지시, 맥락 및
상황에 대한 심상을 재연해 보도록 하기, 사건을 서로 다른 순서로 회상하게 하기,
관점을 변화시키기에 대하여 차례로 다루어 볼 것이다.

가. 모든 것을 보고하라는 지시(RE: Report Everything)

모든 것을 보고하는 지시는 진술을 하는 피해자나 목격자에게 정말 '모든 것'
을 다 이야기할 수 있도록 격려하는 기능을 한다. 즉, 피면담자의 판단에 중요하지
않다고 생각되거나 하찮은 내용이라 생각될지라도 편집이나 생략 없이 생각나는
모든 세부적인 내용을 보고하도록 하는 것이다. 또는 부분적으로 기억이 나지 않
는 내용이라 할지라도 기억나지 않는 부분을 지어내지 않는 한 모두 보고하도록
한다(Milne & Bull, 1999).

범죄피해자나 목격자들은 경찰의 조사 면담 상황에서 실질적으로 필요한 정도
의 자세한 정보를 제공하지 않는 경우가 많다(Powell, Fisher, & Wright, 2005). 이러

한 경향은 협조적이고 라포가 잘 형성된 피면담자에게서도 마찬가지로 나타난다는 점에서 피면담자가 조사를 방해하고자 하는 동기에서 나타나는 현상이 아님을 알 수 있다. 이러한 경향으로 인해 범죄피해 조사 시 조사자들이 필요한 정보를 충분히 얻지 못해 어려움을 겪는 경우가 많다. 이처럼 피해자가 조사에서 요구되는 수준의 자세한 정보를 제공하지 않는 데에는 여러 가지 원인이 있을 수 있다.

무엇보다 대부분의 피면담자들에게 경찰의 조사 면담이라는 상황은 두 가지 측면에서 익숙하지 않고 새로운 환경이다. 첫째, 일반적으로 전문가와의 면담 상황에서 면담자는 피면담자에 비하여 상대적으로 많은 지식을 가지고 있는 경우가 대부분이다. 예를 들어, 심리치료를 위한 임상전문가와의 면담을 생각해 볼 수 있다. 그러나 경찰의 범죄피해 조사를 위한 면담에서는 피면담자(범죄피해자 혹은 목격자)가 면담자(조사를 맡은 경찰)에 비하여 사건에 대하여(적어도 범죄 발생 상황의 구체적인 사항이나 맥락에 대하여는) 더 많은 정보를 가지고 있을 수 있다. 따라서 피면담자가 자신의 경험을 자세하게 설명하는 만큼만 면담자는 면담의 주제가 되는 상황에 대한 정보를 얻을 수 있다. 그러나 피면담자들은 이러한 상황을 인식하지 못할 가능성이 높다.

둘째, 사람들은 일반적인 대화에서 누군가의 얼굴 생김새나 옷차림 등에 대하여 범죄피해 조사 시 요구되는 수준의 구체적인 묘사를 잘 사용하지 않는다. 따라서 피해 조사 면담 시에도 어느 정도까지 구체적이고 자세한 정보를 이야기해야 하는지에 대해서 알지 못할 가능성이 높다. 더구나 범죄피해 조사에서 피면담자에게 기대되는 진술의 내용에는 가해자의 자세한 인상착의(얼굴 생김새, 신체적 특징, 행동적 특징, 옷차림 등)가 많다. 그러나 성인 피해자들조차도 서로 다른 두 사람의 얼굴이 다르다는 것을 재인하는 과제는 능숙하게 수행하나, 구체적으로 어떻게 다른지를 언어적으로 정확하게 묘사하는 데에는 어려움을 겪는다(Leibowitz, Guzy, Peterson, & Blake, 1993).

이와 같은 익숙하지 않은 면담 환경뿐 아니라 피면담자들의 충분한 진술을 막는 또 다른 요인은 피면담자가 경험하는 위압감이다. 경찰의 피해 조사 면담은 범죄피해자들에게 위압적인 느낌을 들게 할 수 있다. 따라서 많은 피해자가 피해 조사 면담 상황에서 주눅이 들고 편안한 마음을 가지지 못한다. 특히 피면담자가 아동 피해자이거나, 장애를 가지거나 소수자(예, 불법체류자나 외국인 노동자 등)와 같은 취약한 피해자인 경우 면담자인 경찰과 자신 간의 사회적 권력의 격차를 더 심하게 느낄 수 있다. 따라서 피면담자들은 주어진 상황에서 자신보다 더 많은 권력과 힘을 가지고 있다고 생각하는 경찰이 이미 사건과 관련된 대부분의 사항을 알고 있거나, 적어도 자신보다 더 많이 알고 있다고 잘못 추측하는 경우도 많다. 이러한 원인으로 인해 피면담자들이 경찰에게 진술할 때 자신이 생각할 때 경찰에게 중요하지 않다고 생각하거나 사건과 관련이 없다고 생각하는 사항, 또는 너무 명백해서 경찰이 이미 알고 있을 것이라고 생각하는 내용은 보고하지 않는 경향이 있다.

뿐만 아니라, 이러한 모든 내용을 다 이야기하는 것이 경찰의 시간을 낭비하는 것으로 생각하기도 한다. 심지어 경찰이 관심을 두는 내용 혹은 수사에 도움이 될 만한 내용이 무엇인지 자신이 알고 있다는 잘못된 믿음을 갖는 피해자나 목격자들도 존재하며(Fisher, McCauley, & Geiselman, 1992), 이런 피면담자들은 경찰에게 자신의 기준에 중요하다고 판단되는 내용만을 선택적으로 보고하기도 한다.

이러한 여러 가지 원인으로 인해 범죄피해 조사자는 피면담자에게 명확하게 어떤 이야기들을 해야 하는지, 어떤 수준의 구체적인 정보들을 원하는지에 대하여 명확하게 밝혀야 한다(Powell et al., 2005). '모든 것을 보고하라는 지시'는 목격자나 피해자가 이야기하지 않고 넘어갔을 수 있는 정보들까지도 모두 알아낼 수 있도록 하는 역할을 한다.

사건에 대한 기억은 매우 정밀하고 구체적인 내용부터 매우 관념적이고 일반적인 내용까지 그 구체성·추상성의 차원상에서 다양한 수준의 정보들로 이루어진다(Fisher & Chandler, 1991). 구체성의 차원상에서 어느 정도 구체적인 수준의 정보들을 진술할 것인지는 진술하는 사람의 경험, 주관적으로 인식하고 있는 의사소통에 대한 암묵적 규칙, 면담자가 사건에 대하여 알고 있다고 생각하는 정도 등에 따라 달라진다. 피면담자들은 보통 너무 구체적이지 않은, 어느 정도 일반적인 수준에서 진술하는 경우가 많다. 모든 것을 보고하라는 지시는 발생한 사건에 대한 보다 정밀하고 구체적인 수준의 내용까지도 보고하라는 의미를 포함한다고 볼 수 있다. 결과적으로 사건에 대하여 보다 정확하고 자세한 정보를 얻을 수 있게 된다.

범죄의 피해자/목격자에게 기억나는 모든 것을 보고하도록 요구해야 하는 또 다른 이유는 기억의 정확성과 확신 간의 '역설적' 관계 때문이다. 대부분의 사람들이 자신이 기억하는 내용 중, 확신하는 내용 혹은 자신이 있는 내용은 정확한 기억이라고 믿는다. 다시 말하면, 목격자나 피해자들은 자신이 확실히 기억한다고 느끼는 내용일수록 정확한 기억이라고 생각한다는 것이다. 따라서 피해자/목격자들은 경찰에 사건에 대한 내용을 진술할 때 확실하다고 생각되는 내용, 즉 정확한 기억이라고 믿는 내용을 중심으로 편집하여 보고하는 경향이 있다. 그러나 실제로는 기억에 대한 확신과 기억의 정확성 간에 항상 정적 상관이 존재하지 않는다는 것이 많은 연구들에 의해 반복적으로 보고되었다(Kebbell & Wagstaff, 1997). 다시 말하면 확실히 기억한다고 느끼는 기억이 반드시 정확한 기억은 아니며, 확실하게 착각하고 있는 기억도 있을 수 있다는 것이다. 반대로 불확실하게 느껴지나 정확한 정보들도 존재한다. 피해자들이 확실하다고 느끼는 정보만 제공하게 되면 피해자에게는 확실하지는 않지만, 수사에 핵심적인 단서를 제공할 수 있는 중요한 정보의 조각들이 알려지지 않고 사라지게 될 수 있다. 따라서 면담 시 범죄피해자 혹은 목격자에게 주관적으로 느껴지는 기억의 중요성 혹은 확실성에 대한 느낌을 무시하고, 기억나는 모든 구체적인 내용을 보고하도록 격려하는 것이 매우 중요하다.

온전하지 않은 부분적인 정보라도 진술하도록 하는 것은 경찰 조사에 매우 유용하게 활용될 수 있다. 만약 한 목격자가 도주한 용의자가 타고 달아난 자동차 번호판의 한 번호만 기억한다고 할지라도, 다른 목격자가 그 자동차 번호판의 다른 번호를 기억한다면 이 서로 다른 부분적 기억들이 상호보완적으로 보다 온전한 정보를 만들어낼 수 있기 때문이다. 그러나 주의할 점은, 목격자나 피해자에게 기억나는 모든 것을 보고하되 절대로 기억나지 않는 부분을 지어내서 보고하지는 말 것을 동시에 강조해야 한다.

나. 맥락/상황에 대한 심상 재연(CR: Context Reinstatement)

맥락/상황에 대한 심상을 재연하라는 지시는 피면담자에게 사건이 발생할 당시의 맥락 혹은 상황을 머릿속에 재구성해달라고 요청하는 것이다. 여기에서 맥락은 물리적(physical)인 맥락과 개인적(personal)인 맥락을 모두 포함한다. 물리적인 맥락은 환경적인 상황을 의미한다. 개인적인 맥락은 사건 당시 어떤 감정을 경험했는지 등의 개인 내적인 상태/상황을 의미한다. 다음은 Milne와 Bull(1999)이 제시한 맥락/상황에 대한 심상 재연 지시의 예이다.

"당신이 목격한 무장 강도 사건이 발생했던 그 장소에 지금 당신이 서 있다고 생각해 보십시오. 당신의 머릿속에 사건이 일어났던 은행의 그림을 그리십시오. 당신이 은행에서 서 있던 자리를 생각해 보십시오. 당시 어떤 기분이었습니까? 무슨 소리를 들었습니까? 어떤 냄새를 맡았습니까? 당시 그 장소에 있었던 사람들을 모두 떠올려 보십시오. 은행 안에 있었던 물건도 모두 떠올려 보십시오. 당신의 머릿속에서 아주 구체적이고 명확한 그림을 그린 뒤에 아무것도 빼놓지 말고 기억할 수 있는 모든 것을 저에게 말씀해 주십시오. 머리에 떠오르는 것은 무엇이든 이야기해 주십시오(Milne & Bull, 1999, p. 35)."

심상 재연 과정은 시간이 소요되는 작업이다. 따라서 피면담자에게 질문을 던질 때 각각의 질문 사이에 충분한 휴지기간을 두어야 피해자/목격자가 머릿속에 사건의 맥락에 대한 그림을 그릴 수 있다. 위와 같은 질문을 하는 과정에서 면담자는 암시적인 질문을 던지지 않도록 유의해야 한다. 즉, 피면담자가 제공하지 않은 정보를 면담자가 질문에 담아 제시함으로써 피면담자가 머릿속으로 그리고 있는 심상에 영향을 미치는 일이 없도록 주의해야 한다. 피면담자에게 눈을 감거나, 방해되는 자극이 없는 빈 벽면 혹은 바닥을 바라보는 것이 맥락을 심상화하는데 도움이 됨을 알리고 필요하다면 이러한 방법을 사용하게 한다.

다. 서로 다른 순서로 사건 회상하기(RO: Reverse Order recall)

일반적으로 사람들은 어떤 사건에 대하여 회상할 때 시간 순서, 즉 실제로 그 사건이 발생한 순서에 따라 기억을 떠올린다. 인지적 면담기법에서는 면담자가 피면담자에게 다양한 순서에 따라 사건을 회상하도록 권장해야 한다고 제안한다. 그중 한 가지 방법은 사건의 종결 회상하기 시작해서 사건의 처음으로 마무리하는 순서, 즉 역순(reverse order)으로 기억하는 것이다. 주로 사용되는 또 다른 방법으로, 발생한 사건 중 가장 기억에 남는 특정한 측면에서 시작하여 그 시점부터 시간 순서로, 또는 시간을 거슬러 회상하는 방식이 있다.

이처럼 서로 다른 순서로 사건을 회상하도록 하는 이유는 무엇일까? 사람의 기억은 물론 실제 발생한 사건의 영향을 크게 받으나, 이외에도 여러 가지 요소에 의해 크고 작은 영향을 받는다. 그중 한 가지가 도식(schema)이다. 도식은 인간이 세상을 조직화하는 정신의 판형, 또는 개념을 나타내는 지식의 구조로 이해할 수 있다. 사람들은 도식을 통하여 정보를 처리하고 인식하고 조직화하고 이해하고 기억한다(Tuckey & Brewer, 2003). 쉽게 말하면 사람들은 세상을 있는 그대로 세상을 받아들이는 것이 아니라 도식이라는 안경을 통해 받아들인다고 볼 수 있다. 따라서 새로운 경험을 인식할 때 개인이 가지고 있는 기존의 도식에 부합하는 정보는 더 잘 기억되는 반면, 도식과 관련성이 없거나 도식에 반하는 정보는 잘 기억되지 않는 경향이 있다.

범죄에 대하여도 사람들은 도식을 지니고 있다. 범죄 도식은 특정 종류의 범죄 사건이 전형적으로 어떻게 발생하는지에 대한 개인의 생각, 예상이라고 볼 수 있다. 이러한 범죄 도식에 의해 범죄피해자의 기억도 영향을 받는다. 예를 들어 은행의 무장 강도 사건 피해자가 자신이 겪은 범죄에 대하여 회상할 때 이 피해자가 기존에 가지고 있던 무장 강도에 대한 지식, 피해자가 무장 강도에 대하여 가지고 있는 기대(예상되는 행동이나 외모 등)로 이루어진 도식의 영향을 받아 기억이 구성될 수 있다. 따라서 피해 면담 조사 시, 피면담자의 기존 강도 범죄 도식에 일치하거나 부합하는 정보는 잘 기억하고 회상해내지만 도식에 불일치하는 정보나 도식과 무관한 정보는 잘 기억해내지 못한다(Tuckey & Brewer, 2003).

단순히 회상을 잘하지 못하는 데에 그치는 것이 아니라 도식으로 인해 피면담자가 잘못된 정보를 제공할 수도 있다. 구체적으로, 범죄피해자가 기억하고 있는 모호한 정보를 자신의 범죄 도식에 일치하는 정보로 잘못 기억하고 이것을 사실이라고 믿게 될 수도 있다는 것이다. 예를 들어, 은행 강도 사건의 피해자가 강도 범행이 벌어지는 동안 모호한 상황을 목격하였다고 생각해 보자. 일반적으로 생각할 때 칼과 같은 흉기가 들어있을 것 같은 주머니를 범죄자가 가지고 있는 상황을 목격한 것이다. 그러나 범죄자가 칼을 그 주머니에서 꺼내거나 칼을 휘두르는 장면을 목격하지는 못하였다. 그러나 피해자는 '은행 강도는 칼과 같은 흉기로 무장할 것이다'라는 자신의 범죄 도식에 부합하는 정보로 이 상황을 잘못 인식하고 기억할 수 있다. 따라서 범죄피해 조사 시 면담자에게 범죄자가 칼을 가지고 있었다고 왜곡된 정보를 제공하게 될 수 있는 것이다(Tuckey & Brewer, 2003).

그렇다면 서로 다른 순서로 회상하는 것과 범죄 도식의 사용은 어떤 관계가 있을까? 사람들은 자유롭게 회상하도록 했을 때 일반적으로 사용되는 기억의 순서인 시간순서로 회상하게 되는데, 이때 도식에 의해 각본화 되어 있는 사전 지식을 사용한다. 따라서 실제로 발생한 사건 중, 자신의 도식 및 각본과 일치하는 측면은 잘 회상해내는 반면, 각본에 부합하지 않는 측면은 잘 회상하지 못하는 경향이 있다(Geiselman, 1987). 그러나 피면담자에게 자연스럽지 않은 순서로 사건을 회상하도록 하면 사람들이 자연스럽게 회상할 때 일반적으로 사용하는 도식과 각본을 사용하기 어려워지므로 피면담자는 실제로 발생한 사건에서 기록된 기억들을 회상하게 된다. 따라서 시간순서대로 회상했을 때 떠올리지 못했던 구체적인 기억이나 정확한 기억들을 회상해낼 수 있게 된다.

Geiselman과 Callot(1990)의 연구에서 서로 다른 순서로 회상하는 것의 효과에 대하여 검증한 바 있다. 절반의 사람들에게는 발생한 사건에 대하여 시간 순서대로 두 번 회상하여 보고하도록 하였고, 나머지 절반의 사람들에게는 한 번은 시간 순서로 사건을 회상하고 나머지 한 번은 시간의 역순으로 사건을 회상하도록 하였다. 그 결과, 시간 순으로 두 번 반복 회상한 목격자들보다 한 번은 시간 순으로, 한 번은 역순으로 사건을 회상한 목격자들이 정확한 기억을 더 많이 회상해낸 것으로 보고되었다.

라. 관점 변화 기술(CP: Change Perspective)

특별한 지시사항이 없을 경우 일반적으로 사람들이 사건에 대해서 시간 순서로 기억하는 경향이 있는 것과 같이, 또한 자기 자신의 관점, 즉 1인칭 시점에서 사건을 회상하고 보고하는 경향이 있다(Fisher & Geiselman, 1992). 자신의 눈에 보인 장면, 자신의 귀에 들린 소리나 자신이 맡은 냄새 등을 사용하여 사건을 회상한다는 것이다. 자신의 관점에서 회상하게 되면 시간 순 회상과 마찬가지로 역시 자연스러운 회상 과정이기 때문에 범죄 도식의 영향을 받을 가능성이 높다. 관점 변화 기술은 범죄 도식으로 인한 기억의 왜곡을 방지하고자 자신이 아닌 타인의 관점에서 기억해 보도록 하는 기술이다. 즉, 회상하여 보고하는 피면담자에게 자연스럽지 않은 회상 방식을 사용하도록 하여 도식의 영향을 최소화시키려는 시도인 것이다.

관점 변화 기술을 사용할 때 면담자는 주로 범죄피해자 혹은 목격자에게 사건 현장에 있었던 다른 사람의 관점을 취하여 사건을 기술해 보도록 지시한다. 다음은 Milne와 Bull(1999)이 제시한 관점 변화기법 사용을 위한 지시사항의 예이다(Milne & Bull, 1999, p. 37).

"좋습니다. 이번엔 기억하는 데 도움이 될 다른 기법을 사용해 볼 것입니다.
하지만 정보들을 짐작하지는 마십시오. 사건으로 다시 돌아가십시오. 당신이 언급
했던 그 다른 사람이 목격한 추가적인 정보가 있다면 무엇이든 이야기해 주십시오."

현장에 있었던 다른 사람의 관점에서 사건을 회상하도록 한다고 하여 상상이
나 짐작을 하도록 지시하는 것이 아님을 명심해야 한다. 다만 이미 저장된 기억 중
떠올리지 못했던 측면을 되새기는 것이다. 이는 기억의 개념에 대한 보다 자세한
이해를 통해 설명할 수 있다.

기억은 입력(부호화, encoding), 저장(storage), 인출(retrieval)의 세 단계로 이루
어진다. 입력은 지각한 정보(보고 듣고 냄새 맡는 등의 과정을 통해 얻은 정보)를 지속
하는 기억으로 변환하는 과정이다. 범죄피해자가 범죄가 발생하는 동안 범죄 사건
과 관련된 정보의 부호화단계는 마무리된다. 저장은 말 그대로 시간에 걸쳐 기억
속에 정보를 유지하는 과정이다. 인출은 부호화하고 저장했던 정보를 마음에 다시
불러오는 과정이다. 피해 조사 면담 시 피해자들은 이 인출단계를 거치게 되는 것
이다. 이처럼 기억이 세 단계로 이루어져 있으므로 입력(부호화) 과정과는 별개로
인출되는 과정 또한 회상에 영향을 미칠 수 있다. 즉, 범죄피해자에게 입력된 기억
이 동일하다 할지라도 어떤 회상 방식을 사용하는지에 따라 특정 정보가 인출되기
상대적으로 쉬울 수도, 어려울 수도 있다는 것이다. 따라서 동일한 경험을 했어도,
즉 사건에 대한 동일한 기억이 입력되었어도 어떤 관점에서 기억을 인출하는지에
따라 서로 다른 정보들이 회상될 수 있다. 결과적으로, 범죄 현장에 있었던 다른
목격자 관점에서는 무엇이 보였을 지에 대해서 생각하는 것만으로도 입력된 기억
중 이전에 미처 인출하지 못했던 정보를 회상해낼 가능성이 높아질 수 있다.

회상할 때 취하는 관점을 변화시키는 것이 사건에 대한 기억에 미치는 영향을
알아보기 위하여 Anderson과 Pichert(1978)는 실험 연구를 실시하였다. 실험 참가
자들은 두 소년이 학교에 무단결석을 하고 한 소년의 집에 놀러 가는 이야기를 읽
었다. 이 이야기에는 집에 관련된 여러 구체적인 정보들이 포함되어 있었다. 절반
의 참가자는 이 이야기를 강도의 관점에서, 나머지 절반의 참가자들은 그 집을 사
려고 하는 사람의 관점에서 읽었다. 집과 관련된 정보 중 절반은 강도의 입장에서
중요하거나 관심을 가질만한 정보였으며, 나머지 절반의 정보는 집을 사고자 하는
사람에게 중요한 정보였다. 이야기를 읽고 일정 시간이 지난 뒤에 참가자들에게

읽었던 이야기에 담겨있었던 정보를 최대한 많이, 최대한 정확하게 적도록 하였다. 첫 번째 회상 과제에서 참가자들은 더 이상 생각나는 것이 아무것도 없다고 할 수 있을 정도로 최대한 기억나는 모든 것을 적었다. 첫 번째 회상 과제를 마치고 일정 시간이 지난 뒤, 참가자들은 두 번째 회상 과제를 수행했다. 이때 절반의 참가자는 첫 번째 회상 과제와 동일한 관점에서 이야기를 회상하도록 했다. 나머지 절반의 참가자는 첫 번째와 다른 관점에서 회상하도록 했다. 즉, 첫 번째 회상 과제에서 강도의 관점이었던 참가자는 두 번째에 집을 살 사람의 관점을, 첫 번째에 집을 살 사람의 관점이었던 참가자는 두 번째 회상 과제에서는 강도의 관점을 취하여 이야기를 회상하도록 했다. 그 결과, 두 번째 회상에서 관점을 바꾼 사람들은 같은 관점에서 두 번 회상한 사람들에 비해 첫 번째 회상 때 떠올리지 못했던 새로운 정보들을 더 많이 추가적으로 기억해냈다.

이 기법을 사용할 때 한 가지 주의해야 할 사항은 앞서 제시된 Milne와 Bull(1999)의 지시 사항에서 명시된 바와 같이 피면담자가 정보를 짐작하거나 지어내지 않을 것을 명시적으로 지시하고 확실히 이해시켜야 한다는 것이다. 피면담자가 '타인의 관점을 취해 보라'는 면담자의 지시 사항을 이야기를 지어내도 된다는 의미로 잘못 해석할 가능성이 존재하기 때문이다. 이러한 이유로 인해 관점 변화기법에 의해 회상된 기억이 법정에서 지어낸 진술이 아니냐는 지적을 받아 문제의 소지가 될 것을 우려한 영국의 경찰은 이 기법을 인지적 면담 훈련에서 제외하기도 하였다(Milne & Bull, 1999). 그러나 심리학자들의 연구에 의하면 관점의 변화를 통해 사건을 회상한다고 해서 잘못된 정보를 회상할 확률이 높아진다는 증거는 보고되지 않았다(Milne, 1997, recited from Milne & Bull, 1999). 단, 이야기를 지어내거나 짐작하지 말고 반드시 목격한 사실에 대해서만 진술해야 한다고 진술자에게 명확하게 표현되었을 경우에 한해서 그렇다. 따라서 관점 변화기법을 사용하여 피해자/목격자 면담을 할 때에는 이 점을 직접적으로 확실하게 표현해야 한다.

3-1-3. 인지적 면담기법의 효율성

인지적 면담기법이 정말 정보의 양과 질에 있어 향상을 유발하는지 알아보기 위한 다양한 연구들이 진행되었다. 이러한 연구들은 실험실과 실제 현장 등 다양한 환경에서 반복적으로 이루어졌다(Dando et al., 2008). 전반적인 연구들은 공통적으로 인지적 면담기법이 기존의 일반적인 면담기법에 비해 피면담자가 보고하는 정보의 양과 질을 모두 향상시켜준다는 결론에 도달해 왔다(Dando et al., 2008).

인지적 면담기법의 창시자 중 한 사람인 Geiselman은 동료들과 함께 인지적 면담기법의 효율성을 검증하기 위한 실험 연구를 실시하였다(Geiselman et al., 1984). 이 연구의 참가자들은 연구자에 의해서 연출되어 심리학 수업 시간에 벌어진 사건에 노출되었다. 이로부터 48시간 뒤, 이 사건을 목격한 학생 중 16명을 불러 사건에 대한 정보를 회상하도록 하였다. 이 중 절반의 참가자는 인지적 면담 조건에, 나머지 절반의 참가자는 통제 조건에 할당되었다. 통제 조건의 참가자들에게는 이틀 전 목격한 사건에 대하여 가능한 한 많은 정보를 회상하라고 지시한 뒤, 사람, 사물, 및 사건과 관련된 구체적인 사항들에 대한 유도적이지 않은 일련의 질문을 하였다. 인지적 면담기법 조건에 할당된 참가자들에게는 앞서 소개된 네 가지 인지적 면담기법을 사용하여 회상하도록 한 뒤, 통제 조건 참가자들에게 주어진 질문지와 동일한 질문지에 응답하도록 하였다. 그 결과, 인지적 면담 조건 참가자들이 통제 조건 참가자들보다 정확한 정보를 유의하게 많이 회상했으며, 부정확한 정보를 회상하는 정도가 높아지지는 않은 것으로 나타났다.

이후, 보완되고 엄격한 연구 방법을 사용하여 실시된 후속연구(Geiselman, Fisher, MacKinnon, & Holland, 1985)와 학생이 아닌 일반인을 대상으로 실시된 후속연구(Geiselman, Fisher, MacKinnon, & Holland, 1986)에서도 인지적 면담기법의 효과는 재검증되었다. 또한 독일의 다른 연구팀에 의해 이루어진 재검증에서도 여전히 기존 연구 결과와 마찬가지로 인지적 면담기법이 일반적인 회상기법보다 효과적으로 사건에 대한 정확한 기억 회상을 증진시킨다는 결과가 나타났다(Aschermann, Mantwill, & Köhnken, 1991).

경험적 연구 결과를 바탕으로 하여 인지적 면담기법은 범죄피해자들이 이해하기 쉬우며, 현장에서 경찰 및 조사관이 적용하기 쉬운 기법임이 검증되어 왔음을 알 수 있다(Geiselman et al., 1984). 인지적 면담기법의 효과는 다양한 집단을 대상으로 실시된 연구, 다양한 방법론을 통해 이루어진 연구, 여러 국가에서 실시된 연구들에서 모두 일반적인 면담기법보다 효과적인 조사 방법인 것으로 보고되었다(Milne & Bull, 1999). 인지적 면담기법과 일반적 면담기법의 효과를 비교한 여러 연구 결과들을 메타 분석한 Köhnken과 동료들의 분석에 의하면 일반적인 면담기법을 통해 얻은 정보의 정확도는 82%, 인지적 면담기법을 사용한 면담에서 얻은 정보의 정확도는 85%로 정보의 질적 측면에서 약간의 우수성을 갖는다는 점이 밝혀지기도 하였다(Köhnken, Milne, Memon, & Bull, 1999).

3-1-4. 강화된 인지적 면담기법의 효과

인지적 면담기법은 기존의 일반적 면담기법에 비해 그 효과가 우수하다는 것이 여러 연구를 통해 검증되었으나 단점이 없는 기법은 아니다. 기존의 인지적 면담기법에는 실제 일선에서 범죄피해자들을 대상으로 조사 면담을 담당하는 경찰이나 심리상담사 등의 면담자들을 위한 일관화된 안내서나 어떤 순서로 진행해야 한다는 지시사항 등이 존재하지 않았다. 따라서 인지적 면담기법을 학습한 면담자라 해도 개개인이 나름의 순서와 원칙을 가지고 적용하게 되었다. 따라서 면담자 개인의 특성에 따라서 혹은 면담 상황에 따라서 인지적 면담기법의 모든 요소가 정규적으로 적용되지 않는 경우가 많이 발생했다(Clarke & Milne, 2001, Dando et al., 2008에서 재인용). 이로 인하여 인지적 면담기법을 사용해도 성공적이지 못한 면담이 이루어지는 경우도 있었다.

기존의 인지적 면담기법의 창시자들은 기존 기법의 단점을 보완하기 위하여 기억과 관련된 인지심리학 연구 결과 및 의사소통에 관한 사회심리학 연구 결과들을 반영하여 강화된 인지적 면담(ECI: Enhanced Cognitive Interview)기법을 개발하였다(Fisher & Geiselman, 1992). 강화된 인지적 면담기법은 기존의 인지적 면담기법에 구체적인 적용 순서를 정하였고, 각 순서에서 달성해야 하는 하위 목표를 정하여 일선의 피해 조사 면담 현장에서 보다 정규적으로 적용하기 좋은 기법으로 정리하였다. 강화된 기법은 각 세부 단계에서의 성공뿐 아니라 면담 전체의 성공을 목표로 하는 기법으로 볼 수 있다.

강화된 면담기법의 효과를 알아보기 위한 경험적 연구들도 여러 차례 실시되었다. 그 중 처음 시도된 연구는 Fisher와 동료들(1987)이 16명의 대학생을 대상으로 한 연구로, 일반적 면담기법, 인지적 면담기법, 강화된 인지적 면담기법의 효과를 비교하였다. 연구 결과, 강화된 인지적 면담기법은 그 효율성이 매우 뛰어난 것으로 나타났다. Fisher와 동료들의 연구에서는 기존의 인지적 면담기법이 일반적인 경찰 면담기법보다 정확한 정보를 30% 많이 도출하였고, 강화된 인지적 면담기법은 이러한 기존의 인지적 면담기법보다도 정확한 정보를 45% 많이 도출해내는 것으로 나타났다.

　대학생을 대상으로 실시된 실험의 결과가 실제 범죄 수사 현장에서도 적용될 수 있는지 여부를 알아보기 위해 서로 다른 두 연구가 실시되었다(Fisher, Geiselman, & Amador, 1989; George & Clifford, 1992). 실제 범죄를 목격한 피해자 또는 목격자를 대상으로 한 면담이 실시되었고, 이 면담의 내용을 분석하였다. 강화된 인지적 면담기법 훈련을 받은 면담자와 그렇지 않은 면담자의 면담 내용을 분석한 결과, 두 연구 모두에서 강화된 인지적 면담기법 훈련을 받은 조사자가 목격자 및 피해자로부터 사건과 관련된 정확한 정보를 현저하게 많이 도출해냈다. 예를 들어, Fisher와 동료들(1989)의 연구에서는 강화된 인지적 면담 훈련을 받은 조사자가 그렇지 않은 동료에 비해 평균 63% 많은 정확한 정보를 도출하였다. 또한, 강화된 인지적 면담기법 훈련을 받은 조사관들은 훈련을 받기 전과 받은 후의 면담을 비교한 결과, 훈련을 받기 전보다 훈련을 받은 후에 범죄사건 피해자/목격자로부터 47% 많은 정확한 정보를 도출하는 것으로 나타났다. 그럼에도 강화된 인지적 면담기법을 사용하여 정확한 정보를 더 많이 얻는데 걸리는 시간은 기존의 일반적인 면담기법을 사용할 때와 큰 차이가 없는 것으로 나타났다. 또한, 더 많은 정확한 정보를 얻기 위해 부정확한 정보 또한 많이 보고되는 것은 아님을 연구 결과들은 보여준다. 따라서 강화된 인지적 면담기법은 면담자의 입장에서도 신뢰할 수 있고, 쉽게 학습할 수 있으며, 현장에서도 현실적이며, 적용하기 효과적이고 용이한 방법인 것으로 볼 수 있다(Fisher et al., 1987; Milne & Bull, 1999).

3-2. 행동분석 면담기법

　수사관이 수사의 대상이 된 사람으로부터 진술증거를 수집함에 있어서 늘 유념해야 할 부분이 있다. 그것은 대상자가 의도적으로 거짓말을 하여 허위의 정보를 줄 수 있다는 점(falsehood), 대상자의 기억이 희미해져 부정확한 진술을 할 수 있다는 점(inaccuracy), 대상자의 언어적 표현능력이 부족하여 말하고자 하는 바와 표현된 내용 간에 불일치가 발생하는 점(discrepancy) 때문이다(한면수 외, 2009, p. 313). 이러한 오류를 최소화할 수 있는 조사기법이야말로 최상의 수사라고 할 수 있을 것이다.

　과거 수사관의 질문에 수사대상자가 답을 하는 형태의 전통적인 취조방식으로는 위에서 제기한 오류의 가능성을 제거하는데 한계가 있다. 이에 새롭게 대두되고 있는 조사방식이 리드 테크닉(Reid Technique)과 키네식 테크닉(Kinesic Technique) 에 의한 조사방법이다. 이들은 수사대상자의 행동관찰을 통해 필요한 정보를 얻고 그 정보를 조사과정에 환류시키면서 수사를 진행하는 것으로써 행동분석 면담(조사)기법이라고 불리기도 한다. 본래 리드 테크닉과 키네식 테크닉은 범죄의 혐의를 받고 있는 피의자에 대한 조사기법으로 발전해 온 것이어서 피해자수사에 그대로 적용하는 데는 한계가 있다. 그러나 피해자수사의 경우에도 피해자의 행동을 면밀히 관찰하면서 조사를 진행할 필요성이 있기 때문에 위 두 조사기법의 원리를 적절히 응용한다면 상당한 유익이 있을 것이다. 이하에서 그 응용가능성을 살펴보기로 한다.

3-2-1. 리드 테크닉에 의한 면담기법

서구에서 1948년 이후 수사에 활용되어 왔다고 여겨지는 리드 테크닉이 우리 나라에 소개된 것은 2000년대 초반 정도로서 지극히 최근이라고 할 수 있다. 리드 테크닉은 수사관이 어느 한 쪽에 치우치지 않고 조사대상자를 비난하는 행동이 없이 중립적인 입장에 서서 어떤 개인이 진실을 얘기하고 있는지, 아니면 어떤 사실을 숨기고 있는지 여부 등을 결정하도록 하는데 도움을 주는 조사기술이다. 이때 조사관은 조사대상자가 언어적 행동과 비언어적 행동의 불일치를 나타낼 수 있도록 하는 질문, 혹은 행동표준과 상반되는 여러 가지 실체들이 있는지 여부를 분석하는데 도움을 줄 질문들을 개발하여 활용하게 된다(Moriarty, 2002, p. 102).

최근에는 정서적이고 인본주의적인 면담기법의 활용이 강조되면서 경찰활동과 법집행 영역에서 윤리성을 강화시킨 한층 업데이트된 리드 테크닉이 활용되고 있다. 즉, 면담을 진행하는 과정에 대상자가 신체적 안전에 확신을 갖도록 해주고, 체면을 살려주며, 면담에 능동적으로 참여하도록 하여 조사과정에 대한 통제를 할 수 있도록 배려하는 방식을 채택하고 있는 것이다. 조사대상자들은 자신의 체면 때문에 거짓말하기 쉬운데 이 체면을 살리고자 노력하는 표징이 나타나면 수사관은 거짓말의 징후로 파악하고 질문의 방향을 여기에다 모아 집중적인 조사를 행하는 것이다. 수사관과 대상자와의 거리, 조사공간의 좌석배치 등도 고려되어야 한다. 조사관과 대상자 간의 거리가 약 2미터 정도일 때 대상자의 마음이 편해진다고 하지만, 조사진행에 따라 그 거리를 1미터 내외로 좁힐 때 대상자와 고도의 친밀감이 형성될 수도 있고, 대상자가 극도의 스트레스를 받을 수도 있다고 하므로 상황에 맞게 적절히 활용할 필요가 있다(Moriarty, 2002, p. 102).

리드 테크닉의 피의자 조사기법은 크게 9단계로 구분되고 있다(김종률, 2003, p. 186-235). 즉, "① 직접 대면하여 피의자가 범인임을 명백히 밝힘, ② 적절한 수사화제를 개발함, ③ 부인을 적절히 다룸, ④ 반대논리를 격파함, ⑤ 피의자의 관심을 끌어내고 유지함, ⑥ 피의자의 우울한 기분을 달래 줌, ⑦ 양자택일적 질문을 함, ⑧ 피의자로 하여금 사건의 세부사항을 말하게 함, ⑨ 구두로 자백한 내용을 조서로 작성함" 등이 그것이다.

이 리드 테크닉이 허위사실을 진술하거나 사실을 은폐하고자 하는 피의자 조사에 주로 활용되고 있다고는 하나 상대방의 행동을 관찰하면서 질문을 개발하고 대화를 관리해 가는 방식은 다음 몇 가지 측면에서 피해자 조사에도 응용될 수 있다고 할 것이다. 첫째, 피해자수사 시 대화를 이끌어 나가기 위해 수사화제를 개발할 수 있는바 피해자의 성격유형에 따라 그에 적합한 성질의 화제를 만들어 낼 필요가 있다. 리드 테크닉에서 감정적인 피의자에게는 동정적 접근법을, 비감정적인 피의자에게는 사실분석적 접근법을 각각 활용하고 있듯이 피해자 조사에도 이러한 원리를 활용하자는 것이다. 둘째, 피해자의 관심을 끌어내고 대화를 잘 유지해 나가는 기법도 활용이 가능하다. 수사관이 피해자와의 거리를 좁히면서 다가가는 것, 피해자와 확고한 시선접촉을 유지하는 것, 피해자를 격려하고 필요한 정보를 제공해 주며 지지해 주는 것 등이 피해자와의 친밀감 형성 및 대화유지에 도움이 되는 것이다. 셋째, 피의자의 우울한 감정을 달래주는 기법이 수사관의 동정심과 이해심에 기초하고 있듯이 피해자 조사에 있어서도 피해자의 고통스러운 감정에 대한 공감이 절대적으로 필요하다. 넷째, 피해자로 하여금 자유로이 사건의 세부사항을 말할 수 있는 여지를 부여하는 것이다. 이러한 방법은 피해자의 다른 진술과 모순점을 찾는데도 도움이 될 것이다.

3-2-2. 키네식 테크닉에 의한 면담기법

키네식 테크닉에서의 키네식이란 용어는 사람의 몸짓 및 표정과 의사전달 간의 상관성을 연구하는 동작학(動作學, Kinesics)에서 유래한다. 키네식 테크닉은 신체동작을 통한 비언어적 의사소통에 관한 연구의 소산이다. 이 동작학은 인간의 신체는 무의식적으로 반응하는 탓에 통제하기 어렵다는 원리에 기초하고 있으며 인간 의사전달의 55%가량이 비언어적 신체동작(non-verbal body language)에 기인한다는 1997년에 수행된 미연방정부 한 기관의 연구결과에 힘입고 있다(Bureau of Alcohol, Tobacco, and Firearms, 1997; Moriarty, 2002, p. 101). 키네식 테크닉 이론에 의하면 인간은 거짓말을 할 때 불안을 경험하게 되고 그 불안을 회피하고자 일정한 행동을 하게 된다는 것이다(김종률, 2003, p. 121). 이것을 수사에 적용한다면 조사대상자의 언어적 혹은 비언어적 행동이 거짓을 표출시킬 수 있다고 보는 것인데, 언어적 행동과 불일치하는 신체의 동작이야말로 거짓의 징표라고 보고 있는 것이다. 예를 들어 수사관이 범죄현장에 없었다고 주장하는 조사대상자에게 "당신이 그때 부인을 때렸지 않느냐?"라고 묻게 되었을 때 그 사실을 부인은 하면서도 부자연스런 웃음과 함께 입안의 침이 마르고 안절부절못하며 시선 둘 곳을 찾지 못한다면 그는 거짓을 말하고 있을 가능성이 높다(Moriarty, 2002, p. 102).

　위의 키네식 테크닉이 기만적인 피의자에 대한 조사활동에 많이 활용되고 있지만, 피해자 조사에도 활용될 여지는 있다. 어떤 피해자는 경우는 가해자의 공격을 유발한 원인행위의 제공자로서 사실상 가해자에 해당하는 사례가 있는가 하면, 가해자의 보복이 두려워 피해사실을 축소하거나 은폐하고자 하는 피해자도 있을 수 있기 때문이다. 따라서 수사관은 피해 경위에 대한 조사를 진행하면서 피해자 진술에 논리적 모순이나 과장, 은폐의 가능성이 엿보이면 허위진술 가능성을 염두에 두고 이를 탐지하고자 키네식 테크닉에 의한 조사기법을 활용할 수 있을 것이다. 즉, 피해자의 언어적 진술이 몸통의 자세, 시선의 위치, 팔과 다리의 동작, 입술의 움직임, 얼굴표정 등과 같은 비언어적 행동과 상호 일치하는지, 또는 목소리의 고저와 장단, 말의 빠르기 등과 같은 준언어적 행동과 상호 일치하는지 여부를 파악하여 피해자의 허위진술을 탐지하는데 사용될 수 있다는 것이다. 그러나 피해자 진술에 대한 허위 여부 탐지는 조사과정에서 피해자가 거짓진술을 할 가능성이 농후한 지극히 예외적인 경우에 한정하여 사용되어야 할 것이다.

3-3. 최면수사를 통한 면담기법

피해자수사를 하는데 있어 한 가지 장애물이 있다면 그것은 피해자가 가지고 있는 기억의 한계라고 할 수 있다. 면식범에 의한 범행의 경우에는 범인의 인상착의에 대한 기억 여부가 큰 문제가 되지 않지만 비면식범에 의한 범행의 경우에는 범인의 인상착의와 범죄현장의 제반 정황에 대한 피해자의 기억이 범인검거에 크게 기여하기 때문이다. 따라서 피해자의 기억력을 증진시킬 수 있는 조사기법이 필요한 것이다. 이러한 필요에 의해 도입된 것이 최면수사기법과 인지심리학적 면담기법이다.

최면수사는 인간의 기억과 망각의 원리 가설에서 유래한다. 망각의 원인에 관한 제반 학설로는 ① 소멸론, ② 간섭론, ③ 인출실패이론, ④ 동기화된 망각이론 등이 있다. 소멸론은 인간의 기억이라는 것은 시간의 흐름에 따라 자동으로 소멸된다는 이론이며, 간섭론은 한 정보가 다른 정보의 기억을 방해하기 때문에 망각이 일어난다는 이론이고, 인출실패이론은 어떤 기억을 인출할 수 있는 단서가 저장되어 있는 정보를 제대로 이끌어내지 못함으로 망각이 발생한다는 이론이며, 동기화된 망각이론은 특정한 기억을 의도적으로 억압함으로 인해 망각이 일어난다는 이론이다(Milne & Bull, 1999, p. 10-11).

최면수사는 위 이론 중 간섭론이나 인출실패이론과 관련이 깊다. 최면을 통해 어떤 한 주제에 의식을 집중하면 경쟁적인 지각의 감소를 가져오게 되는데, 이것은 간섭론에서 주장하는 바와 같이 한 기억이 다른 기억을 방해하는 환경을 통제하는 것과 연결된다. 또 최면수사의 효용성을 주장하는 사람들은 의식적인 정보지각과 함께 무의식적으로도 정보를 지각하고 기록하고 있다고 한다. 최면을 하면 의식적 정보뿐만 아니라 무의식적 정보까지도 의식적 상태로 가져올 수 있다는 것인데 이는 뇌 속에 저장되어 있는 정보를 최면을 통해 성공리에 이끌어 낼 수 있다는 것으로서 망각에 관한 인출실패이론과 연결된다. 요컨대 최면수사는 독립증거에 이르는 단서를 얻는데 필요한 조사기술로서 범죄의 피해자나 목격자의 기억을 향상시키는 데 활용할 수 있다(김종률, 2003, p. 247).

피해자가 범행사실을 목격했으면서도 이를 제대로 기억하지 못해 수사진행에 어려움이 발생했을 때 피해자의 기억을 증진시킬 수 있는 최면수사기법을 활용하여 도움을 받았던 사례들이 종종 있다. 1986년에 미국에서 발생한 사건에 대한 최면수사기록에는 일상적 기억으로는 해결할 수 없었던 문제를 최면에 의한 기억인출로 해결한 내용을 소개하고 있다. 30대 중반의 기혼여성이 모르는 남성들에 의해 강제로 차에 태워져 폭행을 당한 후 버려졌는데 당시 그녀를 태웠던 차량에 대한 묘사를 최면을 통해 하게 함으로써 필요한 정보를 얻게 되었고 그 정보에 기초하여 주변지역 차량 정비공장을 탐문하여 용의자 차량을 찾아낸 사례였다(김종률, 2003, p. 250). 이와 같이 최면수사는 피해자나 목격자로부터 범인의 인상착의에 관한 정보, 차량색깔이나 차량번호에 관한 정보를 얻는데 이용할 수 있다. 하지만 윤리적 문제나 증거법적 문제 때문에 피의자에게는 사용되지 않는 것이 보통이다(박광배, 2003, p. 163).

피해자의 기억을 회상해 내는 회상기법에는 여러 가지 유형이 있다. 즉, ① 피최면자를 과거의 경험으로 유도하여 마치 그 사건이 현재 여기에서 일어나고 있는 것처럼 재경험하게 하는 연령퇴행(회귀)기법과, ② 칠판에 경험사실을 적는 것과 같은 경험을 하게 하는 칠판기법, ③ 과거사실을 다큐멘터리 영상물을 보듯이 상상하게끔 유도하는 텔레비전기법 등이 있다. 최면가가 피해자를 상대로 최면을 유도할 경우 최면유도에 필요한 적정한 환경을 조성해 주어야 하고, 피해자와 친밀한 관계를 형성하여야 하며, 최면을 시작하기 전 최면수사의 진행방법, 유의사항에 대하여 잘 설명해 주어야 하고, 의문이 있는 사항에 대하여 소상히 답변해 주어야 한다(고제원, 2003, p. 183, p. 199 – 200).

강력범죄피해자 조사

01

강력범죄피해자 조사의 개요

　　살인, 강도, 강간, 폭력 등 강력범죄로 인해 피해를 당한 피해자나 유족 등을 조사할 때에는 실체적 진실규명을 통한 성공적인 공소유지와 범인에 대한 유죄판결만이 최종적 목적으로 인식해서는 곤란하다. 범죄로 인해 무너져 내린 그들의 일상의 평온한 삶은 응보감정의 충족만으로는 회복되기 어려운 까닭이다. 따라서 강력범죄피해자가 무엇을 원하고 있으며, 어떠한 심리적 정황에 놓여 있는지를 파악하는 것이 필요하다. 강력범죄피해자 조사는 진정·탄원, 피해자의 고소, 피해신고, 수사기관의 인지 등 여러 가지 수사단서에 의해 시작되어 수사기관에서 진술조서 혹은 진술서 작성, 대질 조사 등으로 이어지지만 이러한 일련의 조사절차가 진행되는 중에 피해자의 심정이 어떠하고 현재 무엇을 필요로 하고 있는지 수사관이 둔감하게 되면 피해자 진술의 정확성과 진실성이 떨어질 수 있다. 따라서 강력범죄피해자를 조사하기 위해서는 수사관의 조사활동에 영향을 주는 그들의 정서적 특성을 파악해야함과 동시에 깨어진 그들의 일상의 삶을 원상태로 회복시키기 위해 필요한 지원을 확보해 주는 것이 병행되어야 한다.

1-1. 사망사실의 통지

　　살인범죄가 발생했을 때 유가족들을 참고인 자격으로 조사할 수 있다. 만일 유가족들이 사망사실을 아직 모르고 있다면 제일 먼저 해야 할 일은 사망사실을 그들에게 알리는 일이다. 사망사실의 통지는 전화보다는 직접 유가족이 기거하고 있는 주거에 방문하여 알리는 것이 좋고 가능하면 온 가족이 모여 있을 때 알리는 것이 좋으며 사망자의 신원이 확실할 때 알려야지 모호한 상태에서는 알리지 않는 것이 좋다. 알리는 시간대도 잘 선택해야 한다. 많은 가족이 모여 심리적 충격과 아픔을 함께하는 것이 시간 차이를 두고 가족들이 아픔을 거듭 반복하는 것보다 낫기 때문이다. 피해자 유가족의 심리적 지원을 해 줄 수 있는 전문가들을 동행한 가운데 방문하는 것이 바람직하고, 도착하게 되면 신분증을 보여준 뒤 허락을 얻어 출입해야 한다. 서서 얘기하는 것보다 상호 간에 자리에 앉아 얘기하는 것이 좋으며, 사망사실의 고지는 "선생님의 ○○께서 ○년○월○일○시경 ○에 의해 사망하였습니다"라고 단순하고 직접적이면서도 동정의 마음을 품고 말해야 한다. 피해자 유가족들의 질문에는 정직하게 답변해야 하며, 제공할 수 있는 형사절차에 관한 정보를 서면으로 전달해 주어야 한다. 사체의 신원확인이 필요하면 유가족을 위해 교통수단을 제공해 주어야 한다.

사망사실을 고지하면서 비통해하는 유가족들을 위로할 경우에는 언어사용에 특히 유의해야 한다. 첫째, 언어사용에 유의해야 한다(박중규, 2014. p. 58). 잘못된 언어사용의 예로서 "걱정 마세요. (앞으로) 다 잘될 겁니다", "애들을 봐서라도 건강해 지세요", "진정하시고 편안해지려고 해보세요", "세월이 지나면 잊혀질 것입니다", "당신은 극복할 수 있습니다", "당신의 인생이 소중하니 당신의 인생을 살아가야만 합니다", "죽은 사람을 다시 되살릴 수는 없습니다", "값지고 소중한 추억에 더 관심을 가지세요" 등의 말들을 들 수 있다. 사망통지에 사용할 수 있는 적절한 대화로는 "선생님께 일어난 일 때문에 마음이 아픕니다", "얼마나 끔찍하게 느끼셨을지 제가 어떻게 상상하겠습니까?", "다른 사람들은 선생님의 얼마나 마음이 아픈지 잘 모를 겁니다", "선생님이 현재 겪고 있는 어려움과 비슷한 고통을 겪은 후 이를 잘 극복했던 사람들도 처음에는 선생님처럼 무척 힘들어했답니다", "저에게 말씀하시고 싶은 것이나 부탁하고 싶은 것이 있으세요?", "선생님이 앞으로 어떻게 해야 할지 제가 선생님과 가족들을 위해서 무엇을 더 해줄 수 있는지 내일 알아보고 연락드리겠습니다" 등의 말들을 들 수 있다(Moriarty, 2002, p. 30).

1-2. 피해자의 신변안전 확보

강력범죄 피해자의 경우 신변안전이 확보되지 않는다면 보복의 두려움 때문에 경찰수사에 비협조적으로 나올 수도 있고, 허위진술을 할 가능성도 있으며, 아예 조사를 기피할 수도 있다. 따라서 피해자 조사를 함에 있어서는 피해자에게 안전의 확신을 심어주는 것이 무엇보다 중요하다. "당신은 이제 안전합니다"와 같은 수사관의 확신에 찬 말도 중요하지만, 무엇보다도 신변안전을 확보해 줄 수 있는 제도적 장치가 중요하다. 피해자 조사 시에는 이러한 제도적 장치를 잘 설명해 줌으로써 불필요한 두려움을 제거해 주고 피해자가 신변보호 청구제도를 잘 활용할 수 있도록 안내를 해 주어야 한다.

먼저 특정한 범죄[1]의 피해자들에게는 알려주어야 할 신변안전 확보를 위한 제

---

1) 특정범죄신고자 등 보호법상의 특정범죄라 함은 다음 몇 가지 특별법상의 범죄를 말한다.
  가. 특정강력범죄의 처벌에 관한 특례법 제2조의 범죄
    1. 형법 제2편 제24장 살인의 죄 중 제250조[살인·존속살해(尊屬殺害)], 제253조[위계(僞計) 등에 의한 촉탁살인(囑託殺人)등] 및 제254조(미수범. 다만, 제251조 및 제252조의 미수범은 제외한다)의 죄, 2. 형법 제2편 제31장 약취(略取), 유인(誘引) 및 인신매매의 죄 중 제287조부터 제291조까지 및 제294조(제292조 제1항의 미수범은 제외한다)의 죄, 3. 형법 제2편 제32장 강간과 추행의 죄 중 제301조(강간등 상해·치상), 제301조의 2(강간등 살인·치사)의 죄 및 흉기나 그 밖의 위험한 물건을 휴대하거나 2명 이상이 합동하여 범한 제297조(강간), 제297조의 2(유사강간), 제298조(강제추행), 제299조(준강간·준강제추행), 제300조(미수범) 및 제305조(미성년자에 대한 간음, 추행)의 죄, 4. 형법 제2편 제32장 강간과 추행의 죄, 성폭력범죄의 처벌 등에 관한 특례법 제3조부터 제10조까지 및 제15조(제13조의 미수범은 제외한다)의 죄 또는 아동·청소년의 성보호에 관한 법률 제13조의 죄로 두 번 이상 실형을 선고받은 사람이 범한 형법 제297조, 제297조의2, 제298조부터 제300조까지, 제305조 및 아동·청소년의 성보호에 관한 법률 제13조의 죄, 5. 형법 제2편 제38장 절도와 강도의 죄 중 제333조(강도), 제334조(특수강도), 제335조(준강도), 제336조(인질강도), 제337조(강도상해·치상), 제338조(강도살인·치사), 제339조(강도강간), 제340조(해상강도), 제341조(상습범) 및 제342조(미수범. 다만, 제329조부터 제331조까지, 제331조의 2 및 제332조의 미수범은 제외한다)의 죄, 6. 폭력행위 등 처벌에 관한 법률 제4조(단체등의 구성·활동) 및 특정범죄가중처벌 등에 관한 법률 제5조의 8(단체등의 조직)의 죄]
  나. 마약류 불법거래 방지에 관한 특례법 제2조 제2항의 범죄
  다. 1) 폭력행위 등 처벌에 관한 법률 제2조의 죄로서 다음과 같은 죄들을 말한다. 즉, "① 형법 제260조 제1항(폭행), 제283조 제1항(협박), 제319조(주거침입, 퇴거불응) 또는 제366조(재물손괴 등)의 죄를 범한 사람, ② 형법 제260조 제2항(존속폭행), 제276조 제1항(체포, 감금), 제283조 제2항(존속협박) 또는 제324조(강요)의 죄를 범한 사람, ③ 형법 제257조 제1항(상해)·제2항(존속상해), 제276조 제2항(존속체포, 존속감금) 또는 제350조(공갈)의 죄를 범한 사람."
    2) 폭력행위 등 처벌에 관한 법률 제3조의 죄로서 다음과 같은 죄들을 말한다. 즉, "① 단체나 다중(多衆)의 위력(威力)으로써 또는 단체나 집단을 가장하여 위력을 보임으로써 폭력행위 등 처벌에 관한 법률 제2조 제1항 각 호에 규정된 죄를 범한 사람 또는 흉기나 그 밖의 위험한 물건을 휴대하여 그 죄를 범한 사람, ③ 상습적으로 제1항의 죄를 범한 사람."
    3) 폭력행위 등 처벌에 관한 법률 제4조에 규정된 범죄(단체 등의 구성·활동)로서 다음과 같은 죄를 말한다. 즉, "① 이 법에 규정된 범죄를 목적으로 하는 단체 또는 집단을 구성하거나 그러한 단체 또는 집단에 가입하거나 그 구성원으로 활동한 사람: a. 수괴(首魁) b. 간부, c. 수괴·간

도적 장치들로서는 다음과 같은 것들이 있다.

가. 인적사항 기재의 생략

강력범죄 피해를 당한 후 경찰에 신고한 피해자의 신원이 범인에게 노출된다면 그만큼 두려운 것은 없을 것이다. 피해자를 조사할 경우 피해자의 인적사항이 그대로 기재된다면 피의자·피고인의 변호인에 의해서 피해자의 인적정보가 범인에게 흘러들어가기 쉽다. 그렇기 때문에 수사서류를 작성하는 단계에서부터 피해자의 인적사항 기재를 생략하는 것이 필요하다. 검사 또는 사법경찰관은 특정범죄의 신고와 관련하여 조서나 그 밖의 서류(이하 "조서등"이라 한다)를 작성할 때 신고를 한 피해자나 그 친족 등이 보복을 당할 우려가 있는 경우에는 그 취지를 조서

부 외의 사람, ② 제1항의 단체 또는 집단을 구성하거나 그러한 단체 또는 집단에 가입한 사람이 단체 또는 집단의 위력을 과시하거나 단체 또는 집단의 존속·유지를 위하여 다음 각 호의 어느 하나에 해당하는 죄를 범한 사람으로서 1. 형법에 따른 죄 중 다음 각 목의 죄, 형법 제8장 공무방해에 관한 죄 중 제136조(공무집행방해), 제141조(공용서류 등의 무효, 공용물의 파괴)의 죄, 형법 제24장 살인의 죄 중 제250조 제1항(살인), 제252조(촉탁, 승낙에 의한 살인 등), 제253조(위계 등에 의한 촉탁살인 등), 제255조(예비, 음모)의 죄, 형법 제34장 신용, 업무와 경매에 관한 죄 중 제314조(업무방해), 제315조(경매, 입찰의 방해)의 죄, 형법 제38장 절도와 강도의 죄 중 제333조(강도), 제334조(특수강도), 제335조(준강도), 제336조(인질강도), 제337조(강도상해, 치상), 제339조(강도강간), 제340조 제1항(해상강도)·제2항(해상강도상해 또는 치상), 제341조(상습범), 제343조(예비, 음모)의 죄를 범한 사람."
라. 국제형사재판소 관할 범죄의 처벌 등에 관한 법률 제8조부터 제16조까지의 죄로서 다음과 같은 것들을 말한다. 즉, "제8조(집단살해죄), 제9조(인도에 반한 죄), 제10조(사람에 대한 전쟁범죄), 제11조(재산 및 권리에 대한 전쟁범죄), 제12조(인도적 활동이나 식별표장 등에 관한 전쟁범죄), 제13조(금지된 방법에 의한 전쟁범죄), 제14조(금지된 무기를 사용한 전쟁범죄), 제15조(지휘관 등의 직무태만죄), 제16조(사법방해죄)" 등과 같은 범죄를 들 수 있다.
마. 특정범죄 가중처벌 등에 관한 법률 제5조의 9의 죄(보복범죄의 가중처벌 등)로서 다음에 해당하는 범죄를 말한다. 즉, "① 자기 또는 타인의 형사사건의 수사 또는 재판과 관련하여 고소·고발 등 수사단서의 제공, 진술, 증언 또는 자료제출에 대한 보복의 목적으로 형법 제250조 제1항의 죄를 범한 사람, ② 제1항과 같은 목적으로 형법 제257조 제1항·제260조 제1항·제276조 제1항 또는 제283조 제1항의 죄를 범한 사람, ③ 제2항의 죄 중 형법 제257조 제1항·제260조 제1항 또는 제276조 제1항의 죄를 범하여 사람을 사망에 이르게 한 경우, ④ 자기 또는 타인의 형사사건의 수사 또는 재판과 관련하여 필요한 사실을 알고 있는 사람 또는 그 친족에게 정당한 사유 없이 면담을 강요하거나 위력(威力)을 행사한 사람" 등이다.
바. 국민보호와 공공안전을 위한 테러방지법 제17조의 죄
사. 부패재산의 몰수 및 회복에 관한 특례법 제2조 제1호에서 정한 부패범죄
아. 공중 등 협박목적 및 대량살상무기확산을 위한 자금조달행위의 금지에 관한 법률 제6조의 죄
자. 형법 제114조의 범죄단체조직죄 및 제289조의 인신매매죄

등에 기재하고 범죄신고자 등의 성명·연령·주소·직업 등 신원을 알 수 있는 사항(이하 "인적 사항"이라 한다)은 기재하지 않도록 하고 있다(특정범죄신고자등 보호법 제7조). 만일 사법경찰관이 조서에 범죄피해자의 인적 사항의 전부 또는 일부를 기재하지 아니한 경우에는 즉시 검사에게 보고하여야 한다. 이 경우 검사 또는 사법경찰관은 조서 등에 기재하지 아니한 인적 사항을 "범죄신고자 등 신원관리카드([서식19], 이하 "신원관리카드"라 한다)"에 등재하여야 한다. 이처럼 진술조서에 성명을 기재하지 아니하는 경우에는 피해자로 하여금 조서에 서명은 가명(假名)으로, 간인(間印) 및 날인(捺印)은 무인(拇印)으로 하게 하여야 한다. 이 경우 가명으로 된 서명은 본명(本名)의 서명과 동일한 효력이 있다. 범죄피해자에 대한 진술서 등을 작성할 때 검사 또는 사법경찰관의 승인을 받아 인적 사항의 전부 또는 일부를 기재하지 아니할 수 있다. 이 경우 위에서 기술한 특정범죄신고자등 보호법 제7조의 제2항부터 제4항까지의 규정을 준용하도록 하고 있다. 피해자나 그 법정대리인은 검사 또는 사법경찰관에게 인적사항 기재 생략과 관련된 조치를 하도록 신청할 수 있다. 이 경우 검사 또는 사법경찰관은 특별한 사유가 없으면 그 조치를 하여야 한다.

나. 인적사항의 공개금지

특별한 경우를 제외하고는 특정범죄를 신고한 피해자라는 정황을 알면서 그 인적 사항을 다른 사람에게 알려주거나 공개하는 것을 법에서는 금지하고 있다. 또한 범죄신고를 한 피해자임을 미루어 알 수 있는 사실을 다른 사람에게 알려주거나 공개 또는 보도하는 것도 아울러 금지된다(특정범죄신고자등 보호법 제8조). 특정범죄신고자등 보호법에서는 인적사항의 공개금지 규정인 제8조를 위반한 자를 3년 이하의 징역 또는 500만 원 이하의 벌금에 처하도록 하고 있다.

다. 신원관리카드의 열람

비록 피해자보호 목적으로 신원관리카드를 작성한다고는 하나 특별히 열람이 필요한 경우에는 검사의 엄격한 통제하에 열람이 가능하도록 하여야 한다. 즉, ① 법원은 다른 사건의 재판에 필요한 경우에는 검사에게 신원관리카드의 열람을 요청할 수 있다. 이 경우 요청을 받은 검사는 범죄피해자나 그 친족 등이 보복을 당할 우려가 있는 경우 외에는 그 열람을 허용하여야 한다. ② 특정한 경우에는2) 그

---

2) 특정한 경우라 함은 다음과 같은 경우를 말한다. 즉, "1. 검사나 사법경찰관이 다른 사건의 수

사유를 소명(疏明)하고 검사의 허가를 받아[3] 신원관리카드를 열람할 수 있다. 다만, 범죄피해자나 그 친족 등이 보복을 당할 우려가 있는 경우에는 열람을 허가하여서는 아니 된다. ③ 피의자 또는 피고인이나 그 변호인 또는 법정대리인, 배우자, 직계친족과 형제자매는 피해자와의 합의를 위하여 필요한 경우에 검사에게 범죄피해자와의 면담을 신청할 수 있다. ④ 위의 면담 신청을 받은 검사는 즉시 그 사실을 범죄피해자 등에게 통지하고, 범죄피해자 등이 이를 승낙한 경우에는 검사실 등 적당한 장소에서 피해자나 그 대리인과 면담을 할 수 있도록 조치할 수 있다.

이 경우 신원관리카드를 관리하는 검사가 "보복을 당할 우려"에 대하여 오판을 하고 열람을 허가한 경우 피해자에 대한 신변안전이 크게 위협을 받게 된다. 따라서 비록 피의자·피고인의 변호를 위해 변호인에게 피해자의 인적사항이 필요하다고 하더라도 합의가 성립되는 경우를 제외하고는 특정범죄피해자의 경우에는 원칙적으로 신원관리카드 열람을 통하여 인적사항이 공개되는 것이 바람직하지 않다고 보아야 할 것이다.

라. 신변안전조치

실제로 가해자가 수사과정에서 불구속 상태에 있거나 재판 중에 보석으로 풀려나거나, 수감 중에 가석방으로 출소하거나, 형기를 채우고 출소한 경우는 수사기관에 고소를 하였거나 법정에서 증언한 피해자에 대하여 협박을 하든지 공격을 가할 우려가 높아진다. 이렇게 피해자의 신변안전이 위협받는다고 느낄 경우 피해자는 경찰서장에게 신변안전조치에 대한 요청권이 있음을 알릴 필요가 있다. 더 나아가 경찰이나 검사, 재판을 하는 판사에 이르기까지 피해자에 대한 신변안전의 위험성을 면밀히 파악한 후 직권으로 신변안전조치를 위한 대응을 할 필요가 있다.[4] 피해자 조사과정에서 경찰이나 검사가 피해자의 신변안전 대응에 실패한다

사에 필요한 경우, 2. 변호인이 피고인의 변호에 필요한 경우, 3. 제14조에 따른 범죄신고자등 구조금 지급에 관한 심의 등 공무상 필요한 경우" 등이 그것이다.

3) 이때 변호를 위하여 열람신청을 한 변호인이나 합의를 위하여 검사에게 열람을 신청한 피의자·피고인이나 그들의 법정대리인 등은 검사가 거부처분을 행할 경우 이의신청을 할 수 있다(특정범죄신고자 등 보호법 제9조 제5항). 이의신청을 받은 검사장 또는 지청장은 이의신청이 이유가 있다고 인정하는 경우에는 신원관리카드의 열람을 허가하거나 범죄신고자등이나 그 대리인과 면담할 수 있도록 조치하여야 한다.

4) 특정범죄 신고자 등 보호법 제13조에서는 피해자가 신변안전조치를 요청할 수도 있지만 판사, 검사, 경찰서장의 판단하에 피해자의 주거지 관할 경찰서장에게 직권으로 신변안전조치를 요청

면 앞서 발생한 범죄피해에 대한 실체규명이 어려워짐은 물론 재피해자화로 인해 피해자의 고통은 더욱 가중될 것이다.

신변안전조치의 유형으로는, ① 일정 기간동안의 특정시설에서의 보호, ② 일정 기간동안의 신변경호, ③ 참고인 또는 증인으로 출석·귀가 시 동행, ④ 대상자의 주거에 대한 주기적 순찰, ⑤ 기타 신변안전에 필요하다고 인정되는 조치 등이 있다(특정범죄 신고자 등 보호법 시행령 제7조). 경찰서장이 신변안전조치를 취한 때에는 지체 없이 그 사실을 해당 검사에게 통보하여야 한다.

마. 증인보호 제도

범죄피해를 입은 피해자는 재판단계에서 증인의 지위를 가지고 활동할 수 있다. 그러나 강력범죄의 피해자가 법정에서 증언하는 것이 쉬운 것이 아니다. 1차 피해에 뒤이어 2차 보복이 가해질 수 있기 때문이다. 수사단계에서는 참고인의 지위에 있는 피해자라 할지라도 증거보전을 위하여 피해자를 증인으로 신문할 수 있는 점을 생각해 볼 때[5] 증인보호제도가 피해자 조사단계와 전혀 무관한 것도 아니다. 따라서 수사기관은 피해자 조사를 할 경우 피해자가 증인의 지위에서 어떤 보호와 지원을 받을 수 있는지 숙지해야 하며, 피해자에게 관련 정보를 제공할 수 있어야 한다.

증인을 보호·지원하기 위한 현행 형사소송법상 제도로서는 신뢰관계 있는 자와의 동석권(형사소송법 제163조의 2)과 비디오 중계 장치 등에 의한 증인신문(형사소송법 제165조의 2)을 들 수 있다. 그러나 무엇보다도 증인에게 가장 두려운 것은

할 수 있도록 하고 있다. 즉, "① 검사 또는 경찰서장은 범죄피해자나 그 친족 등이 보복을 당할 우려가 있는 경우에는 일정 기간 동안 해당 검찰청 또는 경찰서 소속 공무원으로 하여금 신변안전을 위하여 필요한 조치(이하 "신변안전조치"라 한다)를 하게 하거나 대상자의 주거지 또는 현재지(現在地)를 관할하는 경찰서장에게 신변안전조치를 하도록 요청할 수 있다. 이 경우 요청을 받은 경찰서장은 특별한 사유가 없으면 즉시 신변안전조치를 하여야 한다. ② 재판장 또는 판사는 공판준비 또는 공판진행 과정에서 검사에게 제1항에 따른 조치를 하도록 요청할 수 있다. ③ 범죄피해자, 그 법정대리인 또는 친족 등은 재판장·검사 또는 주거지나 현재지를 관할하는 경찰서장에게 제1항에 따른 조치를 하여 줄 것을 신청할 수 있다. ④ 경찰서장이 신변안전조치를 한 경우에는 대통령령으로 정하는 바에 따라 그 사실을 검사에게 통보하여야 한다."라고 규정하고 있다.

5) 형사소송법 제184조에서는 다음과 같이 증거보전 청구제도를 둠으로써 수사단계에서도 피해자를 상대로 증인신문이 가능하도록 하였다. 즉, "검사, 피고인, 피의자 또는 변호인은 미리 증거를 보전하지 아니하면 그 증거를 사용하기 곤란한 사정이 있는 때에는 제1회 공판기일 전이라도 판사에게 압수, 수색, 검증, 증인신문 또는 감정을 청구할 수 있다."

가해자로부터의 보복이다. 범죄자의 보복으로부터 안전을 확보할 수 없다면 피해자가 증인의 자격으로 진실을 말하기가 어려워질 것이다. 그러므로 증인의 신변안전을 확보하는 조치는 형사정의 수립에 불가결한 내용이라고 할 수 있다.

현행법상 증인의 신변안전조치에 관련된 법적 근거로는 특정강력범죄의 처벌에 관한 특례법 제7조를 들 수 있다. 이 규정에서는 피해자인 증인이 피고인이나 그 밖의 사람으로부터 생명, 신체에 해를 입거나 입을 염려가 있다고 인정될 때에 검사는 경찰서장에게 신변안전조치를 요청하여야 하고, 증인인 피해자는 검사에게 이를 청구할 수 있으며, 재판장은 검사에게 이러한 조치를 요청할 수 있도록 하고 있다. 신변안전조치의 유형으로는 앞서 기술한 특정범죄 신고자등 보호법 시행령 제7조를 참고할 수 있을 것이다.

증인의 신변안전을 보호하기 위한 제도에는 위의 신변안전조치만 있는 것이 아니다. 증인이 가해자의 공격을 받지 않도록 다른 지역으로 이사하는 데 소요되는 비용을 지원해 주고, 필요할 경우 개명(改名)을 지원해 주며, 전직(轉職)과 같이 직장을 옮길 수 있도록 조치를 취해주는 것도 넓게 보면 신변안전을 확보해 주는 활동과 관련된다 할 것이다.

1-3. 물질적 지원

강력범죄의 피해자가 경제적으로 곤궁한 상황에서 범죄피해를 당했다면 경우에 따라 이들은 생존기반을 상실할 수도 있는 위기에 봉착하게 된다. 경제력의 중심이 되는 가장이 살해된 때, 강간 피해를 당한 독신인 피해자가 직장을 잃을 때 등이 그 대표적인 경우에 해당한다. 이때 기초적 생존을 보장해 주기 위한 물질적 지원이 불가결하다. 가해자가 재력이 있는데다가 피해자와의 합의가 순조롭게 진행된다면 피해자의 기초생계 유지를 위한 물질적 지원은 큰 문제가 되지 않을 것이다. 그러나 대부분의 경우 피해자와 가해자 간의 합의를 통한 물질적 지원은 국가가 개입하기 전까지는 원활하지 못한 것이 보통이다. 따라서 이러한 상황을 당사자 간 자율적 합의의 형태로 방치하게 된다면 피해자의 생존은 크게 위협받을 것이다. 이에 국가기관이 주축이 되어 피해자에 대한 물질적 지원을 원활하게 하고자 하는 제도가 배상명령제도, 형사화해제도, 긴급복지지원제도 등이다. 수사관은 피해자를 상대로 진술조서를 작성하는 과정에서 피해자에게 물질적 지원제도에 관해 상세히 설명해 줌으로써 경제적 어려움을 타개해 나가도록 도움을 줄 필요가 있다. 이러한 정보제공은 피해자와의 라포 형성에도 도움이 될 뿐만 아니라 수사활동에 대하여 그들의 신뢰를 얻는 측면에서도 유용하다.

가. 배상명령제도

배상명령제도란 제1심 또는 제2심의 형사공판 절차에서 특정 범죄6) 중 어느 하나에 관하여 유죄판결을 선고할 경우, 법원이 직권에 의하여 또는 피해자나 그 상속인(이하 "피해자"라 한다)의 신청에 의하여 피고사건의 범죄행위로 인하여 발생한 직접적인 물적(物的) 피해, 치료비 손해 및 위자료의 배상을 명할 수 있도록 하는 제도이다. 법원은 위에서 언급한 특정 범죄 죄 및 그 외의 죄에 대한 피고사건에서 피고인과 피해자 사이에 합의된 손해배상액에 관하여도 제1항에 따라 배상을 명할 수 있다. 다만, 법원은 다음과 같은 경우에는 배상명령을 하여서는 아니 된다고 규정하고 있다(소송촉진 등에 관한 특례법 제25조 제3항). 즉, "1. 피해자의 성명·주소가 분명하지 아니한 경우, 2. 피해 금액이 특정되지 아니한 경우, 3. 피고인의 배상책임의 유무 또는 그 범위가 명백하지 아니한 경우, 4. 배상명령으로 인하여 공판절차가 현저히 지연될 우려가 있거나 형사소송 절차에서 배상명령을 하는 것이 타당하지 아니하다고 인정되는 경우" 등이 그것이다. 검사가 위의 소송촉진 등에 관한 특례법 제25조 제1항에 규정된 죄로 공소를 제기한 경우에는 지체 없이 피해자 또는 그 법정대리인(피해자가 사망한 경우에는 그 배우자·직계친족·형제자매를 포함한다)에게 배상신청을 할 수 있음을 통지하여야 하는데, 이는 비단 검사만의 의무에 속한 것이 아니다. 경찰의 경우에도 피해자 조사과정에서 위 범죄에 대하여 기소의견으로 송치할 때 피해자에게 관련 정보를 제공하도록 해야 하는 것이다.

그런데 피해자의 배상명령 신청은 법원에 의하여 각하될 수 있다. 각하 사유로는 ① 배상신청이 적법하지 아니한 경우, ② 배상신청이 이유 없다고 인정되는

---

6) 배상명령이 가능한 범죄들로서는 1. 형법 제257조 제1항, 제258조 제1항 및 제2항, 제259조 제1항, 제262조(존속폭행치사상의 죄는 제외한다), 같은 법 제26장, 제32장(제304조의 죄는 제외한다), 제38장부터 제40장까지 및 제42장에 규정된 죄, 2. 성폭력범죄의 처벌 등에 관한 특례법 제10조부터 제14조까지, 제15조(제3조부터 제9조까지의 미수범은 제외한다), 아동·청소년의 성보호에 관한 법률 제12조 및 제14조에 규정된 죄, 3. 제1호의 죄를 가중처벌하는 죄 및 그 죄의 미수범을 처벌하는 경우 미수의 죄 등이 있다.

경우, ③ 배상명령을 하는 것이 타당하지 아니하다고 인정되는 경우 등이 제시되고 있다(소송촉진 등에 관한 특례법 제32조). 이때 각하판결이 유죄판결과 동시에 이뤄질 때에는 이를 유죄판결의 주문에 표시할 수 있다고 하고 있다. 생각건대, 각하이유에 대한 주문에의 표시 여부가 강제조항이 아닐뿐더러 그 이유가 위에서 보듯이 구체적 설명 없이 뜻이 모호한 용어를 제시한 수준에 불과하다면 피해자의 배상명령 신청권이 상당부분 제약받게 될 것이다. 더구나 배상신청을 각하하거나 그 일부를 인용(認容)한 재판에 대하여 신청인은 불복을 신청하지 못하며, 다시 동일한 배상신청을 할 수 없다는 규정(소송촉진 등에 관한 특례법 제32조 제3항)이 있기 때문에 더욱 그렇다.

나. 범죄피해자 구조금 제도

범죄피해자 조사 과정에서 피해자에게 물질적 지원에 관하여 정보를 제공할 때 빠뜨리지 말아야 할 사항이 있다면 그것은 다름 아닌 범죄피해자 구조금 제도이다. 배상명령제도가 피해자에 대하여 가해자가 물질적 배상을 하는 제도인데 반하여 범죄피해자 구조금 제도는 국가가 피해자가 입은 손해를 보상해 주는 제도이다. 물론 국가가 어떤 경우에 상관없이 모든 피해자에게 구조금을 주는 것은 아니다. 피해자가 범죄피해를 원인으로 하여 이미 어떤 형태로건 손해배상을 받았으면 구조금을 지급하지 아니할 수 있기 때문이다. 또한 국가는 구조금을 받은 피해자의 손해배상청구권을 대위하여 가해자인 수형자나 보호감호 대상자의 작업장려금 또는 근로보상금에서 손해배상금을 받을 수도 있다.

과거에 범죄피해자구조법이 폐지되기 전에는 피해자가 구조금을 지급받으려면 가해자가 행방불명이 되었거나 경제력이 없다든지, 자기 또는 타인의 형사사건의 수사 또는 재판에 있어서 고소·고발 등 수사단서의 제공, 진술, 증언 또는 자료제출과 관련하여 피해자로 된 경우라야만 했다(범죄피해자구조법 제3조 [2006.6. 법률 제7786호]). 그러던 것이 구조금에 관한 규정이 범죄피해자보호법으로 옮겨진 뒤로 가해자 불명과 무자력의 요건이 삭제되고 대신 "구조피해자가 피해의 전부 또는 일부를 배상받지 못하는 경우"로 개정하여 그 수혜범위를 확대하고자 하였다(범죄피해자보호법 제16조 [2010.8. 법률 제10283호]).

구조금의 종류는 유족 구조금, 장해 구조금 및 중상해 구조금으로 구분되는데, 유족 구조금은 구조피해자의 사망 당시(신체에 손상을 입고 그로 인하여 사망한 경우에는 신체에 손상을 입은 당시를 말한다)의 월급액이나 월실수입액 또는 평균임금에 24개월 이상 48개월 이하의 범위에서 유족의 수와 연령 및 생계유지상황 등을 고려하여 대통령령으로 정하는 개월 수를 곱한 금액으로 하고, 장해 구조금과 중상해 구조금은 구조피해자가 신체에 손상을 입은 당시의 월급액이나 월실수입액 또는 평균임금에 2개월 이상 48개월 이하의 범위에서 피해자의 장해 또는 중상해의 정도와 부양가족의 수 및 생계유지상황 등을 고려하여 대통령령으로 정한 개월 수를 곱한 금액으로 한다(범죄피해자보호법 제22조).

구조금을 받으려는 피해자는 법무부령으로 정하는 바에 따라 그 주소지, 거주지 또는 범죄 발생지를 관할하는 지구심의회에 신청하여야 하는데 해당 구조대상 범죄피해의 발생을 안 날부터 3년이 지나거나 해당 구조대상 범죄피해가 발생한 날부터 10년이 지나면 할 수 없도록 하고 있다. 구조금 지급결정은 피해자의 주소지, 거주지 또는 범죄 발생지를 관할하는 지구심의회에 신청하도록 되어 있다. 다만, 범죄행위 당시 부부(사실상의 혼인관계를 포함한다), 직계혈족, 4촌 이내의 친족, 동거친족 관계가 있었던 자에게는 구조금을 지급하지 아니하고, 위에서 제시한 것 외의 친족관계에 있었던 자에게는 구조금의 일부를 지급하지 아니하며, 피해자의 다음 행위에 대해서도 구조금을 지급하지 아니한다. 즉, "피해자가 해당 범죄행위를 교사 또는 방조하는 행위, 과도한 폭행·협박 또는 중대한 모욕 등 해당 범죄행위를 유발하는 행위, 해당 범죄행위와 관련하여 현저하게 부정한 행위, 해당 범죄행위를 용인하는 행위, 집단적 또는 상습적으로 불법행위를 행할 우려가 있는 조직에 속하는 행위(다만, 그 조직에 속하고 있는 것이 해당 범죄피해를 당한 것과 관련이 없다고 인정되는 경우는 제외한다), 범죄행위에 대한 보복으로 가해자 또는 그 친족이나 그 밖에 가해자와 밀접한 관계가 있는 사람의 생명을 해치거나 신체를 중대하게 침해하는 행위" 등이 그것이다.

다. 긴급복지지원제도

긴급복지지원제도는 긴급복지지원법 제1조에 근거하여 생계곤란 등의 위기상황에 처하여 도움이 필요한 사람을 신속하게 지원함으로써 이들이 위기상황에서 벗어나 건강하고 인간다운 생활을 하게 함을 목적으로 하고 있다. 긴급복지지원법 제2조는 긴급복지지원을 해야 하는 위기상황이 "본인 또는 본인과 생계 및 주거를 같이 하고 있는 가구구성원의 생계유지 등이 어렵게 된 것"을 의미한다고 하면서 다음 중 하나의 사유가 이에 해당한다고 한다. 즉, "① 주소득자(主所得者)가 사망, 가출, 행방불명, 구금시설에 수용되는 등의 사유로 소득을 상실한 경우, ② 중한 질병 또는 부상을 당한 경우, ③ 가구구성원으로부터 방임(放任) 또는 유기(遺棄)되거나 학대 등을 당한 경우, ④ 가정폭력을 당하여 가구구성원과 함께 원만한 가정생활을 하기 곤란하거나 가구구성원으로부터 성폭력을 당한 경우, ⑤ 화재 등으로 인하여 거주하는 주택 또는 건물에서 생활하기 곤란하게 된 경우, ⑥ 보건복지부령으로 정하는 기준에 따라 지방자치단체의 조례로 정한 사유가 발생한 경우, ⑦ 그 밖에 보건복지부장관이 정하여 고시하는 사유가 발생한 경우" 등이 그것이다.

위의 사유 중에서 살인범죄피해자와 관련이 깊은 것은 ①, 강도 및 일반 폭력범죄피해자와 관련이 깊은 것은 ②, 가정폭력이나 성폭력과 관련이 깊은 것은 ③과 ④라고 할 수 있을 것이다. 긴급복지지원법 제4조 제1항에서 "국가 및 지방자치단체는 위기상황에 처한 사람을 찾아내어 최대한 신속하게 필요한 지원을 하도록 노력하여야 하며, 긴급 지원의 지원대상 및 소득 또는 재산 기준, 지원 종류·내용·절차와 그 밖에 필요한 사항 등 긴급지원사업에 관하여 적극적으로 안내하여야 한다"고 규정하고 있는 만큼 피해자 조사를 하는 수사관들은 생계곤란 상황에 처한 범죄피해자에 대하여 적극적인 자세를 가지고 이와 관련된 정보를 제공해 주어야 할 것이다.

라. 압수물 환부·가환부 제도

강도죄나 절도죄의 피해자 경우에는 자신의 소유물이 증거물로 압수되는 바람에 생활에 불편을 야기할 수 있다. 이러한 어려움을 타개해 주기 위하여 형사소송법은 압수물의 환부·가환부 제도를 두고 있다.[7] 이러한 압수물의 환부·가환부 제도도 피해자의 물질적 회복을 지원하는 제도라고 볼 것이다.

경찰관은 압수물에 관하여 그 소유자, 소지자, 보관자 또는 제출인으로부터 환부 또는 가환부의 청구가 있거나 압수장물에 관하여 피해자로부터 환부의 청구가 있을 때에는 지체 없이 [서식14]의 압수물 환부 지휘건의서 또는 별지 [서식15]

---

7) 형사소송법 제133조(압수물의 환부, 가환부) ① 압수를 계속할 필요가 없다고 인정되는 압수물은 피고사건 종결 전이라도 결정으로 환부하여야 하고 증거에 공할 압수물은 소유자, 소지자, 보관자 또는 제출인의 청구에 의하여 가환부할 수 있다. ② 증거에만 공할 목적으로 압수한 물건으로서 그 소유자 또는 소지자가 계속 사용하여야 할 물건은 사진촬영 기타 원형보존의 조치를 취하고 신속히 가환부하여야 한다.

의 압수물 가환부 지휘건의서를 작성하여 검사의 지휘를 받아야 한다. 경찰관이 압수물 환부(가환부)지휘 건의를 할 때에는 소유자, 소지자, 보관자, 제출인 또는 피해자(이하 "소유자등"이라 한다)로부터 압수물 환부(가환부)청구서를 제출받아 건의서에 첨부하여야 하며 청구자가 정당한 권한을 가진 자인가를 조사하여 뒤에 분쟁이 생기는 일이 없도록 하여야 한다(범죄수사규칙 제131조 제1항 내지 제2항). 경찰관이 압수물의 환부 또는 가환부 할 때에는 소유자등으로부터 소정의 압수물 환부(가환부)영수증을 받아야 하며 먼저 가환부한 물건에 대하여 다시 환부의 처분을 할 필요가 있을 때에는 환부통지서를 교부하여야 한다(범죄수사규칙 제131조 제3항).

02

강력범죄피해자의 특징

2-1. 살인범죄피해자(유가족)의 특징

인간에게서 가장 큰 상실이 있다면 그것은 친밀하게 지내던 사람이 죽음으로 인해 서로 헤어지는 것이다. 그 죽음이 예견된 죽음이 아닐 뿐 아니라 범죄로 인해 초래된 갑작스러운 죽음일 때 유가족들의 상실감과 아픔은 이루 말할 수 없을 것이다. 살해된 장소에 갈 때마다 아픈 기억이 되살아날 것이고, 목숨을 빼앗아 간 범죄자와 그 가족들에 대하여 분노의 감정과 함께 평생 원한이 맺힐 것이다. 갑작스럽게 닥친 비극 앞에 삶에 대한 신뢰가 흔들릴 수도 있을 것이다. 살해된 대상이 누구냐에 따라 그리고 유가족의 연령이 얼마인가에 따라 심리적 좌절감의 크기는 다르겠지만 그 충격의 깊이와 정도는 어떤 범죄도 능가할 수 없다.

만일 가장이 살해되었다면 가정경제가 타격을 받아 당장 생계에 곤란을 겪을 것이다. 자녀도 학업수행에 지장을 받고 당장 생활전선에 뛰어들어야 하는 상황이 빚어질 수도 있다. 부모 모두가 살해되었다면 자녀는 부모의 죽음으로 인해 세상에 버려진 느낌이 들 수도 있다. 살인을 목격한 아이들의 정신적 충격은 PTSD 형태로 시작되어 제대로 다루어지지 않으면 매우 오래 지속될 수 있을 것이다. 살인사건에 대하여 수사가 시작되면 자녀는 간접적 피해자이자 목격자의 자격으로 수차례 수사기관의 조사를 받게 될 것이다. 이러한 상황들은 어린 자녀에게 심각한 영향을 줄 수 있는 것이다(김재민, 2006, p. 418).

만일 자녀 중 한 명이 살해되었다면 부모는 자녀를 지켜주지 못했다는 죄책감에 시달릴 수도 있다. 그들이 사망한 자녀에게 갖는 이러한 죄책감과 깊은 슬픔은 살아 있는 다른 자녀에게 영향을 미칠 수도 있다. 부모들은 자신의 슬픔을 달래야 할 뿐만 아니라 남아 있는 자녀의 고통도 달래야 하는 이중적 어려움에 처한다. 부모들이 현실을 받아들이지 못하고 사망한 피해자를 이상화하면서 슬픔을 극복하지 못한 채 비탄에 잠겨 살아간다면 살아 있는 자녀는 자신들의 존재감이 미약하다고 느끼게 될 것이다. 자녀가 살해당했을 때 부부관계가 붕괴될 수도 있다. 자녀의 죽음에 대하여 서로에게 책임을 묻거나 비방할 수 있기 때문이다(김재민, 2006, p. 417).

배우자가 살해되는 경우에는 살인사건이 발생하기 전 서로 간의 관계가 어떠했는가가 그들의 사후반응의 상황과 연결된다. 배우자가 사망하기 전 서로 불화가 심했다면 생전에 잘 해주지 못했던 것에 대하여 후회와 죄책감이 발생할 수 있고, 서로 사랑이 깊었다면 범죄로부터 지켜주지 못했던 것에 대한 자책감과 사랑하는 사람을 잃어버린 것에 대한 상실감이 매우 클 것이다. 남겨진 배우자의 나이가 사망한 배우자보다 연상이면 남겨진 배우자가 연하인 경우보다 심리적 상처의 회복이 더디다고 한다. 만일 배우자가 가계 경제력의 중심이었다면 경제적 궁핍 또한 남겨진 배우자에게는 고통일 것이다(김재민, 2006, p. 417).

살인범죄피해자의 유가족을 조사할 때에는 이처럼 피해자와 친밀한 관계에 있는 사람들이 당면하게 되는 놀라움, 충격, 공포, 분노, 복수심, 좌절감과 함께 국민의 안전을 책임지고 있는 경찰 등 국가기관이 가족의 생명을 지켜주지 못한 것에 대한 불신감과 원망의 마음이 자리할 수 있다는 점을 고려할 필요가 있다. 따라서 그 어느 사건보다 더 주의 깊게 피해자 조사를 진행하지 않으면 안 된다. 사망사실을 통지받을 때 그들이 받을 충격을 고려하여 언제, 누구에게, 어떤 방식으로 통지할 것인지를 지혜롭게 결정해야 한다. 피해자 조사를 해야 한다면 그들이 원하는 가장 편한 장소와 시간대를 선택하도록 배려할 필요도 있다. 범죄현장을 청소할 수 있도록 국가나 민간단체에서 지원해 주어야 하고 유가족에 대한 긴급복지지원 여부를 신속히 조사하여 조치를 취해야 한다. 조사하는 과정에서 언어사용에도 유의할 필요가 있다. 피해자 유가족의 심정을 전혀 헤아리지 못하고 있다는 인상을 줄 수 있는 상투적인 위로의 말이나 인사말은 자제해야 한다. 그리고 조사 진행 중 형사절차 진행에 대하여 많은 관심이 있지만 이에 대해 무지할 수 있기 때문에 필요한 때에 필요한 정보를 적시에 제공해 주도록 노력해야 한다.

2-2. 폭력범죄피해자의 특징

살인범죄피해자의 유가족이 느끼는 고통의 수준은 아니라 할지라도 아무런 잘 못도 없이 외부인으로부터 폭행을 당했을 경우 사람들은 분노, 모멸감, 불쾌감을 갖기 마련이며 사람에 따라서는 복수심과 공격심을 갖게 된다. 살인범죄가 살아남 은 유가족들이 고통을 겪어야 하는 문제라면 폭력범죄는 폭행을 당한 피해자 자신 은 물론 피해자 가족들의 문제까지를 포함하게 된다.

조직폭력이나 강도 및 강간, 공갈 범죄로 인한 폭행 피해에 대해서는 강자인 범죄자와 약자인 피해자의 상호관계 속에서 공포심과 두려운 마음이 자리하기 쉽 다. 가해자가 구속되어 처벌을 받더라도 이들이 석방되면 언젠가 보복을 가할 수 있다는 두려움이 피해자에게 있을 수 있으므로 이 경우에는 피해자의 신변안전을 확보해 주는 것이 긴요하다. 피해자의 프라이버시 보호, 수사서류에 인적사항 기 재생략, 참고인 진술 후 이사 및 전직 지원 등의 제도적 지원이 조사과정에서 검토 되어야 한다.

한편, 쌍방 폭행의 경우에는 억울한 피해자가 양산되기 쉽다. 목격자를 찾기 쉽지 않고, CCTV에 녹화된 영상자료와 같이 입증자료가 구비되지 않는 한 싸움을 말리려고 개입한 사람조차도 같은 일행에 속했다는 이유로 피의자로 입건되기 쉽 기 때문이다. 따라서 이때에는 누가 가해자이고 누가 피해자인지를 잘 선별해 내 는 수사에 역량을 집중해야 한다. 폭행사건이 개시될 당시의 정황, 폭행발생을 직 접적인 원인 제공자, 정당방위 여부, 진술의 진실성과 정확성 여부 등을 면밀히 따 져 보아야 한다. 수사를 심도있게 진행하지 않은 채 막연히 쌍방입건하는 것은 가 해자에 의한 피해에 이어 국가에 의해 피해를 입게 되는 "이중적 피해"가 되기 때 문이다.

학원폭력의 경우 반복적으로 폭행을 당하면서도 피해자인 학생 개인의 역량으 로 폭행의 악순환 고리를 끊기 어렵다는 좌절감을 맛볼 수 있기에 단순한 피해 조 사에 그치지 않고 재피자화를 방지하기 위한 후속대책까지를 고려하지 않으면 안 된다. 조사과정에서도 가해자와 피해자가 모두 청소년이라는 사실에 유의하여 공 식적인 형사절차에 지나치게 의존하지 말고 다이버전(diversion) 정책이나 "가족서 클(family conferencing)"과 같은 회복적 사법 시스템을 적용을 적극적으로 검토하 고 활용할 수 있어야 한다.

강력범죄피해자 조사기법

3-1. 심리적 위기개입(crisis intervention)

심리적 위기개입은 위기상담이라고도 불리며, "즉각적, 단기적으로 신속한 평가 프로토콜을 통해 적용되는 심리 개입으로, 대처 방법 강화 및 심리사회적 적응을 돕기 위해 적시에 이루어져야 하는 해결 중심의 위기 해결"로 정의된다(Roberts, 2005, p. xxi). 범죄피해자들은 피해 발생 직후, 신체적인 충격뿐 아니라 정신적인 충격을 받는다. 이 충격으로 인해 피해자는 무능력감(powerlessness)과 무기력감(helplessness)을 느끼고 통제감을 상실한다(박중규, 2014). 범죄로 인해 정신적 심리적 피해가 발생했을 때 이 피해를 방치하지 않고 초기에 전문가에 의한 심리적 개입이 이루어지는 경우 장기적인 피해 발생 가능성이 줄어든다(Nova, 2010). 즉, 범죄피해 발생 초기에 훈련된 전문가에게 적절한 위기개입을 받은 피해자는, 이후 장기적으로 심리 상담이나 심리치료, 정신과적 치료를 필요로 하지 않을 가능성이 높은 것으로 보고된다. 따라서 범죄피해자에 대한 초기의 위기개입은 피해자의 장기적 정신 건강 측면에서, 그리고 발생하게 될 비용 측면에서 매우 중요하고 결정적인 작업이라고 볼 수 있다.

심리적 위기개입 전문가인 위기개입자(crisis intervenor)는 '위기 임상가(crisis clinician)' 혹은 '위기 상담가(crisis counselor)'로 불리기도 한다(Roberts, 2005). 위기개입을 담당하는 피해자 지원 전문가의 주 역할은 피해 발생 초기에 심리적 위기개입을 실시하여 피해자가 겪는 고통을 감소시키고, 신체적 및 정신적 충격으로 인한 심리적 위기를 해결하도록 도움을 제공하는 것이다(박중규, 2014). 위기개입자의 역할이 '심리적' 위기개입이긴 하지만 위기개입자는 피해자의 심리적 피해뿐 아니라 물리적(물질적, 신체적)인 필요와 피해에 대해서도 고려할 수 있는 역량과 지식을 필요로 한다. 궁극적으로 위기개입자는 범죄피해자, 즉 피보호자와의 의사소통과 협력 작업을 통해 피해자들이 충격으로 인해 상실한 삶에 대한 통제감을 회복할 수 있도록 도움을 제공해야 한다.

　대한민국에서 피해자의 심리적 위기개입을 위해 활동하고 있는 심리전문가에는 경찰의 전문가와 민간의 전문가가 있다. 먼저, 경찰의 피해자심리전문요원은 CARE팀(Crisis-intervention, Assistance, REsponse team) 요원들이다. 'CARE팀'이라는 이름은 피해자의 심리적 필요를 케어(care)해 준다(돌본다)는 의미와 함께, 위기개입과 피해자 지원 및 대응 업무를 담당한다는 의미를 포함한다. CARE팀은 직접적인 범죄피해자를 지원하며, 주로 강력사건(살인, 강도, 성폭력, 가정폭력 등) 피해자가 관심의 대상에 속한다. 경찰은 강력범죄피해자의 심리적 충격과 위기에 대해 전문적으로 접근하고 개입할 수 있도록 하기 위하여 2007년부터 심리학 전공의 경찰관을 채용하고 있다. 강력범죄 발생 시, 피해자의 상태를 분석한 뒤, 피해자의 상태가 위기개입을 필요로 한다고 판단될 경우, 담당 형사의 요청을 통해 해당 지방경찰청 소속인 CARE팀이 투입된다. CARE팀 요원들은 현장에서 일차적으로 범죄의 직접적인 피해자가 심리적 안정을 취할 수 있도록 돕는 역할을 한다.

　둘째, 민간 심리 전문가들은 민간 범죄피해자지원센터에 주로 근무한다. 민간 심리 전문가들도 현장 출동 및 수사 업무를 제외하고는 경찰의 CARE팀 요원들과 유사한 역할을 담당한다. 경찰 CARE팀의 업무는 공무 수행으로써 이루어지므로, 일정 수준 이상 깊이 있는 지원이 이루어지기 어려운 측면이 존재한다. 그러나 민간 범죄피해자 지원 전문가는 보다 더 피해자의 입장에서 심도 있는 위기개입 및 지원을 제공할 수 있다는 장점을 가진다. 현재 경찰의 CARE팀에서는 강력범죄의 직접인 피해자의 위기관리만 담당하고 있으나, 민간의 위기관리 전문가들은 강력범죄의 직접적 피해자뿐 아니라 다른 범죄의 피해자들, 그리고 강력범죄의 간접적인 피해자들(예, 직접적인 피해자의 가족)의 위기관리를 위한 지원도 가능하다. 이러한 요인들로 인해, 민간 전문가들은 강력범죄피해자 개개인에게 경찰의 CARE팀보다 현실적이고 깊이 있는 지원 및 개입을 실시할 수 있다는 측면이 있다. 이처럼 경찰의 위기개입자와 민간 전문가는 상호 보완적인 역할을 하며 범죄피해자 위기개입을 실시한다고 볼 수 있다.

3-2. 위기개입 모델

피해자 지원 위기개입의 과정은 학자에 따라 6단계 모델 혹은 7단계 모델을 제시한다(권정혜, 안현의, 최윤경, 2008; 박중규, 2014; James & Gilliland, 2005; Roberts, 1990). 먼저, 한국에서는 권정혜 등(2008)이 다음과 같은 6단계 위기개입 모델을 제시했다(박중규, 2014).

1단계는 '피해자와의 라포(rapport) 형성 및 문제의 정의'이다. 1단계는 피해자 지원을 위해 위기개입자가 피해자에게 처음 접근하는 단계이므로, 이때 피해자의 긴장감을 풀어주고 불안감을 감소시키기 위한 라포를 형성한다. 또한 문제의 정의는 객관적 입장 혹은 전문가의 입장이 아닌, 범죄피해 당사자의 입장에서 이루어져야 한다. 위기개입에서 해결해야 하는 문제는 광범위하고 포괄적인 것이 아니라 구체적이고 특정적이며 좁은 분야를 포함하도록 정의한다.

2단계는 '피해자의 안전 도모'이다. 강력범죄피해자는 범죄 사건이 일차적으로 마무리되었다 할지라도 여전히 폭력의 위험에 노출되어 있을 수 있다. 따라서 우선적으로 피해당사자와 위기개입 지원 전문가의 안전을 확보해야 한다.

3단계는 '지원 제공'이다. 이 단계는 실질적으로 피해자에게 지원을 제공하는 단계로, 강력범죄 피해로 인해 무능력감과 무기력감에 빠져 수동적으로 대처하기 쉬운 피해자의 심리적, 정신적 힘이 회복될 수 있도록 지원을 제공해야 한다.

4단계는 '차선책 도모'이다. 일차적인 지원 제공이 이루어졌음에도 불구하고 피해자의 회복이 잘 이루어지지 않는 경우, 즉 피해자가 여전히 무기력감에 빠져 있을 경우에는 주어진 상황에서 피해자에게 가장 도움이 될 수 있는 적절한 차선책을 여러 가지 도모해야 한다.

5단계는 '계획 수립'이다. 피해자는 정신적 충격으로 인해 삶에 대한 통제감을 잃는 경우가 많다. 따라서 이러한 상황에서 피해자의 이익이 최대가 될 수 있도록 위기개입 지원 전문가는 피해자의 미래를 위한, 즉, 피해자의 삶이 범죄 발생 이전의 상태로 회복될 수 있도록 하기 위한 계획을 수립해주는 역할을 해야 한다.

마지막 6단계는 '계획 실행 및 진행사항 평가'이다. 수립한 계획을 실행하고, 위기개입의 진행사항에 대하여 평가를 실시한다.

James와 Gilliland(2012)는 또 다른 6단계 모델을 제시했다. 이 6단계 중 전반부의 3단계는 '경청하기(listening)'로 다시 분류되고, 후반부의 3단계는 '활동하기

(acting)'로 분류된다(〈그림 5-1〉 참고). 경청하기란 단순히 이야기를 듣는 것이 아니라, 피해자에게 감정을 이입하며, 피해자가 처해 있는 상황을 적극적으로 이해하기 위한 관심을 기울이고 이해하며, 판단하지 않는 자세로 듣는 것을 말한다. 활동하기에는 본격적인 개입 활동을 실시하는 단계들이 포함된다.

사정하기(assessment)는 1단계부터 6단계의 모든 단계에 거쳐서 포괄적, 역동적으로 이루어진다. 사정하기란 피해자의 현재 및 과거의 위기를 평가하여 위기개입자가 주어진 상황에서 어떠한 행동을 취해야 할지 판단하는 작업이다. 모든 위기개입단계를 포괄하여 주어진 순간, 상황에 피해자가 처한 위기 상태를 끊임없이 사정하고 역동적으로 대처해야 한다.

[그림 5-1] James와 Gilliland(2012)의 6단계 위기개입 모델

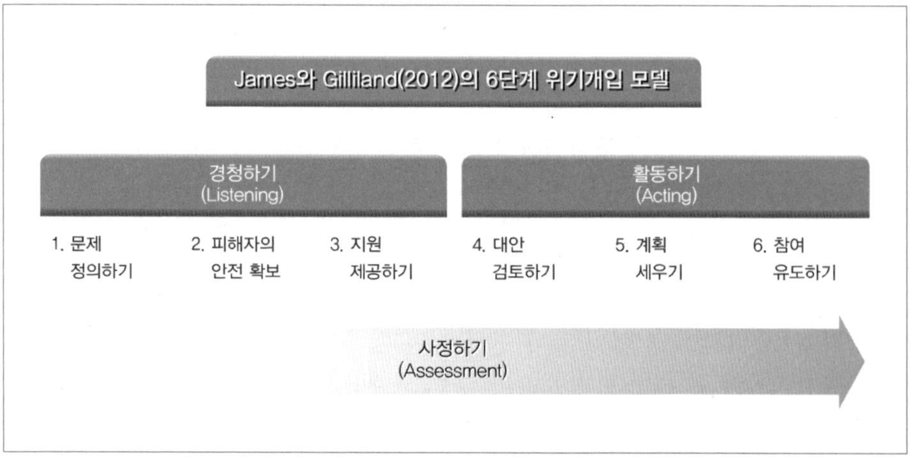

James와 Gilliland(2012)가 제시한 모델의 1단계는 '문제 정의하기'이며, 경청하기 상위 단계에 포함된다. 즉, 객관적 시각으로 문제를 정의하는 것이 아니라 피해자의 관점에서 문제점을 파악하고 정의하는 것이다. 이를 위해, 강력범죄피해자에게 더 많은 정보를 들을 수 있도록 개방형의 질문을 던지고, 적극적인 자세로 경청해야 한다. 이때 언어적 채널을 통한 정보수집뿐 아니라 표정, 몸짓 등의 비언어적 단서들을 통해서도 피해자의 관점을 이해하기 위한 정보를 얻어야 한다.

2단계는 '피해자의 안전 확보'이다. 강력범죄피해자의 신체적 안전뿐 아니라 심리적 안전에도 어떠한 위협이 존재하는지, 그리고 그 위협이 얼마나 심각하거나

중요한지, 혹은 유동적인지 등을 평가하는 단계이다. 즉, 피해자가 제공하는 언어적 비언어적 단서들을 경청함으로써 피해자의 외적, 내적 상황과 상태를 모두 사정해야 한다. 피해자의 신체적, 심리적 안전을 위협하는 요소가 있으면 이를 제거할 수 있도록 돕는다.

3단계는 '지원 제공하기'이다. 위기개입을 위해 투입된 전문가가 자신이 전문적이며 적절한 지원을 제공해 줄 수 있는 사람이라는 것을 피해자에게 알리는 단계이다. 피해자를 돌보되, 긍정적, 비심판적, 인간적 태도로 개입한다는 것을 피해자에게 언어적, 비언어적 채널(예, 표정, 제스쳐, 목소리의 톤 등)을 통해 알림으로써 피해자에게 안정감을 준다.

4단계부터는 본격적인 개입을 하는 '활동하기'의 성격을 띤다. 4단계는 '대안 검토하기'이다. 대안 검토 단계에서 위기개입자는 직접 대안을 찾아 피해자에게 제공하기보다는, 피해자가 주어진 상황에서 즉시 사용할 수 있는 대안을 능동적으로 탐색할 수 있도록 지원한다.

5단계는 '계획 세우기'이다. 피해자가 심리적 충격에서 벗어나 삶에 대한 통제감을 회복할 수 있게 하기 위한 현실적이고 단계적인 계획을 세우는 단계이다. 이때 세우는 계획은 추상적이고 모호한 계획이 아니라 피해자가 실제로 실천할 수 있도록 명확하고도 현실성 있는 계획이어야 한다.

마지막 6단계는 '참여 유도하기'이다. 5단계에서 세운 계획에 강력범죄피해자가 직접 참여하도록 돕는 것이다.

앞선 6단계 모형들과는 달리 Roberts(2000)는 "Roberts의 위기개입의 7단계 모델(Roberts's Seven-Stage Crisis Intervention Model)"을 제시했다(Yeager & Roberts, 2015). 이 모델은 인간의 강점(strength)의 관점에서 구조화된 모델로, 범죄피해자를 탄력성이 있고(resilient) 회복을 위한 자원 및 강점을 가진 존재로 보는 긍정심리적 접근법을 지닌다.

1단계는 '치명성 사정하기(assess lethality)'이다. 피해자가 제공하는 언어적, 비언어적 단서들을 기반으로 하여 피해자가 처해있는 위기 상황이 얼마나 치명적인지 포괄적으로 철저하게 사정한다. 사정의 대상에는 피해자의 생리적 측면(예, 신체적 부상이나 상처 등), 사회적 측면(예, 사회적 관계나 지위 등) 및 심리적 측면(예, 불안이나 공포, 무력감 등)이 포함된다.

2단계는 '라포 형성하기(establishing rapport)'이다. 피해자와 적절한 치료적 관계(therapeutic relationship)를 맺기 위해서 우선적, 즉각적으로 라포 형성이 이루어져야 한다. 이 단계는 1단계의 치명성 사정하기와 동시적으로 이루어지는 경우도 많다. 라포 형성을 위해 위기개입자들이 주로 사용하는 기술은 이해하기와 지지하기이다. 경청, 개방형 질문, 바꿔 표현하기 등을 통해 피해자와 라포를 형성하기도 한다.

3단계는 '문제 확인하기(identify problems)'이다. 피해자가 가지고 있는 가장 핵심적이고 주요한 위기상황이 무엇인지 피해자에게 스스로 표현하고 설명하도록 한다. 이때 개방형 질문을 사용하여 문제에 대하여 자신의 말로 설명할 수 있도록 하며, 피해자가 주도권을 느낄 수 있도록 한다. 피해자가 개방형 질문에 대하여 자유 진술 방식으로 이야기할 때 위기개입자는 진심으로 피해자에게 관심이 있으며, 경청하고 있음을 보여주어야 한다. 이 과정 또한 라포와 신뢰 형성에 도움이 된다.

4단계는 '감정 다루기(deal with feelings)'이다. 앞선 장에서 다루었던 적극적 경청 기술을 사용하여 피해자의 감정과 정서를 다루는 단계이다. "아" 혹은 "그렇군요" 등과 같이 용기를 주는 표현들로 위기개입자가 피해자의 이야기를 경청하고 있음을 표현한다. 이러한 기술은 전화 개입 시 특히 더 효과적이며 중요하다. 서로의 얼굴을 볼 수 없는 전화를 통한 개입에서는 위기개입자가 피해자의 이야기를 경청하고 있다는 표시를 음성으로만 전달할 수 있기 때문이다. 감정 다루기 단계에서는 피해자의 메시지 저변에 흐르는 감정 상태를 요약하여 이름을 붙여주는 작업이 필요할 수도 있다(Eaton & Roberts, 2002). 피해자가 경험하고 다양한 채널을 통해 표현하고는 있으나 스스로 명확히 인식하지 못하고 있는 감정의 정체를 밝힘으로써 이 감정 또한 다룰 수 있도록 돕는 것이다.

5단계는 '대안 탐색(explore alternatives)'이다. 피해자가 가지고 있는 강점을 확인하고, 또한 피해발생 이전에 내담자가 성공적으로 사용했던 대처 방법(coping mechanism)을 확인하여 대안을 탐색하고 모색한다. 강점의 관점에서 구조화된 Roberts의 7단계 모델의 특성은 대안 탐색 단계에서 두드러진다. 즉, 위기에 처한 피해자를 수동적이고 나약한 존재가 아닌, 자원이 풍부하고 탄력성 있는 주체로 여기며 대안을 탐색한다. 이 단계에서 피해자와 위기개입자가 협력할 때 가장 이상적이고 광범위한 대안들을 모색할 수 있다. 대안 탐색 단계에서 개입 전문가에게 요구되는 능력은 각 개인의 상황에 맞춰 대안을 탐색할 수 있는 창의성과 유연성이다(Aguilera & Messick, 1982).

6단계는 '활동 계획 수립하기(develop an action plan)'이다. 이전 단계에서 탐색한 대안들을 바탕으로 하여 실행 가능한 활동 계획을 만든다. 이 단계에서 위기개입자는 피해자가 스스로 주권을 가지고 있다고 느낄 수 있도록 되도록 적은 제한을 두어야 한다. 이 단계에서 이루어져야 할 중요한 조치로, 피해자가 연락을 취하거나 도움을 청할 사람, 의뢰기관을 연결해 주고, 피해자에게 대처 메커니즘을 제공하는 것이 있다(Roberts & Roberts, 2000).

마지막 단계인 7단계는 '사후 관리(follow-up)'이다. 위기개입자가 사후관리 계획을 세우고 피해자의 동의를 구하는 단계이다. 위기관리자는 1차적 개입 종료 이후에도 반드시 사후관리를 통해 위기 상황이 완전히 해소되었음을 확인해야 한다.

3-3. 피해자 지원 위기개입의 실제와 지침

미국의 피해자 지원 국가 기관인 NOVA(National Organization for Victim Assistance)에서는 피해자 지원 위기개입을 위한 지침을 제시하고 있다(NOVA, 2010; Roberts, 1995). 이 지침에는 다음의 5가지 목표가 포함되어 있다. ① 안전과 안정감(safety and security) ② 해소와 수긍(ventilation and validation) ③ 예측과 준비(prediction and preparation) ④ 연습과 재확인(rehearsal and reassurance) ⑤ 교육과 전문성(education and expertise)이 그것이다. NOVA 지침의 이 다섯 가지 목적에 대하여 살펴보겠다.

가. 안전과 안정감(safety and security)

서로 다른 위기개입 모델들에서 공통적으로 제시되는 반드시 필요한 단계 중 하나는 피해자의 안전을 확보하는 것이다. 이처럼 위기개입에서 피해자의 신체적 및 물리적 안전은 가장 중요한 고려사항 중 하나이다. 위기개입자는 반드시 피해자에게 신체적인 상해가 있는지, 위험성이 남아있는지 등을 우선적으로 확인해야 한다. 피해자는 충격 상태에 있을 수 있으므로, 자신의 신체에 상해가 있어도 이를 인식하지 못할 가능성이 있다. 따라서 피해자를 직접 대면하고 있을 경우 위기개입자가 자신의 눈으로 피해자의 신체적 안전을 확인해야 한다. 전화를 통해 접촉하고 있는 경우라면 피해자가 현재 안전한 상태인지 물어보아야 한다.

신체적 안전이 확보되었다 하더라도 피해자가 심리적으로 안전하다는 느낌을 갖지 못할 수도 있다. 수사 과정에서 강력범죄의 피해자들에게 안전하지 않다고 느끼도록 하는 여러 상황이 존재한다. 예를 들어, 범죄피해가 발생한 현장에서 바로 진술을 하는 경우, 혹은 피해가 발생한 상태로 찢어지거나 혈흔이 있는 옷을 갈아입을 여유가 없이 진술을 해야 하는 경우에 피해자들은 안전하다고 느끼기 어렵다. 또는 추위와 같이 신체적인 불편이 있는 경우에도 피해자는 안전하다는 느낌을 갖지 못한다고 보고된다. 가해자와 관련된 요소들도 피해자가 안전하지 못하다고 느끼게 하는 중요한 원인이 될 수 있다. 예를 들어, 가해자가 아직 잡히지 않았고 피해자에게 '다시 돌아올 것'이라고 위협한 경우, 혹은 수사 과정에서 가해자를 목격하거나 가해자의 목소리를 듣게 되는 경우 피해자는 극심한 불안을 경험할 수 있다. 심지어 연쇄 살인범의 생존한 피해자 중에는 가해자가 체포 도중 사살된 경우에도 여전히 안전하지 못하다고 생각한다는 사례가 보고되기도 한다. 뿐만 아니라, 강력범죄의 직접적 피해자들은 자신의 안전뿐 아니라 가족, 즉 부모, 배우자나 자녀가 안전한지에 대하여 걱정하는 경우가 많다. 따라서 범죄의 직접 피해자뿐 아니라 피해자의 가족이나 친한 지인과 같은 간접적 피해자들의 안전도 확인할 필요성이 있다. 강력범죄의 피해자와 생존자들에게 우선적으로 충족되어야 할 중요한 필요 중 하나는 그들이 자신의 진술과 신변, 심리적인 고통이 보호될 것이라는 것을 아는 것이다. 위기개입자는 이 점을 사전에 명확히 해야 한다.

강력범죄피해자는 신체적, 물리적으로 안전한 상황에서도 심리적 안정감을 느끼지 못할 수 있다. 특히 심각한 범죄피해가 발생했을 때 그런 상황이 발생하기 쉽다. 일례로 강력범죄로 인해 아들이 사망한 한 어머니 피해자는 아들의 신원 확인을 위한 사체 확인 과정에서 자신이 대답한 내용을 기억하지 못할 정도로 정신적인 혼란을 경험하기도 한다(박중규, 2014). 이처럼 범죄의 피해로 인해 심리적인 안정감을 상실한 모든 피해자는 정서적인 지지를 필요로 한다.

나. 해소와 수긍(ventilation and validation)

NOVA가 제안한 위기개입의 두 번째 목표는 다른 사람들에게 자신의 감정을 표현하고 반응하도록 하는 것, 즉 '해소'하도록 하는 것과, 그 반응을 '수긍'하도록 하는 것이다. 해소란 피해자 혹은 생존자에게 자신의 이야기를 이야기할 수 있는 기회를 허용하는 것을 의미한다(OVC, 2015). 이와 같은 의미를 반영하여, 해소는 다른 말로 '털어놓기'라고도 불릴 수 있다(박중규, 2014). 수긍이란 피해자의 비정상적으로 보이는 감정과 기분, 혼란 등이 '비정상적인 상황에서 나타나는 정상적인 반응'이라는 것을 분명하게 해 주는 과정이다. 위기개입자는 강력범죄와 같은 무서운 사건을 겪은 사람 대부분이 '비정상적'으로 보이는 반응을 한다는 것을 피해자에게 이해시켜주기 위한 노력을 해야 한다. 또한 수긍은 전반적이고 일반적인 수준에서 이루어지는 것이 아니라 특정 내용에 국한되어 맞춤형으로 이루어져야 한다. 즉, 피해자가 경험하는 특정한 감정, 피해자가 겪고 있는 특정한 반응들에 대하여 수긍이 일어나도록 도와야 한다. 이를 위하여 위기개입자는 실제로 발생했던 불행한 사건을 예로 들거나 적용하여 피해자의 반응에 대한 수긍을 이끌어내는 것이 좋다(박중규, 2014).

다. 예측과 준비(prediction and preparation)

NOVA가 제안한 위기개입의 세 번째 목표는 강력범죄의 피해자 혹은 생존자가 앞으로 미래에 겪게 될 문제점, 이슈, 염려할 사항 등을 예측하여 이러한 것들에 잘 대처할 수 있도록 대비시키는 것이다. 강력범죄피해자의 가장 주요한 염려 중 하나는 앞으로 무슨 일이 벌어질 것인지에 대한 것이다. 피해자에게 앞으로의 며칠간 혹은 몇 달간 자신에게 어떤 문제들을 겪게 될 것 같은지 물어보라. 만약 피해자 자신은 예상하지 못하고 있으나 위기개입자가 예측할 수 있는 사건이 있다면 최대한 구체적으로 이러한 정보들을 피해자에게 전달해야 한다. 위기개입자는 피해자와 관련 있을 수 있는 모든 문제점과 이슈들을 포괄할 수 있는 예측을 해야 한다. 이와 같은 관련된 문제들에는 피해자의 이주 가능성, 경제적인 염려, 사법 시스템을 거칠 때 발생할 수 있는 법적인 이슈들, 의학적 문제, 장례 절차나 종교적 문제 등을 포함하는 광범위한 영역이 해당한다.

앞으로 겪어야 하는 사건들뿐 아니라, 피해자가 미래에 경험하게 될 수 있는 정서적인 반응들도 미리 예측할 수 있어야 한다. 피해자가 위기 상황에서 경험할 수 있는 즉각적인 신체적, 정신적 반응들과 슬픔 등에 대하여 설명하라. 뿐만 아니라, 장기적으로 겪을 수 있는 스트레스 반응들에 대해서도 피해자가 미리 충분한 이해를 가질 수 있도록 해야 한다. 강력범죄피해자 혹은 생존자들이 장기적인 스트레스 반응을 보이는 것은 드문 일이 아니라는 점을 설명하는 동시에, 이러한 장기적 스트레스 반응을 모든 사람이 경험하는 것도 아니며, 이를 전혀 겪지 않는 사람들도 있음을 함께 설명한다. 범죄 사건으로부터 일정 시간이 지난 이후에도 특정한 시기나 사건들이 범죄피해의 기억과 이로 인한 정서적, 신체적 반응들을 다시 유발시킬 수 있다. 예를 들어 생일이나 명절과 같은 특별한 날은 범죄피해로 잃게 된 사랑하는 사람들에 대한 슬픔을 다시 유발시키는 계기로 작용할 수 있다. 범죄피해가 발생했을 때 들었던 소리와 유사한 소리, 범죄 당시 보았던 장면과 광경은 피해 당시에 겪은 두려움이나 공포와 같은 반응들을 불러일으킬 수 있다.

예측과 준비를 위한 위기개입에서 위기개입자는 강력범죄의 직접적인 피해자뿐 아니라, 피해자의 가족이나 친한 친구 등과 같이 주변 사람들이 겪을 수 있는 스트레스 반응들에 대하여도 설명해야 한다. 특히 피해자의 가족 중, 아동이 있다면 이 강력범죄 사건으로 인해 아동에게 발생할 수 있는 정신적, 정서적 영향력과, 아동에게서 나타날 수 있는 반응에 대해 미리 피해자에게 알리는 것이 반드시 필요하다. 뿐만 아니라 '예측'의 대상에는 종종 마주치는 지인들의 반응도 포함되어야 한다. 일반적으로 안면만 있는 가벼운 관계의 지인들은 처음에는 따뜻하고 동정하는 반응을 보이나, 일정 시간이 지난 뒤에는 '지금쯤은 극복했어야지'라는 반응을 보이는 경우가 많다(박중규, 2014). 따라서 예측하지 못한 상태에서 피해자가 주위 사람들의 이러한 반응을 대함으로써 추가적인 상처를 입지 않도록 예측을 통한 준비를 시켜줄 필요성이 있다.

예측과 준비는 피해자가 충격으로 인해 상실한 삶에 대한 통제감을 회복할 수 있도록 도와주며, 특히 혼돈 속에서 질서감을 되찾을 수 있도록 해준다(Roberts, 1995). 예측을 했다면 피해자 및 생존자가 이러한 예상되는 일들에 대비할 수 있도록 도와야 한다. 강력범죄의 생존자들이 미래에 자신과 가족을 보호할 수 있는 계획을 수립하는 것과, 이렇게 세운 계획을 실제 실행에 옮기는 연습을 하는 것을 위기개입자가 도와야 한다. 이후의 심리 상담이나 법적 도움을 받을 수 있는 기관, 개인을 연계 및 소개해 주는 것도 필요하다. 또한 피해자에게 앞으로 비슷한 유형의 범죄피해에 다시 노출될 가능성을 방지하거나, 피해 발생 시 그 결과를 덜 치명적으로 만들 수 있도록 하는 정보를 제공하여야 한다. 준비의 과정에서는 피해자가 스스로 대비하고 대처할 수 있는 문제가 무엇인지, 그리고 피해자가 스스로 대처할 수 있는 역량이 부족한 문제는 무엇인지 스스로 결정하는 것을 도와야 한다. 그리고 피해자가 스스로 대처할 수 없다고 결정한 문제에 대해서는 피해자가 스스로 대처 계획을 세도록 한 뒤, 대처하는 것을 도와주어야 한다. 또한 위기개입자는 자신이 언제까지 피해자를 도울 수 있는지에 대해서 정확하고 진실한 정보를 주어야 하며, 지킬 수 없는 약속을 해서는 안 된다(박중규, 2014; OVC, 2015; Roberts, 1995). 심리적 위기 상태의 범죄피해자는 자신에게 도움을 주고 있는 위기개입자에게 의존하고 싶은 마음이 생길 수 있고, 위기개입자의 도움 없이는 아무것도 할 수 없을 것 같은 막막한 생각이 들 수 있다. 피해자가 위기개입자에게 이러한 마음을 직접적, 간접적으로 표현한다고 해서 위기개입자가 언제까지고 피해자를 도와줄 수 있다는, 또는 도와주겠다는 진실하지 않고 지킬 수 없는 약속을 하는 것은 결과적으로 피해자의 신뢰를 저버리는 행위이며, 위기개입에 해를 끼치는 행위가 된다.

라. 연습과 재확인(rehearsal and reassurance)

위기개입의 네 번째 목표는 연습과 재확인이다. 이 과정은 피해자에게 피해의 여파로 인해 나타나는 혹은 나타날 것으로 예상되는 사건들을 정신적 및 신체적으로 익히고, 이러한 사건들을 극복하는데 도움이 될 수 있는 행동과 반응을 연습하도록 위기개입자가 권하는 것을 의미한다(Roberts, 1995). 정신적인 연습(mental rehearsal)은 강력범죄 피해의 여파로 인해 발생한 사건, 혹은 발생이 예상되는 사건을 마음속에 그리고, 이에 대한 반응 또한 마음속으로 상상하는 방법으로 시행한다. 이러한 인지적 과정을 거친 뒤에 피해자에게 어떻게 반응하거나 행동하는 것이 자신에게 가장 편안한 방법인지 머릿속에 그려 보도록 하고, 그 반응 및 행동을 인지적으로 연습할 것을 권한다. 이러한 시각화 과정에서 피해자가 두려움이나 고통, 불편감을 호소하지 않도록 위기개입자는 지속적으로 안정감을 제공해야 한다. 신체적 연습(physical rehearsal)은 실제로 피해자가 역할극을 통해 자신의 반응이나 계획된 행동들을 연습하는 과정이다.

마. 교육과 전문성(education and expertise)

NOVA가 제안한 위기개입 전략의 마지막이자 다섯 번째 목표는 교육과 전문성이다. 이는 강력범죄피해자에게 교육과 전문성을 제공하는 것을 의미한다. 범죄피해가 발생했을 때 사건 이후 피해자들이 가장 필요로 하는 것 중 하나는 정보이다. 피해자에게 제공되어야 할 정보에는 반드시 피해자가 앞으로 겪어야 하는 수사기관이나 사법제도 등에 대한 대응 전략이나 반응 등과 같은 실용적인 문제들에 대한 정보가 포함되어 있어야 한다. 위기상태에 있는 피해자에게 교육을 실시하기 좋은 방법 중 하나로 읽기 과제를 주는 방법이 있다. 피해자화(victimization), 위기와 스트레스 등에 관한 내용을 다룬 글이나 책을 읽기 재료로 정하면 범죄의 피해자에게 공감이 되는, 따라서 열심히 읽을 수 있는 내용일 뿐 아니라 피해자 교육에 실질적으로 도움이 된다.

심리적 위기를 경험 중인 피해자에게 여러 가지 기술을 교육하는 것도 위기 극복에 도움이 될 수 있다. 먼저, 자기사정(self−assessment) 기술이 있다. 사고방식 분석, 적성검사, 스트레스 측정 등을 사용하는 자기사정 기술은 피해자가 자신에 대하여 알아갈 수 있는 유용한 기술이다. 둘째, 이완 기술을 교육하는 것도 피해자에게 유용하게 사용될 수 있다. 이완 기술을 사용하여 피해자가 신체적, 심리적인 이완을 통해 숙면을 취하거나 에너지를 유지하는데 도움을 얻을 수 있다. 셋째, 의사소통 기술은 현재 진행되고 있는 의사표현이나 감정표현을 보다 원활하고 생산적으로 만드는데 도움이 된다. 의사소통 기술의 예로는 적극적 경청, 생각 조직하기, 생각 제시하기, 감정 표현하기 등이 있다(Roberts, 1995).

지금까지 살펴본 NOVA의 위기개입의 다섯 가지 주요 지침(NOVA, 2010; Roberts, 1995) 외에도 위기개입자가 피해자와 대화할 때 주의해야 할(피해야 할) 언어적 표현들과, 이야기하는 것이 좋은 표현에 대한 기준이 존재한다. 다음의 〈표 5−1〉과 〈표 5−2〉에는 Roberts가 정리한 위기개입자를 위한 언어 지침이 제시되어 있다(Roberts, 1995, p. 176).

〈표 5−1〉 위기개입 언어 지침1(Roberts, 1995, p. 176)

위기개입자가 해야 하는 말	• 이런 일이 당신에게 일어나서 유감입니다. • 당신은 이제 안전합니다(실제로 피해자가 안전할 때). • 당신이 지금 저와 함께 여기에 있어서 기쁩니다. • 당신이 나에게 이야기해줘서 기쁩니다. • 당신의 잘못이 아닙니다. • 당신의 반응은 비정상적인 사건에 대한 정상적인 반응입니다. • 당신이 그렇게 느끼는 것이 충분히 이해가 됩니다. • 그것을 보는/느끼는/냄새 맡는 것이 화나는/괴로운 일이었겠네요. • 당신은 미쳐 가고 있는 게 아니에요. • 상황이 예전과 똑같아지는 건 불가능할지도 몰라요. 하지만 점점 나아질 거예요. • 울어도 괜찮아요; 미워해도 괜찮아요; 복수심이 들어도 괜찮아요.

〈표 5-2〉 위기개입 언어 지침2(Roberts, 1995, p. 176)

위기개입자가 하지 말아야 하는 말	• 당신이 어떤 기분인지 압니다. • 이해합니다. • 당신은 그래도 …해서 다행이에요/운이 좋은 거예요 • 당신이 살아 있다는 것만으로도 운이 좋은 거예요. • 남아 있는 물건이 있다는 것만으로도 운이 좋은 거예요. • 다른 자녀(형제 등)가 있는 것만으로도 운이 좋은 거예요. • 당신이 사랑하는 사람이 고통스럽게 죽지 않은 것만으로도 운이 좋은 거예요. • 그/그녀가 생전에 충만하고 좋은 삶을 살았다는 것은 운이 좋은 거예요. • 그건 신의 뜻입니다. • 그/그녀는 지금 더 좋은 곳에 있어요; 더 행복한 곳에 있어요; 지금이 더 나아요. • 비극 속에서도 좋은 일들은 생깁니다. • 당신은 다 극복해 낼 거예요. • 모든 게 다 괜찮아질 거예요. • 그렇게 느끼면 안 돼요. • 시간이 그 상처를 치유해 줄 거예요. • 당신은 당신의 삶을 계속 해나가야 합니다.

성폭력 피해자 조사

•N•T•E•N•T•S

성폭력 피해자 조사의 개요

1-1. 성폭력에 대한 개념

성폭력 범죄란 개인의 '성적 자기의사 결정권'을 침해하고 성적 수치심을 조장하는 일체의 행위를 의미한다고 할 수 있다. 성범죄의 가장 대표적인 유형은 형법 제297조의 강간죄와 제298조의 강제추행죄이다. 강간죄는 폭행 또는 협박으로 사람을 강간하는 행위이며, 강제추행죄는 폭행 또는 협박으로 사람에 대하여 추행을 행하는 범죄이다. 강간이라 함은 폭행 또는 협박에 의하여 상대방의 반항을 곤란하게 하고 사람을 간음하는 것을 말하고, 추행이라 함은 성욕의 흥분, 자극 또는 만족을 목적으로 하는 행위로서 건전한 상식 있는 일반인의 성적 수치·혐오의 감정을 느끼게 하는 일체의 행위를 의미한다(이재상, 2004, p. 162 – 167). 현행 형법은 법 개정을 통하여 구강성교나 항문성교를 포함한 유사성교행위까지를 구성요건에 포함시켜 처벌하고 있다(형법 제297조의 2).

그런데 성폭력범죄의 처벌에 관한 특례법(이하 성폭력특별법이라 한다) 제2조에서는 성폭력 개념을 보다 폭넓게 정의하고 있다. 즉, 형법상의 강간이나 강제추행은 물론 형법상 성풍속에 관한 죄(음행매개, 음화반포, 음화제조, 공연음란)와 약취, 유인 및 인신매매의 죄 중 추행, 간음 또는 성매매와 성적 착취를 목적으로 범한 범죄,[1] 그리고 성폭력특별법상의 특수강도강간(제3조), 특수강간(제4조), 친족관계

---

[1] 성폭력범죄의 처벌 등에 관한 특례법 제2조 제2호에서는 약취, 유인 및 인신매매의 죄 중 추행, 간음 또는 성매매와 성적 착취를 목적으로 범한 범죄의 유형에 대하여 다음과 같이 규정하고 있다. 형법 제2편 제31장 약취(略取), 유인(誘引) 및 인신매매의 죄 중 추행, 간음 또는 성매매와 성적 착취를 목적으로 범한 제288조 또는 추행, 간음 또는 성매매와 성적 착취를 목적으로

에 의한 강간(제5조), 장애인에 대한 강간·강제추행(제6조), 13세 미만의 미성년자에 대한 강간, 강제추행 등(제7조), 강간 등 상해·치상(제8조), 강간 등 살인·치사(제9조), 업무상 위력 등에 의한 추행(제10조), 공중 밀집 장소에서의 추행(제11조), 성적 목적을 위한 공공장소 침입행위(제12조), 통신매체를 이용한 음란행위(제13조), 카메라 등을 이용한 촬영(제14조) 등을 성폭력 범죄로 규정하고 있는 것이다.

1-2. 성폭력 피해자 조사의 특징

성폭력 피해자는 위의 성범죄 행위로 말미암아 피해를 당한 자를 의미하는데 위에서 보는 바와 같이 성폭력의 유형이 매우 다양하기에 피해자의 피해방식과 대상도 다양하여 성폭력 피해 조사가 결코 쉽지만은 않다. 성폭력 조사는 다음의 몇 가지 특징을 지니고 있다.

첫째, 피해자 조사과정에서 2차 피해의 위험이 높다는 점이다. 2차 피해는 1차 피해에 대한 사회의 반응을 의미한다. 성범죄피해자는 가해자의 1차적 공격으로 고통을 받아야 하지만 이후 피해사실에 대한 조사를 받는 과정에서 수사관에 의해 피해자 책임론이 거론되거나 피해자 주변 사람들의 싸늘한 시선으로 말미암아 이중의 고통을 당할 여지가 있는 것이다.

둘째, 성적 수치심 때문에 피해신고가 이뤄지지 않아 암수범죄로 될 가능성이

범한 제289조, 제290조(추행, 간음 또는 성매매와 성적 착취를 목적으로 제288조 또는 추행, 간음 또는 성매매와 성적 착취를 목적으로 제289조의 죄를 범하여 약취, 유인, 매매된 사람을 상해하거나 상해에 이르게 한 경우에 한정한다), 제291조(추행, 간음 또는 성매매와 성적 착취를 목적으로 제288조 또는 추행, 간음 또는 성매매와 성적 착취를 목적으로 제289조의 죄를 범하여 약취, 유인, 매매된 사람을 살해하거나 사망에 이르게 한 경우에 한정한다), 제292조[추행, 간음 또는 성매매와 성적 착취를 목적으로 한 제288조 또는 추행, 간음 또는 성매매와 성적 착취를 목적으로 한 제289조의 죄로 약취, 유인, 매매된 사람을 수수(授受) 또는 은닉한 죄, 추행, 간음 또는 성매매와 성적 착취를 목적으로 한 제288조 또는 추행, 간음 또는 성매매와 성적 착취를 목적으로 한 제289조의 죄를 범할 목적으로 사람을 모집, 운송, 전달한 경우에 한정한다] 및 제294조(추행, 간음 또는 성매매와 성적 착취를 목적으로 범한 제288조의 미수범 또는 추행, 간음 또는 성매매와 성적 착취를 목적으로 범한 제289조의 미수범, 추행, 간음 또는 성매매와 성적 착취를 목적으로 제288조 또는 추행, 간음 또는 성매매와 성적 착취를 목적으로 제289조의 죄를 범하여 발생한 제290조 제1항의 미수범 또는 추행, 간음 또는 성매매와 성적 착취를 목적으로 제288조 또는 추행, 간음 또는 성매매와 성적 착취를 목적으로 제289조의 죄를 범하여 발생한 제291조 제1항의 미수범 및 제292조 제1항의 미수범 중 추행, 간음 또는 성매매와 성적 착취를 목적으로 약취, 유인, 매매된 사람을 수수, 은닉한 죄의 미수범으로 한정한다)의 죄

높다는 점이다. 과거 성범죄가 친고죄로 규정되었던 것도 정식 형사절차에 편입되면 피해자의 성적 수치심이 가중될 수 있다는 점을 고려했기 때문이었다. 이러한 이유로 피해자들이 신고를 꺼리게 되면 해당 범죄는 암수범죄로 되고 가해자는 범행을 반복하거나 유사범죄를 자행할 가능성이 높아지게 된다.

셋째, 아동·장애인에 대한 성폭행의 경우 의사소통의 어려움 때문에 실체적 진실규명에 제약이 따른다는 점이다. 성범죄 피해를 당한 아동들은 성관련 용어에 대하여 익숙하지 못하고 성행위의 의미에 대한 관념도 부족하다. 따라서 피해자인 아동의 진술이 부정확할 수 있고, 그들의 진술이 수사관이 생각하는 것과 전혀 다른 것일 수도 있다. 따라서 이 오류를 극복하는 것이 무엇보다 중요하다. 장애인의 경우에는 피해경위에 대한 의사전달에 어려움이 있으므로 이를 도울 수 있는 전문인을 조사과정에 참여시키는 조치가 필요하다.

성폭력 피해자 조사는 성폭력 피해자가 갖는 위와 같은 특징을 고려하면서 각각의 피해자가 필요로 하고 있는 지원을 병행하며 수행하여야 할 것이다.

1-3. 성폭력 피해자 조사 시의 일반적 유의사항

성폭력범죄는 위에서 언급한 바와 같이 2차 피해의 위험이 높고, 피해자의 성적 수치심 때문에 피해자로부터 원활한 진술을 받는데 어려움이 있고, 장애인이나 아동의 경우에는 수사관과 피해자 사이의 의사소통에 곤란한 점들이 있기 때문에 피해자 조사에 보다 전문성을 발휘해야 한다. 이를 위해 경찰에서는 성폭력범죄 사건에 대하여는 전담 조사관을 지정하여 피해자수사를 진행하도록 하고 있고(성폭력범죄의 처벌에 관한 특례법 제26조 제2항, 범죄수사규칙 제219조)에 의거 여성 피해자에 대해서는 여성 성폭력범죄 전담 조사관이 조사를 수행하도록 하고 있다. 검찰의 경우에도 검찰총장이 각 지방검찰청 검사장으로 하여금 성폭력범죄 전담 검사를 지정하도록 하여 특별한 사정이 없으면 이들로 하여금 피해자를 조사하게 하도록 하고 있다(성폭력범죄의 처벌에 관한 특례법 제26조 제1항).

성폭력 범죄를 수사하는 경찰이 피해자 조사 시에 유념해야 할 일반적 유의사항으로는 다음과 같은 것들을 들 수 있다. ① 성폭력범죄를 수사함에 있어서는 피해자의 인권을 최우선시하여야 한다. ② 경찰관은 성폭력 피해자에 대한 조사와 피의자에 대한 신문은 분리하여 실시하고, 대질신문은 최후의 수단인 경우 예외적으로 실시하되 대질 방법 등에 대한 피해자 측의 의사를 최대한 존중하여야 한다. ③ 성폭력 피해자 조사 시 공개된 장소에서의 조사 및 증언요구로 인하여 신분노출이 되지 않도록 유의하고, 성폭력 피해자에 대한 조사는 수사상 필요 최소한도로 실시하여야 한다. ④ 경찰관은 성폭력 피해자 조사 시 피해자의 연령, 심리상태 또는 후유장애의 유무 등을 신중하게 고려하여 가급적 진술녹화실 등 별실에서 조사하여 심리적 안정을 취할 수 있는 분위기를 조성하고, 조사 과정에서 피해자의 인격이나 명예가 손상되거나 사적인 비밀이 침해되지 않도록 주의하여야 한다(범죄수사규칙 제219조).

02

성폭력 피해자의 특징

성폭력 피해자는 대부분 '외상 후 스트레스 장애(PTSD: Post Traumatic Stress Disorder)를 경험한다. 외상 후 스트레스 장애는 위험한 상황 혹은 자극이 지나간 후에도 지속적으로 위험을 느끼는 증상으로(National Institute of Mental Health, 2015), 정신적인 충격이 큰 사건을 겪거나 목격하거나 알게 된 사람에게 발생할 수 있다. 자연재해나 전쟁, 사고 등의 피해로 인해서도 PTSD가 발생할 수 있으나, 성폭력과 같은 범죄피해로 인하여 PTSD가 나타나기도 한다(National Center for PTSD, 2014). 성폭력 범죄가 발생할 때 피해자는 사건이 벌어지는 동안 자신의 목숨이 위태롭다고 느끼거나 주어진 상황을 통제할 수 없다는 두려움을 느낀다. 대부분의 성폭력 피해자는 범죄피해를 입은 후 스트레스 반응을 보인다. 또한 상당 비율의 성범죄피해자는 이러한 스트레스 반응이 이후 PTSD로 이어진다. 그러나 모든 성범죄피해자가 PTSD를 겪는 것은 아니다.

성범죄 경험 후 PTSD를 경험하는지에 대하여 여러 요인이 영향을 미칠 수 있다. 범죄피해로 인한 외상이 얼마나 강했는지, 혹은 얼마나 오래 지속되었는지, 피해자가 범죄가 발생하는 상황에서 얼마나 상황에 대한 통제감을 느꼈는지, 사건이 발생한 뒤에 주변으로부터 얼마나 많은 도움과 지지를 받았는지 등의 요인이 성범죄피해자가 이후 PTSD를 발전시킬 것인지에 영향을 미칠 수 있다. 성범죄 피해가 발생한 이후에 받은 지원과 도움에 의해서도 PTSD 발생 여부가 달라질 수 있다는 점은 성범죄피해자의 피해를 조사하는 경찰이 피해자의 PTSD를 예방하는 중요한 역할을 할 수 있음을 시사한다.

PTSD를 겪는 피해자는 크게 다음의 네 가지 종류의 증상을 나타낸다(National Center for PTSD, 2014). 첫 번째 대표적인 증상은 사건의 재경험(reliving or re-experiencing the event) 증상이다. 성범죄피해자는 성범죄 피해에 대한 나쁜 기억을 반복적으로 회상하거나 그 사건에 대한 악몽을 꾸기도 한다. 종종 식은땀을 흘리거나 심장이 두근거리는 등의 신체적 증상을 동반한다. 그 사건을 다시 경험하는 듯한 기분을 느끼기도 한다. 이처럼 과거의 특정 사건이나 기억이 눈앞에 다시 펼쳐지는 듯한 현상을 플래시백(flashback)이라 칭한다.

두 번째 대표적인 증상은 끊임없이 사건에 대한 기억이 떠오르는 증상과는 정 반대로 사건을 회상시키는 상황을 대한 회피(avoiding situations that remind the event)하는 증상이다. 성범죄피해자는 극심한 외상을 불러일으킨 성범죄 사건에 대한 기억을 떠올릴 수 있는 자극(사람, 상황 포함)을 회피한다. 더 나아가 성범죄 사건 자체를 회상하거나 이 사건에 대하여 이야기하는 것을 회피하기도 한다. 이러한 증상으로 인해 경찰 수사면담에서 피해자로부터 사건 및 가해자와 관련된 정보를 도출하는데 어려움이 있을 수 있으니 조사관은 이 점을 고려해야 한다.

세 번째 대표적인 증상은 믿음 체계나 감정의 부정적 변화(negative changes in beliefs for feelings)이다. 성범죄피해자는 외상으로 인해 자신을 포함하는 사람들에 대한 생각과 믿음이 부정적인 방향으로 변화될 수 있다. 또한 빈번하게 경험하는 감정도 두려움이나 불안, 분노, 부끄러움이나 죄책감, 슬픔이나 우울 등의 부정적인 감정들이 대부분을 차지하게 될 수 있다. 부끄러움이나 죄책감은 자신이 겪은 성범죄피해가 자신의 잘못인 것 같이 느껴지고 스스로를 탓하면서 경험하게 된다. 또는 정 반대로 감정적으로 둔감해진 상태, 즉 어떤 감정도 느끼지 못하는 상태가 되기도 한다. 이러한 상태는 범죄피해 이전 피해자가 즐겨 하던 활동이나 취미활동 등에 대해서 더 이상 흥미를 가지지 못하게 되는 증상과 동반될 수도 있다. 이로 인해, 성범죄피해자들은 범죄피해 이전과 같은 일상생활을 영위하는데 굉장한 어려움을 겪기도 한다. 이러한 변화가 나타나는 것은 사건 이전의 활동 중, 사건과 관련되는 상황이나 활동을 하게 될 가능성이 있기 때문이다. 이러한 경우 사건과 관련된 기억이 떠오를 가능성이 있으므로 이를 회피하기 위한 증상일 수 있다.

네 번째 증상은 과다각성(hyperarousal) 증상이다. 성범죄피해자는 외상 후 스트레스 장애로 인해 신경과민 증상을 경험할 수 있다. 심리적인 안정을 취하지 못하고 끊임없이 위험을 예고하는 단서에 대해서 민감하게 경계하는 상태가 지속될 수 있다. 이처럼 과도하게 각성되어 있으면 다른 일에 집중하는데 어려움을 겪거나 수면장애를 경험하게 될 수도 있다.

위와 같은 증상은 대부분의 성범죄피해자들에게서 범죄피해 이후 초반의 몇 주간 나타난다. 그러나 이와 같은 증상이 일정 기간이 지난 후에도 지속적으로 나타나며 장기적인 증상으로 발전할 때 PTSD가 된다(National Institution of Mental Health, 2015). 따라서 경찰 조사관은 PTSD의 증상, 혹은 PTSD 전에 대부분의 성범죄피해자가 경험하는 이러한 증상들에 대하여 숙지하고 있어야 한다. 또한 성범죄피해자와 면담을 할 때에는 위와 같은 증상들이 나타날 수 있음을 고려하고, 피해자가 수사면담에서의 원치 않는 회상으로 인해 고통을 겪는 증의 2차적인 피해를 경험하지 않도록 주의해야 한다.

03

성폭력 피해자 조사기법

3-1. 공통적인 조사기법

성폭력 피해자 조사에 있어서 공통적으로 적용될 수 있는 조사기법으로는 영상물 촬영 및 보존, 신뢰관계 있는 자와의 동석, 법률조력인 및 진술조력인의 활용 등을 들 수 있다. 이하에서 상술하기로 한다.

3-1-1. 영상물의 촬영 보존

그동안 성폭력 피해아동이나 장애인의 경우 의사소통 어려움 및 의사전달의 정확성 문제 때문에 피해자 조사가 반복되어 피해자들과 그 가족들의 고통이 컸다. 이러한 폐단을 막기 위해 우리 형사소송법과 성폭력범죄의 처벌 등에 관한 특례법에서는 피해자 조사 시 영상물을 촬영하고 이를 보존하는 방안을 강구하도록 법제화하였다.

즉, 성폭력범죄의 처벌 등에 관한 특례법 제30조에서는 피해자 조사 시 영상물 촬영 보존과 관련하여 "① 성폭력범죄의 피해자가 19세 미만이거나 신체적인 또는 정신적인 장애로 사물을 변별하거나 의사를 결정할 능력이 미약한 경우에는 피해자의 진술 내용과 조사 과정을 비디오녹화기 등 영상물 녹화장치로 촬영·보존하여야 한다. ② 제1항에 따른 영상물 녹화는 피해자 또는 법정대리인이 이를 원하지 아니하는 의사를 표시한 경우에는 촬영을 하여서는 아니 된다. 다만, 가해자가 친권자 중 일방인 경우는 그러하지 아니하다. ③ 제1항에 따른 영상물 녹화는 조사의 개시부터 종료까지의 전 과정 및 객관적 정황을 녹화하여야 하고, 녹화가 완료된 때에는 지체 없이 그 원본을 피해자 또는 변호사 앞에서 봉인하고 피해자로 하여금 기명날인 또는 서명하게 하여야 한다. ④ 검사 또는 사법경찰관은 피해자가 제1항의 녹화장소에 도착한 시각, 녹화를 시작하고 마친 시각, 그 밖에 녹화과정의 진행경과를 확인하기 위하여 필요한 사항을 조서 또는 별도의 서면에 기록한 후 수사기록에 편철하여야 한다. ⑤ 검사 또는 사법경찰관은 피해자 또는 법정대리인이 신청하는 경우에는 영상물 촬영과정에서 작성한 조서의 사본을 신청인에게 발급하거나 영상물을 재생하여 시청하게 하여야 한다. ⑥ 제1항에 따라 촬영한 영상물에 수록된 피해자의 진술은 공판준비기일 또는 공판기일에 피해자나 조사 과정에 동석하였던 신뢰관계에 있는 사람 또는 진술조력인의 진술에 의하여 그 성립의 진정함이 인정된 경우에 증거로 할 수 있다"고 규정하고 있는 것이다.

경찰관이 성폭력 아동 피해자등을 상대로 영상물을 촬영하고자 할 때는 피해아동등과 그 법정대리인에게 영상녹화의 취지 등을 설명하고, 그 동의 여부를 확인하여야 하며([서식12] 참조), 피해아동 등 또는 법정대리인이 녹화를 원하지 않는 의사를 표시한 때에는 촬영을 하지 않도록 하고 있다. 다만 가해자가 친권자 중 일방인 경우에는 예외이다. 그리고 녹화장소는 피해아동 등의 특성을 고려하여 피해자가 안전하고 편안하게 느낄 수 있는 적정한 환경을 갖추도록 하고 있고 촬영사실이 공개되지 않도록 하는 등 피해자의 정서적 안정에 유의해야 함을 명시하고 있다(범죄수사규칙 제220조).

3-1-2. 신뢰관계 있는 자와의 동석

성범죄피해자가 수사기관에서 조사를 받을 때에는 그가 받은 심리적 충격 때문에 원하는 진술을 제대로 하지 못하는 수가 있다. 이를 위하여 우리 형사소송법과 성폭력범죄의 처벌 등에 관한 특례법은 피해자에게 신뢰관계에 있는 사람과의 동석권을 규정해 놓고 있다.

경찰관은 성폭력 피해자 조사 시 피해자 또는 법정대리인에게 신뢰관계자가 동석할 수 있음을 미리 고지하여 이 제도를 이용할 의사가 있을 경우 동석신청서([서식13])를 제출하도록 하여 이를 활용하도록 해야 한다. 즉, 피해자의 신청이 있는 때에는 수사상 지장을 초래할 우려가 있는 등 부득이한 경우가 아닌 한 피해자와 신뢰관계에 있는 자를 동석하게 하여야 한다. 다만, 피해자와 신뢰관계에 있는 사람이 피해자에게 불리하거나, 피해자가 원하지 아니하는 경우 수사관은 그들 피해자와 동석하게 하여서는 아니 된다. 이때 신뢰관계인을 동석하게 하는 경우에는 신뢰관계에 있는 자로부터 신뢰관계자 동석확인서 및 피해자와의 관계를 소명할 서류를 제출받아 이를 기록에 편철하도록 해야 한다.

또 성폭력 피해아동을 조사할 경우 신뢰관계자는 피해아동의 시야가 미치지 않는 적절한 위치에 좌석을 마련하고, 조사 전에 수사에 지장을 초래할 우려가 있는 경우 동석자의 퇴거를 요구할 수 있다는 것을 고지하여야 한다. 특히 아래의 사유가 발생하거나 그 염려가 있는 때에는 동석자의 퇴거를 요구하고 조사할 수 있다. 즉, ① 조사 과정에 개입하거나 조사를 제지·중단시키는 경우, ② 피해아동을 대신하여 답변하거나 특정한 답변을 유도하는 경우, ③ 피해아동의 진술 번복을 유도하는 경우, ④ 그 밖의 동석자의 언동 등으로 수사에 지장을 초래할 우려가 있는 경우 등과 같은 것이다(성폭력범죄의 처벌 등에 관한 특례법 제34조, 범죄수사규칙 제221조).

3-1-3. 법률조력

형사소송법상 피의자·피고인에게는 변호인 선임권이 보장되어 그들의 방어권 행사에 활용되어 왔지만 피해자에게는 변호인 선임이 허용되지 않았다. 현재도 형사소송법은 피해자 변호인제도를 공식적으로 채택하지는 않은 상태이지만 성폭력범죄의 처벌 등에 관한 특례법과 아동·청소년의 성보호에 관한 법률에서는 피해자를 위하여 변호사 선임의 특례를 인정하기 시작하였다. 법률에 무지한 피해자의 입장에서 이러한 법률전문가들의 도움은 피해의 극복에 큰 힘이 될 것으로 전망하고 있다.

피해자를 위한 법률전문가들의 법률조력과 관련하여 성폭력범죄의 처벌 등에 관한 특례법 제27조에서는 "① 성폭력범죄의 피해자 및 그 법정대리인(이하 "피해자 등"이라 한다)은 형사절차상 입을 수 있는 피해를 방어하고 법률적 조력을 보장하기 위하여 변호사를 선임할 수 있다. ② 제1항에 따른 변호사는 검사 또는 사법경찰관의 피해자등에 대한 조사에 참여하여 의견을 진술할 수 있다. 다만, 조사 도중에는 검사 또는 사법경찰관의 승인을 받아 의견을 진술할 수 있다. ③ 제1항에 따른 변호사는 피의자에 대한 구속 전 피의자심문, 증거보전절차, 공판준비기일 및 공판절차에 출석하여 의견을 진술할 수 있다. 이 경우 필요한 절차에 관한 구체적 사항은 대법원규칙으로 정한다. ④ 제1항에 따른 변호사는 증거보전 후 관계 서류나 증거물, 소송계속 중의 관계 서류나 증거물을 열람하거나 등사할 수 있다. ⑤ 제1항에 따른 변호사는 형사절차에서 피해자등의 대리가 허용될 수 있는 모든 소송행위에 대한 포괄적인 대리권을 가진다. ⑥ 검사는 피해자에게 변호사가 없는 경우 국선변호사를 선정하여 형사절차에서 피해자의 권익을 보호할 수 있다"라고 규정하고 있다.

3-1-4. 진술조력

범죄적 충격에 휩싸인 피해자가 수사기관이나 법정에서 원하는 진술을 제대로 다 하지 못하는 경우가 발생할 수 있다는 것은 누구나 짐작이 가능한 일이다. 이로 인해 신뢰관계 있는 자와의 동석권 규정, 변호인 선임의 특례 등의 규정이 있지만 아동이나 장애인에 대한 진술을 돕는 것은 이 분야의 전문가가 아니면 곤란할 수 있다. 이에 법무부에서는 진술조력인을 양성하여 진술능력이 약한 피해자들을 지원해주도록 하고 있다.

성폭력범죄의 처벌 등에 관한 특례법 제35조에서 법무부장관은 의사소통 및 의사표현에 어려움이 있는 성폭력범죄의 피해자에 대한 형사사법절차에서의 조력을 위하여 진술조력인을 양성해야 함을 천명하고 있는 것이다. 진술조력인은 정신건강의학, 심리학, 사회복지학, 교육학 등 아동·장애인의 심리나 의사소통 관련 전문지식이 있거나 관련 분야에서 상당 기간 종사한 사람으로 법무부장관이 정하는 교육을 이수한 자를 선발하게 되는데 이들은 피해자 수사과정에 참여하여 진술능력이 부족한 자를 지원하도록 하고 있는 것이다.

수사를 행하는 검사 또는 사법경찰관은 성폭력범죄의 피해자가 13세 미만의 아동이거나 신체적인 또는 정신적인 장애로 의사소통이나 의사표현에 어려움이 있는 경우 원활한 조사를 위하여 직권이나 피해자, 그 법정대리인 또는 변호사의 신청에 따라 진술조력인으로 하여금 조사과정에 참여하여 의사소통을 중개하거나 보조하게 할 수 있는 것이다. 다만, 피해자 또는 그 법정대리인이 이를 원하지 아니하는 의사를 표시한 경우에는 그러하지 아니하다. 다만, 검사 또는 사법경찰관은 피해자를 조사하기 전에 피해자, 법정대리인 또는 변호사에게 진술조력인에 의한 의사소통 중개나 보조를 신청할 수 있음을 고지하여야 한다. 진술조력인은 피해자 조사 전에 피해자를 면담하여 진술조력인 조력 필요성에 관하여 평가한 의견을 수사기관에 제출할 수 있다. 피해자 조사과정에 참여한 진술조력인은 피해자의 의사소통이나 표현 능력, 특성 등에 관한 의견을 수사기관이나 법원에 제출할 수 있도록 하고 있다(성폭력범죄의 처벌 등에 관한 특례법 제36조).

다만, 진술조력인은 수사 및 재판 과정에 참여함에 있어 중립적인 지위에서 상호 간의 진술이 왜곡 없이 전달될 수 있도록 노력하여야 하고, 직무상 알게 된 피해자의 주소, 성명, 나이, 직업, 학교, 용모, 그 밖에 피해자를 특정하여 파악할 수 있게 하는 인적사항과 사진 및 사생활에 관한 비밀을 공개하거나 다른 사람에게 누설하여서는 아니 된다(성폭력범죄의 처벌 등에 관한 특례법 제38조).

3-2. 성폭력 피해아동의 조사

아동 성범죄피해자를 면담할 때에는 아동의 이야기를 청취하는 것이 중요하다. 그러나 좋은 청취는 쉽지 않다. 일반적으로 화자가 자신의 문제점에 대하여 이야기할 때 듣는 사람은 보통 보다 구체적인 정보를 얻기 위한 질문을 하거나, 충고를 하거나, 해결방안을 제시하거나, 비난을 하는 등, 청취 외의 활동, 즉 자신의 말을 하고 싶어 한다. 그러나 아동 피해자의 이야기를 들을 때에는 정말 듣기를 해야 한다. 좋은 듣기 기술은 아동 성범죄 조사에서 매우 중요한 기술이며, 이는 훈련을 통해 학습될 수 있다.

아동 성범죄피해자의 진술을 청취할 때 주의해야 할 사항에는 다음과 같은 것들이 있다. 조사관은 "폐쇄적인 자세(closed off positions)"를 취하지 않도록 자신의 신체 언어(body language)에 신경 써야 한다(Dauherty, 2012, p. 19). 아동이 하는 말에 관심이 있고 열심히 듣고 있다는 신호를 주는 신체 자세를 취하는 것이 좋다. 아동의 진술을 들을 때 취해야 하는 바람직한 자세는 다음과 같다. 첫째, 아동을 바라본다. 면담자가 피해 아동을 바라보며 눈빛을 교환하는 것이 좋다. 면담자가 피해자로부터 눈을 피하지 않고 눈빛을 교환할 때 피해자는 면담자와 교감한다는 느낌을 갖는다. 둘째, 아동과 신체적으로 같은 눈높이를 취한다. 아동 피해자가 앉아 있는데 질문하는 사람이 서 있는 자세를 취하는 것은 바람직하지 않다. 위에서 내려다보는 성인 면담자로부터 피해 아동이 위압감을 느끼게 될 수 있기 때문이다. 반면, 면담자가 피면담자 아동과 눈높이를 맞추며 함께 앉아 있을 때 아동은 면담자로부터 위압감을 느끼지 않고 이야기할 수 있는 마음가짐이 되기 쉽다. 셋째, 팔짱을 끼지 않도록 주의한다. 팔짱을 끼는 것은 대표적인 닫힌 자세 중 하나이다(Navaro & Karlins, 2008). 팔짱을 낀 사람은 상대방에게 차가운 느낌을 주거나, 방어적인 자세를 취하는 것으로 느껴지거나, 또는 분노나 긴장감을 느끼고 있다는 메시지를 전달할 수 있다. 팔짱을 끼는 것뿐만 아니라, 피해자를 등지고 앉는다든가, 다리를 꼬고 앉는 등의 자세 또한 닫힌 자세이므로 피하는 것이 좋다(Chadley, 2015). 추가적으로, 피해 조사 면담자는 피해자를 대할 때 자신이 현재 심리적, 신체적으로 편안한 상태이며, 주어진 상황을 통제하고 있음을 신체적으로 드러내야 한다.

성폭력 피해 아동에 대한 피해 조사 면담 시, 아동의 입장에서 보다 편안한 분위기에서 쉽게 이야기할 수 있도록 하기 위해, 조용하면서도 많은 주의를 필요로 하지 않는 단순한 활동을 면담자와 아동이 함께 하는 방법을 사용할 수 있다. 아동에게 발생한 사건과 상관없는, 많은 생각을 필요로 하지 않는 단순하고 반복적인 활동을 함께하다 보면 아동이 긴장을 늦추고 보다 편안한 기분을 느끼게 된다. 아동이 손으로 무언가 활동을 하면서 이야기를 하게 되면, 자연스럽게 아동의 시선은 손으로 가게 된다. 따라서 청자와의 시선 교환(eye contact)을 부담스러워 하는 아동들에게 시선을 마주쳐야 하는 것에 대한 부담을 덜어줄 수 있다. 또한, 아동이 진술하는 과정에서 말을 하는 것에 어려움을 느낄 때, 자연스럽게 손으로 하고 있는 활동에 주의를 집중할 수 있게 함으로써, 진술에 대한 부담감 또한 덜어줄 수 있다.

아동 피해자의 경우 말로 진술하는 것 보다 그 일에 대해 그림을 그리는 것을 더 편안하게 느낄 수도 있다. 그런 경우에는 아동에게 어떤 일이 있었는지, 누가 혹은 어디에서 그런 일이 있었는지 등에 대하여 그림을 그려보도록 하는 것이 도움이 된다. 아동이 그림을 다 그리면 면담자가 그림에 대한 질문을 던짐으로써, 아동이 자신이 그린 그림을 매개로 하여 사건에 대한 이야기를 시작하도록 할 수 있다. 사건에 대한 보다 자세하고 구체적인 정보가 필요할 경우, 아동에게 그림을 더 구체적으로 그려달라고 요청을 할 수 있다. 어떤 일이 발생했는지 뿐 아니라 그 일이 일어났을 때 아동의 느낌에 대하여 물어보는 방법을 사용할 수도 있다.

3-2-1. 질문하고 반응하기

본격적인 면담을 시작할 때 아동이 진술을 스스로 시작할 때까지 기다리는 것이 가장 좋은 방법이나, 청자가 적절한 질문을 던짐으로써 이야기의 시작에 도움을 줄 수도 있다. 단, 일단 아동이 진술을 시작하면 이야기를 끊거나 방해하지 말고 계속하도록 들어야 한다. 범죄피해 아동들을 대상으로 하는 면담에 대하여 관련 분야 전문가들이 아동의 진술을 방해하는 가장 주요한 문제점 중 하나로 지적하는 것이 '면담자들이 개방식 질문을 너무 적게 하는 반면 구체적 질문을 너무 많이 한다'는 점이다(Powerll, Roberts, & Guadagno, 2007). 효과적인 아동 피해자 대상 면담을 위하여는 개방식 질문을 던지고 충분히 들으며, 구체적 질문을 많이 하지 않는 것이 중요하다.

그러나 때때로 진술을 하던 아동의 이야기가 중단되는 경우에는 이야기가 지속되도록 하기 위해 아동에게 도움을 제공해야 할 때가 있다. 이런 경우, 아동이 진술을 지속하도록 하기 위해 중간에 적절한 질문을 던지는 것이 좋다. 바람직한 질문의 방식은 첫째, 개방형(ope-ended) 질문을 던지는 것이다. 이때에도 여전히 폐쇄식, 또는 구체적 질문을 하는 것은 바람직하지 않다. 바람직하지 않은 폐쇄식 질문의 예로 "예" 혹은 "아니요"만으로 응답할 수 있거나 "남자요"와 같이 단답식으로 응답할 수 있는 질문 등이 있다. 대신 "그 다음엔 어떻게 됐어?" 혹은 "그 사람이 뭐라고 했어?"와 같은 개방형 질문을 하는 것이 아동이 진술을 이어나가도록 하는 데에 좋다(Dauherty, 2012, p. 20).

둘째, 사건과 관련한 아동의 생각과 느낌에 대하여 듣기 위해서는 "무엇", 혹은 "언제" 등에 관한 질문이 바람직하며, "왜"에 대한 질문은 바람직하지 않다. 아동에게 질문을 할 때에는 "어떤 때 그 일에 대해서 제일 많이 생각이 나?" 혹은 "그 일 때문에 화가 나면 뭐가 제일 하고 싶어져?" 등의 질문을 던져야 한다. 이러한 질문들은 아동이 자신의 생각과 느낌을 살펴보고 진술을 이어나가도록 하는데 도움이 된다. 반면, "왜"로 시작하는 질문은 오히려 조사에 방해될 수 있다. 아동들은 자신의 행동이나 감정에 대한 정확하고 구체적인 이유를 찾는 것을 힘들어하는 경우가 많기 때문이다. 또한 이유를 묻는 질문은 피해 아동에 대한 비난으로 받아들여질 가능성이 있다. 왜 그렇게 행동했는지, 혹은 왜 그 일을 어른에게 이야기하지 않았는지 등의 질문을 하면 아동은 자신이 무언가를 잘못했다고 생각하게 되어, 방어적으로 행동 혹은 답변하게 된다. 즉, "왜?"는 이야기를 지속시키는 것이 아니라 이야기를 중단시키는 좋지 않은 질문이다.

아동이 이야기할 때 가끔씩 반응을 해 주는 것은 아동에게 이해받는다는 느낌을 줌으로써, 아동이 자신의 생각과 느낌을 솔직히 이야기하는 데에 도움이 된다. "정말 무서웠겠네", "그럴 땐 어떻게 행동해야 할지 몰랐겠구나"와 같은 반응을 함으로써 아동을 이해하고 있다는 메시지를 전달할 수 있다(Dauterty, 2012, p. 20). 아동의 감정이나 생각에 대한 간단한 반응뿐 아니라, 면담자가 아동의 이야기를 충분히 정확히 이해하고 있는지를 파악하기 위한 간단한 질문을 해도 된다. 예를 들어 "지금 이야기한 건 … 이런 의미야?" 또는 "내가 제대로 이해한 게 맞다면, … 했을 때 무서웠겠구나?" 등의 질문이다. 피해 아동의 감정을 잘못 추측하여 질문할 것에 대한 걱정을 할 필요는 없다. 만약 아동의 감정이나 생각을 잘못 이해했다면 아동이 이를 바로잡을 것이다. 이때, "그렇구나"와 같이 반응하면 된다. 아동의 진술을 격려하기 위한 반응으로 아동이 이야기하는 것 자체에 대한 긍정적 코멘트를 하는 것도 좋다. 예를 들어, 이따금씩 "너에게 있었던 일들을 나한테 알려 줘서 정말 고마워"와 같은 이야기를 해 주는 것이다.

아동 성범죄피해자의 진술을 들을 때 주의할 점은 다음과 같다. 먼저, 질문은 아동이 진술을 다시 이어나갈 수 있을 만큼만 최소한으로 해야 한다. 이 시점에서는 듣기가 중심이 되어야 하며, 과도한 질문이 오히려 진술을 방해할 수 있으므로 최소한의 질문을 하는 것이 좋다. 또 다른 주의 사항은 아동의 생각이나 감정, 반응에 대하여 경청해야 하는 시점에서 조사관이 의견을 제시하거나 아동의 의견을 바꾸려 해서는 안 된다는 것이다. 이 시점에서는 아동의 상태를 온전히 이해하는 데 초점을 두어야 한다. 부정적인 감정을 경험하고 있는 아동을 돕고자 하는 의도에서 "그렇게 생각하지 마," 혹은 "무서워하지 마"와 같은 이야기를 하는 것은 특히 삼가야 한다. 이러한 말들은 아동에게 자신이 지금 하고 있는 생각, 지금 느끼고 있는 감정이 잘못된 것이라는 메시지를 전달할 위험이 있다. 따라서 이러한 이야기를 들을 경우 아동이 진술을 중단하게 될 수 있으므로 주의해야 한다.

3-2-2. 아동 진술의 정확성

성폭력 범죄는 은밀하게 이루어지는 경우가 많기 때문에 피해자의 진술이 거의 유일한 증거일 경우가 많다. 그런데 이러한 성폭력 범죄의 대상이 아동일 경우에는 가해자를 처벌하는 것이 일반적인 성범죄 사건보다 더 어려울 수 있다. 아동 성폭력 범죄에 대한 조사와 이에 대한 처리를 위한 사법 시스템을 거치는 단계에서 성학대 피해 아동의 진술이 정확하고 신뢰할 수 있는 것인가에 대하여 의문이 종종 제기되곤 하기 때문이다.

아동 피해자의 진술 신뢰성에 대한 문제가 제기되는 데에는 몇 가지 이유가 존재한다. 첫째, 아동의 기억력 문제이다. 아동이 성인과 비교할 때 실제로 발생한 사건을 정확하게 기억할 수 있는 능력이 있는지, 아동의 기억력이 더 단편적인 것은 아닌지에 대하여 문제제기와 논쟁이 있어왔다. 아동들은 지나간 사건에 대한 자전적 기억을 할 수 없을 것이라는 믿음은 프로이트(Freud, S.)로 거슬러 올라갈 만큼 오래된 믿음이다(Bauer, Burch, & Kleinknecht, 2002; Dickinson, Poole, & Laimon, 2005). 그러나 여러 실증적 연구 결과들과 문헌들을 참고해 보면 성인과 비교했을 때 아동도 과거에 발생한 사건을 정확하게 기억해낼 수 있는 것으로 여겨진다. 그러나 특히 아동의 경우 면담자가 어떤 면담기법을 사용하는가에 따라 회상되어 보고된 정보의 양과 질이 큰 영향을 받을 수 있다(Dickinson et al., 2005). 예를 들어, 아동에게 자유 연상을 통해 사건을 회상하도록 하거나, 구조화되지 않은 자유 진술형 질문을 통해 사건을 회상하도록 할 때에는 성인에 비해 기억력이 떨어질 수 있다(Morgan, 1997). 즉, 9살 이하 아동의 경우, 기억을 위한 특별한 자극이나 단서가 주어지지 않은 채로 사건을 회상해 내는 능력은 성인에 비해 떨어진다. 그러나 3살 이상 아동은 인체 생물학 인형과 같은 소품을 사용하며, 구조화되고 구체적인 질문을 통해 사건에 대해 회상하도록 하면 성인과 비교하여 기억의 정확성이 떨어지지 않는다고 보고된다.

둘째, 아동이 성인에 비해 거짓말 또는 꾸며낸 답변을 더 쉽게 할 수 있다는 문제제기이다. 그러나 관련 연구들은 성인보다 아동이 거짓말을 더 쉽게 한다는 증거를 제시하지 못했다. 또한, 인형과 같은 소품을 사용해서 진술할 때에도 인형을 가지고 하는 상상 혹은 환상에 근거한 답변을 하지도 않는 것으로 보고되었다. 뿐만 아니라, 복잡한 진술을 할 때와 특정한 일에 대한 해명을 할 때에도 성인에 비해 꾸며낸 답변을 할 가능성이 높지 않은 것으로 나타났다(Morgan, 1997).

셋째, 아동이 성인에 비해 더 암시를 쉽게 당할 수 있다는 문제제기이다. 이는 앞서 암시적 면담기법 부분에서 자세하게 다루었다. 아동은 성인 면담자에 비해 사회적 권력이 작은 위치를 차지한다. 따라서 권위자가 원하는 대로 순응하고자 하는 욕구가 성인에 비해서 크다. 이러한 경우 실질적으로 암시에 더 취약할 수 있으며, 아동 피해자에게 발달장애가 있는 경우 이러한 위험은 더 극대화된다. 그러나 면담자가 개방식 질문을 사용하여 면담을 진행하고, 암시적 질문, 암시적 면담기법을 사용하지 않도록 주의한다면 아동의 진술이라고 해서 부정확하다고 단정지을 수는 없다.

　이와 같은 이유로 인하여, 맥락과 상황을 불문하고 모든 아동 피해자의 진술이 신뢰할 수 없는 것이라는 믿음을 갖는 것은 옳지 않음을 알 수 있다. 물론 아동은 아직 발달이 이루어지고 있는 단계이기 때문에 기억 회상이나 언어적 표현 등을 포함하는 다양한 측면에서 진술 조사 대상으로서의 한계점을 가질 수는 있다. 그러나 이러한 사실은 그만큼 범죄피해 아동을 대상으로 한 면담에서 면담자가 더 주의하고 효율적인 면담기법을 사용해야 하는 이유가 되는 것이지, 아동의 진술을 전부 믿을 수 없는 것으로 취급해야 할 이유가 되는 것은 아니다.

3-2-3. 해부학적 인형(anatomical dolls)

　성범죄 피해 아동을 면담할 때, 정확한 정보를 얻기 위하여 진술을 돕는 인터뷰 도구가 사용되기도 한다. 가장 대표적인 인터뷰 도구 중 하나는 '해부학적 인형(anatomical dolls)'이다(Morgan, 1994). 해부학적 인형은 부드러운 천으로 만들어진 인형으로, 신체 부위, 특히 성적 부위가 일반적인 인형보다 명확하게 표현된 전신 인형이다. 이 해부학적 인형은 아동 성범죄피해자가 자신이 당한 성적 학대에 대하여 설명할 때 겪는 어려움을 최소화할 수 있도록 돕고, 면담자가 아동과 효과적으로 의사소통하기 위해 사용되는 인형이다. 해부학적 인형은 "해부학적으로 완전한(anatomically complete) 인형" 또는 "해부학적으로 정확한(anatomically correct) 인형"으로 불리기도 한다(Morgan, 1994).

　해부학적 인형은 1976년, 오리건 주 경찰이 아동 피해자와의 더 나은 의사소통을 위하여 최초로 사용하기 시작했으며, 현재는 전 세계적으로 널리 아동 성범죄피해자 면담에 사용되고 있다. 피해 아동과의 면담에서 해부학적 인형을 사용하는 것의 장점은 아동이 자신 소유의 일반적인 인형을 사용하여 진술할 때 발생할 수 있는 부정적 영향을 예방한다는 것이다. 인형을 가지고 설명할 때 취할 수 있는 장점을 활용하기 위하여 인형을 사용하되, 아동이 소유하고 있는 자신의 인형을

가지고 설명하게 되면 면담 이후, 자신의 장난감에 대한 부정적 감정을 가지게 될
수 있다. 해부학적 인형을 사용하면 이러한 위험을 방지할 수 있다.

해부학적 인형 이용의 또 다른 장점은 아동이 자신의 신체 부위에 대하여 이
야기할 때 느끼는 자의식과 당혹감을 감소시킬 수 있다는 점이다. 인형을 사용하
여 제3자의 입장에서, 혹은 중립적인 입장에서 성적 행위와 부위에 대하여 설명하
면 부정적인 자의식이 없이 보다 분명한 진술을 할 수 있다. 또한, 피해 조사 면담
시 해부학적 인형을 사용하게 되면 집중 시간이 짧은 아동기 피해자의 주의 유지
에 도움이 된다. 아동은 성인에 비해 한 가지 주제에 대하여 집중력을 유지할 수
있는 시간이 짧아, 피해 조사 면담 중에도 쉽게 다른 주제로 주의가 넘어갈 수 있
다(Dickinson et al., 2005). 따라서 범죄피해 사실에 대한 진술을 마칠 때까지 피해
아동이 한 가지 주제에만 집중하도록 하는 일은 쉽지 않다. 그런데 해부학적 인형
을 사용하면 아동이 흥미를 느껴 인형이 없는 딱딱한 분위기에서 진술하는 것보다
오랜 시간 동안 진술하는 내용에 대한 주의를 유지하도록 하는데 도움이 된다.

해부학적 인형의 생김새는 매우 주의 깊게 결정되고 만들어졌다. 먼저, 해부
학적 인형의 얼굴 표정은 중립적으로 만들어져 있다. 이는 아동의 진술에 표정으
로 인한 영향을 미치지 않게 하기 위해서이다. 즉, 아동이 해부학적 인형을 사용하
여 자신이 당한 성범죄 피해에 대하여 진술할 때 만약 인형이 울상을 짓고 있다면
인형의 표정에 맞는 슬픈 이야기, 아픈 이야기 등을 해야 할 것 같은 암시를 받을
가능성이 있다는 것이다. 따라서 피해 아동이 인형의 표정으로 인해 진술이나 감
정 상태를 유도당하지 않도록 하기 위해 면담 시 사용되는 해부학적 인형의 얼굴
은 중립적인 표정을 짓고 있다.

또한 인형의 외모는 실제 사람과 유사한 얼굴색 및 머리카락 색을 가지고 있
다. 이러한 이유는 미국과 같이 배심원 제도가 있는 나라에서는 배심원들에게 아
동이 인형을 가지고 논다는 인상을 주거나 아동이 인형을 가지고 이야기를 만들어
내고 있다는 인상을 주는 것을 피하기 위해서이다. 즉, 성범죄 피해 아동이 인형을
사용해 실제 사건에 대하여 진실을 이야기한다는 인상을 주기 위해 실제 사람과
유사한 얼굴 및 머리 색깔로 만들어져 있다. 진술을 하는 피해 아동의 피부색 및
머리카락 색을 반영할 수 있도록 해부학적 인형 또한 다양한 피부색과 머리카락
색깔로 마련되어 있어, 면담 시 적절한 인형을 사용할 수 있다. 해부학 인형의 피
부와 머리카락 색깔뿐 아니라 성적 부위 또한 주의 깊게 만들어졌다. 성적인 부위

들은, 실제 사람의 신체에서 성적인 부위들이 차지하는 비율과 유사한, 왜곡되지 않은 비율로 만들어져 있는데, 이는 인형의 성적 부위가 지나치게 크거나 강조되어 있을 때 인형을 사용하여 이와 관련된 이야기를 해야 할 것 같은 암시를 아동에게 주지 않기 위해서이다.

3-2-4. NICHD 프로토콜

미국의 국립 보건원 산하 국립아동보건인간개발연구소(NICHD: National Institute of Child Health and Human Development)에서는 아동 피해자 면담 시 권장되는 바람직한 면담을 위한 프로토콜을 제시하였다. NICHD에서 제시한 프로토콜이므로 이름은 "NICHD 프로토콜"로 불린다. NICHD 프로토콜(Sternberg, Lamb, Esplin, Orbach, & Hershkowitz, 2002)은 구조화된 인터뷰 프로토콜로서, 관련된 실증적 연구들을 바탕으로 얻어진 전문적인 아동 피해자 면담에 관한 제안 사항을 현장에서 아동 면담을 담당하는 경찰 혹은 상담가들이 현장에 적용할 수 있도록 하기 위하여 만들어졌다. NICHD 프로토콜은 주요 대상은 3세 이하의 아동 피해자이지만, 이 외에도 다른 취약한 범죄피해자들과의 면담에도 적용된다. 예를 들면 지적장애를 가진 성인 피해자나 타 문화권의 배경을 가진 피해자 등을 들 수 있다(Powell, Fisher, & Wright, 2005).

NICHD 인터뷰 프로토콜에는 범죄피해 조사를 위한 면담의 모든 과정에 대한 안내가 포함되어 있다. 특히 아동 피면담자가 자유 회상 및 자유 진술을 통해 정보를 제공할 수 있도록 하는 방법과 자유 진술을 통해 얻어진 정보의 정확성 및 양을 극대화할 수 있는 기법 등이 포함되어 있다(Lamb, Orbach, Hershkowitz, Esplin, & Horowitz, 2007).

NICHD 프로토콜을 사용한 면담의 첫 번째 단계는 소개 단계이다. 이 단계에서는 면담자가 아동 피면담자에게 자신을 소개하고 아동이 면담에서 해야 할 일을 명확히 알려준다. 즉, 자신에게 일어났던 사건에 대해서 구체적으로 이야기해야 하며 사실만을 이야기할 것을 알기 쉽게 아동의 눈높이에서 차근차근 설명한다. 아동 피면담자가 면담자의 질문에 대하여 무슨 대답을 해야 할지 모를 때 추측해서 대답하거나 아무런 대답이나 해 버리는 것을 방지하기 위하여 소개단계에서 아동에게 "몰라요", "기억이 안 나요" 혹은 "무슨 말인지 이해 못 했어요"와 같은 이야기를 해도 된다는 것을 명확히 알려주어야 한다. 이러한 소개 과정을 아동이 충분히 이해했는지를 확인하기 위한 예시 질문들도 포함된다(Lamb et al., 2007).

두 번째 단계는 라포 형성 단계로, 이 단계는 다시 두 가지 하위 단계로 구분된다. 첫 번째는 아동을 위한 편안하고 지지적인 분위기와 환경을 만들어주고 면담자와 아동 사이의 라포를 형성하는 단계이다. 두 번째 하위 단계는 아동에게 최근에 일어났던 중립적이거나 부정적이지 않은 사건에 대해서 구체적으로 묘사해 보도록 하는 단계이다(Poole & Lamb, 1998). 이 과정은 이후의 본 피해 조사 면담을 위한 진술 연습 효과를 가진다. 즉, 아동이 이후에 이어질 본 면담에서의 개방식 질문에 대하여 어느 정도까지 구체적으로 이야기해야 하는지에 대한 감을 잡고 연습을 해 볼 수 있도록 하는 과정이다.

세 번째 단계는 전환기이다. 라포 형성 단계에서 실질적인 면담으로 넘어가는 전환기에는 수사 중인 피해사건을 찾아내기 위해 여러 질문을 하되, 유도적인 색깔이 포함되지 않도록 주의해야 한다. 또한 이러한 질문들이 되도록 개방식 질문으로 이루어지도록 한다.

네 번째는 자유회상 단계이다. 아동이 진술을 하기 시작하면 "…에 대해서 전부 말해줄래?"라는 말로 자유회상 단계를 시작한다. 이후에도 계속 자유연상을 위한 질문들을 하는 것이 좋다. 아동이 첫 번째 이야기를 다 마치면 면담자는 아동에게 방금 이야기한 그 사건이 한 번만 일어난 것인지 아니면 한 번 이상 일어난 것인지 즉시 물어보아야 한다. 아동 성범죄의 경우 유사한 범행이 반복적으로 이루어졌을 수 있기 때문이다. 그 후, 후속 질문들을 통해 사건과 관련된 특정적이고 구체적인 정보들을 수집한다. 후속 질문들은 "그리고 나서 무슨 일이 일어났어?"와 같은 방식으로 여전히 개방식으로 질문한다. 혹은 아동이 자유회상을 통해 진술했던 내용 중 중 특정 부분을 인용하여 조금 더 방향을 잡아주는 방식으로, "아까 그 사람이 너를 초대했다고 했지? 거기에 대해서 전부 다 얘기해줄래?"와 같이 질문한다.

다섯 번째는 구체적 질문 단계이다. 특정한 방향성을 갖는 구체적인 질문들은 자유회상을 통한 진술이 충분히 이루어진 뒤에 해야 한다. 이 단계에서는 이전에 피해 아동이 진술한 내용 중 구체적인 추가 정보가 필요한 부분에 대하여 아동에게 질문한다. 질문을 하는 범주는 외모, 시간, 장소 등과 같이 구체적으로 명시되어야 한다. 예를 들면 "언제 그 일이 일어났어?" 또는 "아까 말한 그 집은 어떻게 생겼어?" 등이다. 이런 질문 과정을 거쳤음에도 구체적이고 중요한 정보를 얻을 수 없는 경우에는 면담자가 제한적으로 폐쇄식 질문, 즉 "예/아니요"로 대답할 수 있는 질문, 혹은 몇 가지 대안 중 선택할 수 있는 선다형 질문을 한다. 폐쇄식 질문을 하는 경우에도 아동에게 면담자가 어떤 응답을 원하는지 암시해주는 유도적 질문은 하지 않도록 주의한다.

지금까지 NICHD에서 제시한 아동 수사면담 프로토콜에 대하여 살펴보았다. 편집되지 않은 전체 NICHD 수사 면담 프로토콜은 부록에 포함되어 있으므로 참고하기 바란다.

지금까지 NICHD 프로토콜에 대하여 알아보았다. 여러 학자가 실제 범죄피해 조사 면담 현장에서의 면담자들의 면담 기술 향상을 위해 훈련 프로그램을 만들고, 이러한 프로그램들의 효과에 대한 검증 연구를 실시하였다. 특히 아동을 대상으로 한 면담기법 훈련의 경우 NICHD 프로토콜을 적용하는 훈련 과정이 포함된 경우가 많다. 여기에서는 이러한 훈련 중, 성공적인 효과가 있는 것으로 검증된, Lamb과 동료들(2002)이 사용한 훈련 프로그램을 소개하고자 한다. 이 연구에서는 실제로 현장에서 청소년 수사를 담당하는 경력이 풍부한 경찰들이 훈련 프로그램에 참가하였다. 네 가지 훈련 방식의 효과를 비교하는 가운데, NICHD 프로토콜 적용 훈련이 포함된 훈련 방식 두 가지가 장기적인 효과를 보이는 훈련인 것으로 나타났다. 그중, 가해자가 아닌 피해 아동과의 면담 시 필요한 면담기법에 대한 훈련인 "피해자 프로토콜(victims' protocol)" 훈련 방식에 대하여 알아보겠다. 이 훈련 방식, 즉 피해자 프로토콜 훈련에서는 NICHD 프로토콜 학습과 적용에 대하여 전문가의 지속적인 감독과 피드백이 제공되었다.

훈련 참가자들은 2일간 이루어지는 훈련 세미나에 참가했다. 이 세미나는 4주마다 이루어졌으며, 조사 면담의 모든 과정에 대한 개념적 지원과 실제적인 지원이 훈련 참가자들에게 제공되었다. 이 세미나에서 제공된 구체적인 지원 사항은 다음과 같다. 먼저, 참가자들은 녹화된 범죄피해 조사 면담 예시의 비디오를 보며 적절한 면담기법과 부적절한 면담기법을 익혔다. 가장 핵심적인 사항 중 하나는 훈련 참가자들이 NICHD 프로토콜에 대한 교육을 받고, 이 프로토콜을 사용하여 수사면담을 진행하는 연습을 하는 과정이었다. 또한 훈련 참가자들은 이 프로토콜을 사용한 모의 면담과 실제 현장에서의 면담을 관찰하고 이 면담에 대한 서면 피드백을 받았다. 이러한 서면 피드백을 제공받는 것은 4주마다 있는 세미나에서만 이루어진 것이 아니라 훈련 종료 시점까지 계속되었다. 또한 바람직하지 않은 조사 면담 케이스에 대하여 집단 검토를 하는 세션을 가지고, 이때 문제가 되었던 기법 대신 사용될 수 있는 바람직한 대안은 무엇인지에 대한 토론이 이루어졌다.

이와 같은 훈련 과정을 거친 뒤, 훈련 참가자들이 훈련 전과 후에 각각 실시한 92개의 면담을 피면담자와 사건의 유사성을 기준으로 짝지어 비교하였다. 그 결과, 피해자 프로토콜 훈련을 받은 면담자들은 훈련 전과 비교할 때 훈련으로 인한 개방식 질문 빈도에 있어 괄목할만한 발전이 나타났다. 훈련 프로그램을 마친 면담자들은 훈련 전에는 평균 약 8개의 개방식 질문을 한 반면 훈련을 마친 뒤에는 평균 약 11개의 질문을 하였다. 앞서 언급한 바와 같이 성범죄 피해 아동을 대상으로 한 조사 면담에서 부각되는 가장 주요한 문제점의 하나가 개방식 질문을 너무 적게 던진다는 점이었음(Powell et al., 2007)을 되새겨 볼 때 NICHD 프로토콜은 기존 면담의 문제점을 보완하는 탁월한 면담기법이라고 판단할 수 있다.

지금까지 범죄피해 아동을 대상으로 하여 조사 면담을 할 때 주의해야 할 점, 바람직한 면담기법, 면담기법 훈련과 그 효과에 대하여 알아보았다. 살펴본 바와 같이 아동 피해자는 성인 피해자보다 취약한 집단이며, 심리적으로나 신체적, 정신적으로 더 세심한 주의와 보호를 필요로 한다. 따라서 조사를 위한 면담을 실시할 때에도 이러한 점을 고려하고 배려한 면담이 이루어져야 한다.

3-2-5. 성폭력 피해자 조사 해외사례

아동 피해자를 위한 보호 시스템이 잘 갖추어져 있는 해외 사례를 소개하고자 한다. 호주 서부 지역(Western Australia) 정부는 아동 피해자 및 목격자를 위한 독립적인 서비스 부서인 아동 목격자 서비스(CWS: Child Witness Service)를 갖추고 있다. 아동을 포함하여 범죄피해를 입은 모든 피해자가 사법체계를 따라가다 보면 종국적으로 방문해야 하는 곳이 법원이다. 따라서 서호주 정부는 아동 피해자들이 법원을 방문할 때 편리하게 이 제도의 도움을 받을 수 있도록 하기 위하여 아동 목격자 서비스 부서를 지방법원에 자리 잡게 하였다. 아동 목격자 서비스는 법정에서 증거를 제시해야 하는 아동이나 18세 이하 청소년 피해자 및 목격자를 돕는 서비스 부서이다. 이 서비스는 법무부에서 지원하는 무료 서비스이므로 이용자들은 비용을 부담할 필요가 없다.

아동 혹은 청소년이 범죄를 목격하거나 범죄의 직접적인 피해를 입은 경우 법정에서 증언해야 하는 경우가 발생한다. 아동 목격자 서비스는 이러한 상황에 처한 아동 및 청소년에게 법정에 서기까지의 감정적인 준비를 할 수 있도록 개인 차원에서 돕는다. 뿐만 아니라, 아동이 범죄피해의 충격으로 인해 심리치료나 심리상담을 필요로 하는 경우에는 적절한 상담 기관을 소개하고 연계하는 서비스도 제공한다. 서비스 제공 기간은 혐의가 있는 가해자가 검찰로부터 고소를 당한 시점부터 관련된 재판이 종료되는 시점까지이다. 이 기간 동안은 재판과 증언을 준비하는 과정에서뿐 아니라 재판이 종료되기까지 아동 목격자 서비스가 지속적으로 지지와 지원을 제공한다.

아동 목격자 서비스 부서에서는 아동 범죄피해자와 그 가족이 안전하게 보호받을 수 있도록 하기 위해 허가된 사람만 통과할 수 있는 제한구역으로 설정되어 있다. 이는 피해 아동과 그 가족이 가해자와 마주치는 일을 발생하는 것을 방지하기 위한 장치이다. 이와 같은 철저한 보호가 보장되기 때문에 아동 목격자 서비스 센터에서 피해 아동과 그 가족은 안전과 안정감을 누릴 수 있다. 아동 목격자 서비스 센터 내의 대기 공간은 아동부터 청소년에 이르기까지 다양한 연령대의 피해자 및 그 가족들이 모두 편안한 시간을 보낼 수 있도록 하기 위해 휴게실 혹은 놀이 공간 같은 부드러운 분위기로 꾸며놓았다. 또한 전 연령대의 사람들이 지루하지 않게 시간을 보낼 수 있도록 다양한 흥밋거리들(장난감, 동화책, 잡지, 신문 등)이 준비되어 있다.

아동 목격자 서비스에서 피해자를 위해 제공하는 대표적인 서비스 및 시설은 CCTV실(CCTV Room)이다. CCTV실은 재판이 진행되는 동안 아동 피해자/목격자가 증언하기 위해 법정에 들어서지 않은 채로 증언을 할 수 있도록 하기 위한, 피해자/목격자를 보호하는 시설이다. 범죄의 피해를 당하거나 범죄를 목격한 아동은 심리적으로 불안정한 상태에 놓여있을 가능성이 매우 높다. 따라서 많은 사람들이 있는 공개된 공간에서 증언하기 위해 여러 사람의 주목을 받게 되면 긴장으로 인해 증언을 제대로 하지 못할 수도 있다. 뿐만 아니라 아동이 직접 법정에서 증언하게 되면 한 공간 안에서 가해자를 마주하게 되어 극심한 불안이나 공포를 경험하는 등, 아동이 이차적 피해를 겪게 될 우려도 있다. 이러한 부정적인 영향을 방지하기 위해 아동 피해자가 법정에 직접 들어가지 않고도 실시간으로 재판 진행을 CCTV로 보며 증언을 제공할 수 있는 시설이 바로 CCTV실이다.

[그림 6-1] 서호주 아동 목격자 서비스센터 CCTV실

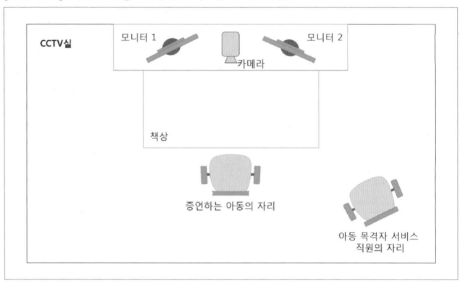

CCTV실에는 두 대의 모니터와 한 대의 카메라, 테이블과 의자가 놓여 있다 ([그림 6-1] 참고). CCTV실에는 증언을 할 아동과, 아동이 편하게 여기는 아동 목격자 서비스의 서비스 제공하는 직원이 함께 입장한다. 아동은 실제로 증언을 해야 하는 순서가 되기 전에 미리 CCTV실에 들어가 있을 필요가 없으며, 아동 목격자 서비스 센터의 휴게실에서 편하게 대기하다가 증언을 할 시간이 되었을 때 CCTV실로 입장한다. CCTV실의 카메라는 아동 목격자의 얼굴을 비춘다. 카메라로 찍은 아동의 모습은 법정에서 모니터를 통해 보게 된다. 두 대의 모니터 중 한 대에는 지속적으로 판사의 얼굴이 비친다. 다른 한 대의 모니터에서는 발언을 하는 검사와 피고 측 변호인의 얼굴을 번갈아 비친다. 아동이 보는 CCTV실 내의 모니터에는 가해자의 모습은 절대 비치지 않는다. 아동이 가해자의 모습을 보게 될 경우 모니터를 통해서라 할지라도 안정감을 느끼지 못하고 2차 피해를 경험할 수 있기 때문이다. CCTV실은 아동 피해자/목격자가 대중의 시선이나 가해자의 존재로 인한 불안감을 느끼지 않는 상태에서 증언하므로, 보다 객관적이고 정확한 증언이 이루어질 수 있고, 아동피해자를 2차적인 피해로부터 보호할 수 있는 이중적인 장점을 가진 시스템이라고 볼 수 있다.

아동 목격자 서비스는 아동 및 청소년 피해자/목격자의 눈높이에 맞춘 안내

서적도 개발하여 발간한다. 사법 제도는 성인에게도 익숙하지 않고 낯선 경험이 될 정도로 일반적으로 경험할 기회가 드물다. 따라서 대부분의 사람들은 사법 제도와 관련된 지식도 가지고 있지 않은 경우가 대부분이다. 아동 및 청소년의 경우는 이러한 정도가 더 크다. 따라서 재판을 준비하는 과정에서 이미 범죄피해로 심리적 충격을 받은 아동들이 알 수 없는 딱딱한 과정을 겪어야 하는 것에 대한 불안함이 존재할 수 있다. 이를 방지하기 위해 서호주 아동 목격자 서비스 부서는 센터의 도움을 받기 시작한 순간부터 재판이 마무리될 때까지 아동 피해자가 겪어야 하는 일들에 대하여 아동의 눈높이에서, 혹은 청소년의 눈높이에서 설명해 주는 책을 발간하였다.

아동을 위한 안내 책자는 아동이 이해하기 쉽고, 접근하기 쉽도록 하기 위하여 그림을 그리거나 스티커를 붙이는 등의 과정을 통해 관련 개념을 익힐 수 있는 학습장 방식으로 만들어졌다. 아동들이 놀이하며 학습하는 워크북 형식의 친근한 책을 통하여 자신이 앞으로 겪게 될 일들에 대하여 알기 쉽게 학습할 수 있다. 예를 들어, CCTV실 증언에 대하여 익히는 페이지에서는 CCTV실의 구조가 그림으로 그려져 있고, 증인 좌석에 앉아야 하는 어린이 자리가 비어 있다. 이 자리에 어린이 모양 스티커를 떼어 붙일 수 있도록 책이 구성되어 있다.

3-3. 장애인 성폭력 피해자의 특징 및 면담기법

전통적으로 어린 아동들과 같이 지적장애를 가진 피해자들의 진술은 신뢰하기 어렵다는 인식이 팽배해 있었다. 지적 능력의 한계로 인해 실제로 발생한 사건을 제대로 인지하거나 기억하거나, 회상하여 진술하기 어렵다고 받아들여졌기 때문이다. 지적장애인 집단에 대한 인식으로 인해 학습장애나 발달장애 등의 장애를 가진 피해자들의 경우, 피해에 대한 진술이 법정에서 증거로 채택되지 못했다. 그러나 전체 성범죄피해자 인구 중, 발달장애를 가진 피해자들의 비율이 전체 인구 대비 발달장애인 비율이 비해 과대하게 분포되어 있음을 고려한다면 이처럼 장애를 가졌다는 이유로 피해에 대한 진술이 법정에서 반영되지 못한다는 것은 개선이 시급한 문제라는 지적을 받아왔다(Perlman, Ericson, Esses, & Isaacs, 1994). 즉, 성범죄 피해에 취약한 집단임에도 피해자의 증언이 피해 사실을 입증하는데 사용되지 못한다는 것이다. 이러한 현실로 인하여 발달장애인들이 범죄피해 사실을 증언할 능력이 없다고 여긴 성범죄자들이 이 점을 악용하여 지적장애인들을 쉬운 범죄 대상으로 삼게 되며, 이로 인해 발달장애인들이 성범죄에 더욱 취약한 집단이 되는 악순환이 일어나기도 하였다(Perlman et al., 1994). 이러한 문제점을 해결할 필요성이 점차 대두되면서 지적장애 및 발달장애인들의 진술 능력에 대한 연구가 이루어져 왔으며, 여러 연구를 통해 지적장애를 가진 피해자라도 적절한 면담기법 및 질문기법을 통해 도출된 진술은 정확성이 담보될 수 있음이 검증되었다. 이 절에서는 이와 관련된 문제에 대하여 다루겠다.

학습장애나 발달장애를 가진 피해자가 피해 사실을 정확하게 인식, 기억, 혹은 진술할 수 없을 것이라는 고정관념이 사실인지 여부에 대하여는 Perlman과 동료들(1994)의 연구를 통해 그 답을 얻을 수 있다. 연구자들은 동일한 사건에 대한 영상을 본 학습장애 참가자와 일반 성인 참가자들에게 동일하게 서로 다른 유형의 질문을 사용하여 사건에 대한 정보를 회상하도록 하였다. 그 결과 자유 진술이나 일반적 질문에 대한 응답에 있어서는 일반인이 발달장애인보다 정확한 정보를 2배 이상 많이 회상하여 진술하였다. 그러나 부정확하거나 틀린 정보를 제공한 양, 그리고 전체 정보 중 정확한 정보의 비율에 있어서는 일반인 참가자와 발달장애를 가진 참가자 사이에 유의미한 차이를 보이지 않았다. 즉, 사건과 관련하여 외적인 도움 없이 자유롭게 회상을 통해 정확한 정보를 도출할 수 있는 양이 일반인에 비하여 적긴 하지만, 진술된 정보가 일반인에 비하여 부정확하다고 결론지을 수는 없다. 따라서 발달장애인은 사건과 관련된 진술을 할 능력이 없거나, 진술을 해도 그 정보를 신뢰할 수 없다는 기존의 인식이 옳지 않다는 것을 알 수 있다.

물론 위의 연구에서 장애인의 자유 진술을 통한 정보의 양이 일반인이 도출한 정보와 비교할 때 현저히 적다는 것은 무시할 수 없는 측면이다. 발달장애를 가진 피해자들이 자신이 겪은 범죄 사건에 대하여 자유 회상을 하는 데에 특정한 어려움을 가진다는 것을 의미하기 때문이다. 따라서 이처럼 회상의 어려움이라는 측면을 보완하기 위해 면담자가 적절한 면담기법과 질문 방식을 통한 면담을 진행할 필요성이 있다.

발달장애나 학습장애와 같은 지적장애를 가진 범죄피해자를 면담해야 하는 경우에는 일반적인 피해 조사 면담 시보다 더 각별한 주의를 필요로 한다. 특히 장애를 가진 아동 피해자의 경우, 일반적인 아동 피해자에 비해 언어 능력의 한계로 인해 자유 진술을 통한 정보 제공에 어려움을 겪을 수 있기 때문이다. 뿐만 아니라 인지적, 사회적인 요인들의 복합적인 작용으로 인하여 암시적인 질문에 대해서도 더 수용적일 수 있다(Sigelman, Budd, Spanhel, & Schoenrock, 1981). 지적장애를 가진 아동의 경우 인지적 능력의 제한으로 인해 사건과 관련된 기억을 자신의 언어로 보고하는 것이 어려울 수 있고, 권위자인 면담자(성인이자 경찰)와의 사회적 권력의 차이로 인해 면담자가 유도하는 방향으로 거짓 진술을 할 위험에 더 많이 노출되기 때문이다.

자유 진술의 어려움과 유도적 질문에 대한 취약성은 지적장애 아동 면담에서 양날의 검이 될 수 있다(Dent, 1986). 장애를 가진 피면담자를 대상으로 한 조사 면담 시, 일반적인 상황에서는 가장 바람직하게 여겨지는 질문 방식인 개방식 질문으로 면담을 시작하게 되면 진술에 어려움을 겪으므로, 진술의 첫 단추를 끼우기위한 면담자로부터의 도움이 필요하다. 그런데 이러한 도움이 적정선을 넘어서게 되면 피면담자로부터 암시적, 유도적 질문으로 인한 거짓 진술을 도출하게 하는 역효과를 유발할 가능성이 존재하기 때문이다. 즉, 효과적인 진술을 위해 필요한 도움이 거짓 진술을 유발할 가능성을 지닌다. 반대로 거짓 진술을 하는 것을 방지하기 위해 완전한 자유진술을 통해 면담할 경우 피면담자가 회상 자체에서 어려움을 겪게 될 수 있다는 것이다.

실제로 Dent(1986)는 실험 연구를 통해 이러한 점을 검증하였다. 그녀는 학습장애를 가진 아동들을 대상으로 연출된 사건을 목격하도록 한 뒤, 이 사건에 대한 질문을 통해 관련된 정보들을 회상하여 보고하도록 하였다. 이때 자유 회상을 통한 진술을 요구하는 개방식 질문, 일반적 질문, 구체적 정보를 묻는 폐쇄식 질문의 세 가지 형식을 사용하였다. 그 결과 학습장애를 가진 아동들은 개방식 질문에 대한 자유 진술 응답을 했을 때 가장 적은 정보를 회상해냈으며, 구체적 정보에 대한 폐쇄적 질문을 했을 때 가장 많은 정보를 회상해내었다. 그러나 정보의 정확성에 대해서는 정 반대의 결과가 나타났다. 즉, 개방식 질문을 사용했을 때 진술의 정확성이 가장 높은 반면 폐쇄식 질문을 사용했을 때 정보의 정확성이 가장 낮았다. 이러한 이유로 인해 장애를 가진 피면담자와의 면담에서는 피해자의 기억 회상과 진술을 도우면서도 유도적 면담이 되지 않기 위한 특별한 주의가 필요하다.

Dent는 Cardone와 함께 학습장애를 가진 성인들을 대상으로 한 면담기법 연구도 실시하였다(Cardone & Dent, 1996). 연구자들은 IQ가 54에서 74 사이인 학습

장애인들에게 시각 자료와 음성 자료로 이루어진 슬라이드를 통해 보고할 사건을
제시하였다. 그 후, 연구자들은 참가자들에게 자유 진술을 요구하는 개방식 질문,
일반적 질문, 구체적 질문을 사용하여 자료에서 보고 들은 사건에 대한 정보를 회
상하여 보고하도록 하였다. 그 결과 학습장애를 가진 참가자들은 자유 회상을 통
한 응답이나 일반적 질문에 대한 응답보다 구체적 질문에 대하여 응답하도록 했을
때 가장 많은 양의 정보, 또한 가장 정확한 정보를 회상해내었다. 이 연구를 통해
연구자들은 지적장애를 가진 피면담자의 경우, 일반적 경우와는 달리 구체적인 질
문을 하는 것이 가장 도움이 되며 바람직할 수도 있다는 결론을 내렸다.

그렇다면 Dent(1986)의 연구에서와 Cardone과 Dent(1996)의 연구에서 동일
하게 학습장애를 가진 참가자들을 대상으로 연구했음에도 불구하고 구체적 질문
에 대한 응답의 정확성에 확연한 차이가 나타난 이유는 무엇일까? Cardone와
Dent(1996)의 연구에서 Dent(1986)의 연구에서와는 달리 구체적 질문에 대한 응답
의 정확성이 떨어지지 않을 수 있었던 것은 Cardone와 Dent(1996)가 면담에서 사
용한 구체적 질문이 암시성을 가지지 않는 좋은 질문이었기 때문이다. 이들이 연
구에서 사용한 구체적 질문은 "양자택일(either—or)" 방식으로, 서로 반대되는 두
가지 대안을 모두 제시하여 두 상황 중에서 옳은 것을 선택하도록 하는 질문이었
다. 지적장애가 있는 응답자의 경우 성인과 아동 모두 상대방의 질문이나 제안에
대하여 반대하지 않고 승인하고 받아들이고자 하는 경향이 있다(Sigelman et al.,
1981). 이러한 응답 경향은 한 가지 대안만을 제시한 뒤 이에 대해 "예" 혹은 "아
니요"의 방식으로 응답하도록 하는 질문 방식에 매우 취약하다. 어떤 질문을 하건
사실 여부와 상관없이 무조건 '예'로 응답할 가능성이 높기 때문이다. 따라서 일반
적인 방식의 구체적 질문을 발달장애인에게 할 경우 잘못된 정보를 도출 가능성을
극단적으로 강화시킨다. 반면 Dent와 Cardone가 사용한 질문과 같이 서로 상반되
는 두 가지 대안을 모두 제시한 뒤 둘 중 한 가지 옳은 답을 고르도록 하는 질문이
다. 이러한 질문 방식은 발달장애를 가진 피면담자에게 기억을 회상하는데 도움이
되는 단서를 제공함과 동시에 면담자가 어떤 응답을 도출하기 원한다는 암시성을
제거하는 역할을 하기 때문에 도출된 정보의 정확성이 떨어지는 단점을 보완할 수
있다.

위 연구들을 종합해 볼 때 사건과 관련된 정보를 묻는 본 면담에서는 양자택
일(either—or) 방식의 구체적 질문이 가장 생산적이라고 볼 수 있다. 그러나 면담

의 시작 단계인 라포 형성 과정에서는 개방식 질문을 하는 것이 바람직하다. 피해자가 인지 능력이나 언어 능력에 장애를 가지고 있을 경우, 경험한 범죄피해 사건에 대하여 어느 정도 설명할 수 있는지 평가한 뒤 진술 조력이 필요한지에 대하여 면담의 시작 단계에서 판단해야 하기 때문이다. 이를 위해, 라포 형성 과정에서 피면담자에게 개방형 질문을 던지는 것이 피해자의 언어적 능력을 가늠하는데 도움이 된다(Brewer & Williams, 2007). 피면담자가 해롭지 않고 자극적이지 않은 사건에 대하여 개방형 질문에 대하여 자유롭게 대답을 하는 과정을 통해 면담자는 피해자의 언어적 유창성이나 이전에 경험한 사건에 대해 언어적으로 묘사하는 능력을 판단할 수 있다(Cooke, 1996).

라포 형성 단계에서 "선생님 성함이 뭐니?" 혹은 "좋아하는 음식이 뭐니?"와 같이 단답형으로 응답할 수 있거나 기존에 형성된 태도를 바탕으로 간단히 응답할 수 있는 질문을 하는 것은 피해자의 언어 능력을 파악하기 어렵게 만든다. 라포 형성 단계에서 피면담자의 언어 능력 결핍을 탐지하지 못하면 이로 인한 문제가 본 사건에 대한 면담에서 수면 위로 부상하여 문제가 될 수 있으므로 주의해야 한다. 이와 같은 기법은 또한 언어적 능력이 아직 완전히 발달하지 않은 아동을 인터뷰할 때에도 동일하게 적용될 수 있다(Walker, 1999).

가정폭력 피해자 조사

C·O·N·T·E·N·T·S

가정폭력 피해자 조사의 개요

1-1. 가정폭력의 개념

　가정폭력이란 가정구성원 사이의 신체적, 정신적 또는 재산상의 피해를 수반하는 행위로써 형법상의 상해, 폭행, 유기, 학대, 아동혹사, 체포, 감금, 명예훼손, 모욕, 주거·신체수색, 강요, 공갈, 재물손괴 등의 행위를 포함한다. 이때 가정구성원이라 함은 배우자 또는 배우자 관계에 있었던 자나 자기·배우자와 직계존비속 관계에 있거나 있었던 자, 계부모와 자의 관계 또는 적모와 서자의 관계에 있거나 있었던 자, 동거하는 친족관계에 있는 자(동거하지 않는 형제자매간의 폭력은 인정하지 않음) 등을 말한다.

1-2. 가정폭력범죄에 대한 법적 대응

　가정폭력범죄에 효과적으로 대응하기 위하여 두 법률이 제정되었는데 그 첫째가 가정폭력범죄의 처벌 등에 관한 특례법이요, 다른 하나는 가정폭력방지 및 피해자보호 등에 관한 법률이다. 전자의 경우 가정폭력의 가해자를 규율할 수 있는 임시조치, 긴급임시조치, 보호처분, 피해자보호명령, 임시보호명령 등의 제도를 둠으로써 피해자보호를 도모하는 한편, 이러한 각종 명령이나 조치에 위반한 가해자에 대하여 형사처벌을 가하거나[1] 과태료 처분을 가하는 벌칙규정

---

1) 가정폭력범죄의 처벌 등에 관한 특례법 제63조의 경우 가해자가 보호처분을 불이행하거나 피해자보호명령을 불이행하게 되면 2년 이하의 징역 또는 2천 만 원 이하의 벌금 또는 구류에 처하도록 하고 있다.

을[2] 두고 있다. 더 나아가 피해자가 입은 물질적 손해에 대하여 형사절차에서 가해자에게 손해배상을 청구할 수 있는 배상명령제도도 아울러 규정하고 있다. 후자의 경우에는 가정폭력 가해자를 규제 하는 차원 보다는 피해자를 보호하고 지원하는 활동에 주안점을 두고 만들어진 법률이다.

1-3. 가정폭력사건의 형사절차상 특례

가정폭력범죄에 대한 공소시효는 해당 가정보호사건이 법원에 송치된 때부터 시효 진행이 정지되나 만일 법원이 해당 사건을 가정보호사건으로 다루는 것이 적합하지 않다는 결정을 하게 되면 그때부터 시효가 진행 된다(가정폭력 범죄의 처벌 등에 관한 특례법 제17조). 가정폭력사건을 수사한 검사나 관련 사건을 접수한 법원이 가정폭력 구속사건을 가정법원으로 송치한 경우 해당 사건에 대하여 임시조치 여부를 결정했을 때 구속영장의 효력은 임시조치 여부를 결정한 때로부터 상실된다(법 제13조). 한편, 판사는 가정보호사건을 심리할 때 사생활 보호나 가정의 평화와 안정을 위하여 필요하거나 선량한 풍속을 해칠 우려가 있다고 인정하는 경우에는 결정으로 심리를 공개하지 아니할 수 있으며, 증인으로 소환된 피해자 또는 가정구성원은 사생활 보호나 가정의 평화와 안정의 회복을 이유로 하여 판사에게 증인신문(證人訊問)의 비공개를 신청할 수 있다(법 제32조). 또한 법원은 피해자가 신청하는 경우에는 그 피해자를 증인으로 신문하도록 함으로써 피해자의 형사절차 참여권을 보장하고 있으며(법 제33조), 피해자의 물질적 피해회복을 위하여 법원은 제1심의 가정보호사건 심리 절차에서 보호처분을 선고할 경우 직권으로 또는 피해자의 신청에 의하여 금전 지급이나 배상(이하 "배상"이라 한다)을 명할 수 있다(법 제56조).

1-4. 가정폭력 피해자 조사의 특징

가정폭력 피해자 조사는 다음과 같은 특징들이 있다. 첫째, 가정폭력은 특정

---

2) 가정폭력범죄의 처벌 등에 관한 특례법 제8조의 2 제1항에 따른 긴급임시조치를 이행하지 아니한 가해자에 대하여는 300만 원 이하의 과태료에 처하도록 하고 있다.

사회의 가정문화에 영향을 받고 있다. 둘째, 가정폭력 수사는 피해자의 의식수준과 문제해결 의지에 영향을 받을 수 있다. 셋째, 재피해자화 또는 보복의 우려가 높다. 넷째, 피해자에 대한 지원이 없으면 피해자가 심각한 생존위기에 놓일 수 있다. 다섯째, 가정폭력에 대한 수사관의 선입견이 피해자 조사에 영향을 미친다.

먼저 가정문화라고 하는 것은 어느 사회에서 가정이 존속되어 가는데 필요한 정신적 가치체계라고 말할 수 있을 것이다. 근대 한국사회는 조선시대의 유교적 전통의 영향으로 효를 숭상하여 자녀가 부모를 잘 모시는 것을 높이 평가해 왔으며 결혼한 후 여성인 배우자가 시부모를 잘 봉양하고 남편을 잘 받드는 것을 큰 미덕으로 여기는 풍토가 강했다. 그리고 가부장적인 문화로 인하여 여성인 배우자는 남성인 배우자에게 종속되는 성격이 강했고, 이로 인해 남편의 아내에 대한 폭행이 형법상 범죄라고 인식되기 보다는 가정 내부의 문제로서 사회문화적으로 다소 용인되는 전통이 존재해 왔었다.[3]

둘째, 가정폭력 피해자들은 반복되는 가정폭력의 굴레를 쉽게 벗어나지 못하는 특성이 있다. 그것은 삶의 기반이 되는 가정으로부터의 이탈은 피해자에게 새로운 위기를 조장하기 때문이고 그 새로운 환경에 대한 두려움과 불확실성이 가정폭력을 감내하게 만든다는 것이다. 이른바, '폭력의 악순환(vicious circle of violence)'과 '학습된 무기력(learned helplessness)'은 안정감을 가져다주는 가정에서 이탈하게 될 때의 두려움과 불확실성에서 기인한다. 이러한 피해자의 무기력과 두려움은 가정폭력에 대한 신고를 주저하게 만들고, 고소를 취소하거나 상호 합의를 하도록 하게 하여 폭력의 악순환의 고리에서 벗어나기 어렵게 만든다.

셋째, 가정폭력 피해자는 보복범죄의 대상이 되기 쉽다. 피해자의 신고에 의해 경찰이 출동하거나, 가해자가 체포되거나 처벌을 받았다가 나중에 석방되었을 때 피해자나 피해자 가족을 공격하는 사례가 종종 있는 것이다.

넷째, 가정폭력으로 인해 피해자가 생존위기에 처할 수 있기에 피해자 지원이 절대적으로 필요하다는 점이다. 가해자인 배우자가 경제력의 원천임에도 가정폭력으로 인해 이혼을 하거나 별거를 해야 할 때는 물론이고 피해자가 경제활동을

---

3) 현대사회에서는 여성의 인권이 지속적으로 향상되고 있고 부부가 활발하게 경제활동에 참여하게 되면서 그러한 전통적인 가부장적 가정문화를 고수하기 어려운 상황이 되었다고 볼 수 있다. 문제는 오늘날 우리의 가정들이 현 시대의 흐름에 부응할 수 있는 건강한 가정문화를 충분히 정립하지 못하고 과거 가정문화에 집착할 때 가정폭력이 지속적으로 발생할 수 있다는 점이다.

해 왔다고 해도 가정폭력에 의해서 더 이상 직장생활을 못하게 되는 경우에 피해자는 당장 생계에 위협을 받게 된다. 이러한 때에 수사기관의 피해자 조사는 관련 국가기관이나 공공단체, 민간기관과 협력하여 피해자의 생존을 위한 지원을 행하거나 관련 정보를 제공해 주는 등 피해자 수사와 피해자 지원을 병행할 수 있어야 한다.

다섯째, 피해자 조사에 임하는 수사관의 선입견이 가정폭력을 조장할 수도 있다는 점이다. 가부장적 사고가 강한 수사관의 경우에는 남편의 아내에 대한 폭력이 어느 정도는 용인될 수 있다고 보고 사건현장에서 경고를 발하는 정도로 관대하게 처리할 수도 있고, 조사단계에서 형사입건 하기보다는 가정보호사건으로 처리하여 가해자에 대한 처벌을 완화하는 방향으로 수사를 진행하기 쉽다. 이로 인해 특별한 규제 없이 가해자가 피해자에게 다시 접근하게 되면 폭력행위가 재발할 수도 있는 것이다.

수사관은 가정폭력 피해자가 직면하게 되는 위의 다섯 가지 특징적 상황을 깊이 인식하고 수사에 임해야 한다.

02

가정폭력 피해자의 특징

　가정폭력을 당하는 피해자가 대부분 여성이기 때문에 여기서는 지속적으로 폭력피해를 당하는 여성들이 갖고 있는 몇 가지 특징을 살펴본다. 먼저 Lenore Walker가 제기한 폭력순환 모델(cycle of violence model)을 통해 피해자의 특징을 설명할 수 있다. 그는 가정폭력을 ① 긴장조성 단계, ② 극렬한 폭력행사 단계, ③ 밀월(애정) 단계와 같이 3단계로 구분했다. 긴장조성 단계에서는 말다툼이나 가벼운 손찌검이 있는 단계이고, 폭력행사 단계는 본격적으로 폭행을 하는 단계이며, 마지막 밀월단계에서는 가해자가 사과를 하면서 사랑을 고백하고 다시는 폭행을 하지 않겠노라는 약속을 하는 단계이다. 이 마지막 단계로 인해 피해자인 여성은 이런 애정관계가 앞으로 지속될 것이라는 믿음을 갖게 되면서 폭력의 악순환은 계속되게 된다고 한다(Albert R. Roberts, 2002. p. 31).

　다음으로 가정폭력 피해자들은 학습된 무기력(Learned Helplessness) 증세를 갖고 있다고 한다. 피해자들은 두어 번 폭력행위로부터 탈출을 시도해 보다가 실패를 하게 되면 나중에는 폭력행위를 벗어날 수 있는 상황이 와도 그것은 불가능하다는 생각으로 그 폭력상황을 감내하며 살아가게 된다는 것이다(Albert R. Roberts, 2002. p. 32).

　가정폭력 피해자들이 갖고 있는 또 다른 특징으로 매맞는 여성 신드롬(battered woman syndrome)과 스톡홀름 신드롬(stockholm syndrome)이 있다. 매맞는 여성 신드롬이라 함은 더 이상의 탈출구가 없다는 믿음과 탈출하게 될 경우 엄습하는 공포 때문에 폭행당하며 사는 생활을 선택할 수 밖에 없는 심리를 피해자들이 갖는다는 것이다. 스톡홀름 신드롬은 인질사건에서 인질로 붙잡힌 피해자들이 가질 수 있는 심리를 가정폭력 피해자들이 갖고 있다는 것이다. 즉, 가해자로부터 폭행을 당하면서도 때때로 피해자들은 가해자로부터 친절과 배려를 경험하게 되고 그렇게 되면 피해자는 가해자와 일종의 연대감이 개발된다는 것이다(Albert R. Roberts, 2002. pp. 32~33).

03

가정폭력 피해자 조사기법

3-1. 가정폭력 피해자 조사 시의 일반적 유의사항

가정폭력 수사는 다른 일반 범죄와 구분되는 특성 때문에 특별히 유의해야 할 사항들이 있다. 경찰관이 가정폭력 범죄를 수사함에 있어서는 보호처분 또는 형사처분의 심리를 위한 특별자료를 제공할 것을 염두에 두어야 하며, 가정폭력 범죄로 파괴된 가정의 평화와 안정을 회복하고 건강한 가정을 가꾸며 피해자와 가족구성원의 인권을 보호하려는 자세로 임하여야 한다. 또한 경찰관은 가정폭력범죄피해자 조사 시 피해자의 연령, 심리상태 또는 후유장애의 유무 등을 신중하게 고려하여 가급적 진술녹화실 등 별실에서 조사하여 심리적 안정을 취할 수 있는 분위기를 조성하고, 피해자의 조사과정에서 피해자의 인격이나 명예가 손상되거나 개인의 비밀이 침해되지 않도록 주의하여야 한다. 그리고 가정폭력 피해자에 대한 조사는 수사상 필요한 최소한도로 실시하여야 한다(범죄수사규칙 제224조).

경찰관은 진행 중인 가정폭력 범죄에 대하여 신고를 접수하게 되면 즉시 현장에 출동하여 가정폭력방지 및 피해자보호 등에 관한 법률 제9조의 4 규정에 따라 신고된 현장에 출입하여 조사할 수 있고, 가정폭력 범죄의 처벌 등에 관한 특례법 제5조의 규정에 의한 응급조치를 취하되 폭력행위 제지시 가족 구성원과의 불필요한 마찰이나 오해의 소지가 없도록 유의해야 한다(범죄수사규칙 제225조).

가정폭력 현장에 출동하여 폭력행위를 제지한 후 수사를 개시하는 때에는 피해자를 가해자와 같은 장소에 두고 조사를 진행하는 것은 바람직하지 않다. 피해자가 가해자의 위세에 눌려 의사를 정확하게 표현하기 어렵기 때문이다. 따라서 이때의 피해자 조사는 가해자와 분리된 장소에서 진행하여야 한다. 비록 초동수사 현장이 아니라 하더라도 특별히 쌍방을 대질 조사할 필요성이 있는 경우 외에는 피해자와 가해자를 따로 조사하는 것이 바람직하다. 불가피하게 대질 조사를 해야 할지라도 피해자보호를 위하여 양자를 서로 분리시켜 화상으로 대질 조사를 진행하는 방법 등을 적극적으로 검토해 보아야 한다.

3-2. 목적지향적 조사활동

수사관의 수사활동 중 80% 정도가 피해자와 면담을 통해서 정보를 획득하는 일로 이루어져 있다고 한다(Moriarty, 2002, p. 91). 그러므로 수사관에게는 뛰어난 의사소통기술과 경청의 기술이 필요하다. 이러한 조사활동은 공식적일 수도 있고 비공식적일 수도 있지만, 어느 경우이건 수사관은 항상 상황을 통제할 수 있어야 한다. 목적지향적 조사활동은 수사관이 정한 어떤 목적에 부합하는 진술을 탐색하는 과정이다. 피해자 조사는 단순히 진술증거를 수집하고 기록하는데 그치는 것이 아니라 확보한 진술이 주변상황이나 객관적 증거와 부합하는지를 견주어 보면서 그 진술의 타당성과 신뢰성을 검증하는 조사활동이기도 하다. 이러한 피해자에 대한 목적지향적 조사활동은 크게 4단계로 구분된다(Moriarty, 2002, p. 91-98).

첫 번째 단계는 피해자가 누구인지를 확인하는 단계이고, 두 번째 단계는 위험성을 평가하는 단계이며, 세 번째 단계는 증거수집의 단계이고, 마지막 네 번째 단계는 경찰의 행동방향을 결정하는 단계이다. 이하에서 차례로 보기로 한다.

3-2-1. 피해자를 확인하는 단계

피해자 조사의 첫 단계는 과연 피해자가 누구인지를 확인하는 것부터 시작해야 한다. 피해자가 누구인지를 확정 짓기 위하여 피해자나 가해자 진술에만 의존해서는 안 되고 다른 증거들을 종합해 보면서 신중하게 결정해야만 한다. 수사관이 피해자 선정을 잘못하게 되면 피해자는 이중적 고통을 당하게 되므로 주의해야 한다. 특히 누가 피해자인지 결정할 때 수사관은 자신의 고정관념에 매이지 않도록 유의해야 할 것이다.

피해자를 확인하는 단계에서 수사관이 가질 수 있는 편견 혹은 선입견의 유형

몇 가지를 소개하면 다음과 같다(Moriarty, 2002, p. 92-94). ① 현장에서 상해를 입거나 다친 자가 피해자라는 편견이다. 그러나 남편이 아내를 살해하고자 할 때 정당방위를 하던 아내가 남편에게 상해를 입히는 경우가 있으므로 면밀한 상황파악이 없이 속단해서는 안 되는 것이다. ② 폭행 현장에서 피해자는 수사관에게 호감을 가지고 반응한다는 편견이다. 피해자는 경찰관이 도착하면 자신의 분노를 언성을 높여 표현할 수도 있다. 폭행을 당한 후 극도의 흥분상태에 있는 피해자는 때에 따라서 수사관에게조차 소리 지르고 날카롭게 대할 수 있으므로 피상적인 반응만 가지고서 가해자와 피해자를 구분해서는 안 되는 것이다. ③ 남자와 여자, 남편과 아내가 다툴 때에 피해자는 항상 여성이라는 편견이다. 물론 가정폭력의 대부분이 남성의 여성에 대한 폭력으로 발생하지만 모두가 다 그런 것은 아니다. 여성의 남성에 대한 폭력 및 아내의 남편에 대한 폭력도 발생할 수 있다는 가능성을 염두에 두어야 한다. ④ 신체적인 조건이 더 좋은 자가 가해자라는 편견이다. 현장의 목격자 등을 상대로 싸움이 어떻게 시작되었는지, 현장에 폭행사실을 뒷받침할 증거는 있는지 면밀히 조사한 다음 가해자와 피해자를 분별해야 한다. ⑤ 폭행 현장에 출동했을 때 육안으로 보아 폭행당한 흔적이나 상처가 발견되지 않는다고 해서 폭행이 없었던 것으로 속단하지 않아야 하고, 남편의 몸에서 물린 자국이나 할퀸 자국이 발견된다고 해서 아내의 폭력이 선행되었다고 속단하지 말아야 한다. 주먹 등으로 강타당했을 때 피하출혈로 멍이 드는 것은 시간이 걸릴 수 있지만 물린 자국이나 할퀸 자국은 바로 확인할 수 있기 때문에 오류를 범할 수 있기 때문이다.

3-2-2. 피해자 신변안전을 위한 위험성 평가의 단계

가정폭력만큼 재피해의 위험이 큰 범죄도 없을 것이다. 가정폭력이 발생했을 때 가정의 기능이 회복되는 방향으로 유도하기 위하여 일정한 경우 가해자를 형사처벌 하기보다는 형사상 보안처분 혹은 민사상 접근금지 및 퇴거명령 등의 조치를 취할 수 있도록 가정보호사건으로 처리하고 있는데 이때 형사사법 통제시스템의 사각지대가 생겨 가해자가 피해자를 공격할 수 있는 기회를 갖게 되는 것이다.

그러므로 형사입건되었다가 불구속으로 석방하는 경우든지, 경고를 발하고 귀가조치를 취하는 경우든지, 가정보호사건으로 처리하면서 임시조치를 신청하거나 청구하는 경우든지, 폭행을 행사한 가해자를 귀가시키거나 석방을 하는 때에는 반드시 위험성 평가(risk assessment)를 통해서 재범의 위험을 예측하여야 하고 그에 상응한 대처를 하여야 한다.

다음 사항들은 가해자에 대한 위험성 평가를 할 때 위험도 측정의 준거로 사용할 수 있는 사항들이다. ① 가해자는 피해자가 혼인관계나 교제관계를 끊고자 한다고 확신하는가 하는 것이다. 그렇게 확신하고 있다면 가해자는 극단적인 공격방법을 선택할 수 있어 매우 위험한 상황에 놓이게 된다. ② 가해자가 흉기나 무기를 소지하고 있거나 알콜중독이나 약물중독 상태에 있는가 하는 것이다. 만일 그러한 상황이라면 위험성이 높은 경우에 해당한다. ③ 피해자나 피해자의 가족을 살해하겠다고 협박을 하거나 본인이 자살하겠다고 엄포를 놓은 적이 있는가 하는 점이다. 이런 경우도 위험한 징후를 보이고 있는 사안으로 볼 수 있다. ④ 가해자가 과거에 피해자를 상대로 성폭행을 한 적이 있는지, 그리고 일반 폭행이라 할지라도 얼마나 자주, 얼마나 심각하게 해 왔는지 여부가 위험도를 가늠케 한다. ⑤ 가해자를 다시 안 만나겠다고 한 피해자를 그동안 줄기차게 스토킹해왔는가 하는 점이다. 빈번한 스토킹은 위험성의 표지이다. ⑥ 가해자가 우울증을 앓거나 정신과 치료를 받은 적이 있거나 정신질환으로 어려움을 겪고 있는지 여부이다. 이러한 정신적인 질병은 피해자를 순간적으로 위험에 빠뜨릴 수 있게 한다(Moriarty, 2002, p. 94 – 96).

우리나라 경찰에서는 이러한 위험성 평가를 현장실무에 직접 활용하도록 하고 있다. 즉, 가정폭력이 발생했을 때 가정폭력범죄의 처벌 등에 관한 특례법 제5조상의 응급조치에도 가정폭력범죄가 재발될 우려가 있고, 긴급을 요하여 법원의 임시조치 결정을 받을 수 없을 때에는 사법경찰관이 직권 또는 피해자나 그 법정대리인의 신청에 의하여 가해자를 피해자 또는 가정구성원의 주거 또는 점유하는 방실로부터 퇴거 등 격리하거나, 피해자 또는 가정구성원의 주거, 직장 등에서 100미터 이내의 접근을 금지하거나, 피해자 또는 가정구성원에 대한 전기통신법 제2조 제1호의 전기통신을 이용한 접근을 금지하는 등의 조치를 취할 수 있는데(가정폭력범죄의 처벌 등에 관한 특례법 제8조의 2) 바로 이때 부록에 첨부된 [서식23]의 가정폭력 재범 위험성 조사표를 활용할 수 있도록 한 것이다(범죄수사규칙 제227조의 2). 이 가정폭력 재범 위험성 조사표는 총 2단계로 구성되어 있는데 1단계는 당해 사건의 심각성 평가와 피해자 심리상태 평가를 하도록 하고 있고, 2단계는 가정폭력 전력과 가해자의 성격 및 심리적 특성을 평가하도록 되어 있다. 총 25점 만

점에 16점 이상이면 고위험군으로 분류하여 대응하도록 되어 있고, 16점에 못 미치더라도 폭행의 심각도가 높거나 현재 임시조치 또는 보호처분 위반의 상황인 경우 역시 고위험군으로 분류하여 대응하도록 하고 있다([서식23] 참조).

3-2-3. 증거수집의 단계

피해자 조사를 통해 증거 여부를 확인하고 증거의 신빙성을 검증하는 것도 중요한 일이다. 이때 증거는 물리적 증거뿐만 아니고 진술증거를 포함한다. 종종 가정폭력 피해자들은 수사관 앞에서 자신의 진술을 철회하거나 진술을 거부하기도 한다. 피해자가 이러한 소극적인 태도를 보인다고 하여 수사관이 혐의 없음으로 사건을 종결한다면 후에 더 큰 문제가 발생할 수 있다. 가해자로부터 보복당할 수 있다는 두려움, 경제적으로 가해자에게 의존하고 있는 현실을 타파하기 어려운 상황 등이 피해자에게 큰 부담으로 작용하기 때문에 수사관에게 비협조적으로 나올 수 있다. 그러므로 피해자가 협력해 주지 않는다 하더라도 현장에서 폭력사실을 입증할 수 있는 다른 증거가 있는지 탐색을 해 보아야 한다.

일단 피해자가 폭행을 당했다고 신고를 했으면 피해자의 신체를 육안으로 점검해 보아야 한다. 여성의 신체를 살펴봄에 있어서는 여경을 입회시켜 신체검사를 할 수 있을 것이며, 현재 운용 중인 해바라기센터의 진료실을 활용할 수도 있을 것이다. 확인된 상처나 검붉게 멍든 자국 등은 수사 초기에 사진을 포함하여 기록으로 남겨 놓아야 한다. 처음에 피해자가 협조해 주다가도 최초의 긴장된 국면이 해소되면 피해자가 비협조적으로 나올 수도 있으므로 피해자의 협조를 받을 수 있을 때에 사진촬영 등 증거의 신빙성 확보와 관련된 작업들을 해 놓아야 할 것이다. 현장에서 증거를 수집할 때에는 당사자의 동의를 얻게 되면 영장이 필요 없게 되므로 임의로 제출하도록 하고(형사소송법 제218조), 만일 당사자가 동의해 주지 않을 경우 가해자를 발부된 체포영장에 의해 체포하거나(형사소송법 제200조의 2), 구속영장에 의해 구속하거나(형사소송법 제201조), 긴급체포하거나(형사소송법 제200조의 3), 현행범으로 체포하는 경우(형사소송법 제212조)에만 필요한 때에 한해 영장 없이 압수수색 할 수 있으므로 그 이외의 경우에는 별도의 압수수색 영장을 발부받아 압수절차에 들어가야 할 것이다. 아무리 피해자보호를 위한 선한 목적이 있다 할지라도 적접절차를 위반하면 위법수사가 되기 때문이다.

피해자가 입은 상처를 설명할 때 이를 피해를 축소하여 설명하고 있는지 유의해야 한다. 목에 손자국이 있다면 단순 타박상으로 볼 수도 있지만, 질식을 시키려는 시도일 수도 있기 때문이다. 집안에 어떤 물건이 깨졌을 때 서로 실랑이를 벌이다가 실수로 깨뜨리는 가벼운 정황이 있을 수 있지만, 의도적으로 물건을 집어 던지고 위해나 협박을 가한 공포스러운 상황이 있을 수도 있다. 더구나 집안의 물건을 가지고 상해를 가했다면 그러한 물건은 반드시 현장에서 압수해야 한다.

피해자를 조사할 때 허위진술의 가능성이 있는 피해자에 대하여는 리드식 테크닉(reid technique) 혹은 키네식 테크닉(kinesic technique)을 활용하여 조사를 진행할 수 있을 것이다. 또한 진술받는 중이라 하더라도 피해자에 대한 심리적, 법률적, 물질적 지원이 이뤄질 수 있도록 유관단체 및 기관과 긴밀히 연락하는 한편 피해자에게는 필요한 정보를 적시에 제공해 주도록 노력해야 할 것이다.

3-2-4. 경찰의 행동방향을 결정하는 단계

피해자가 누구인지 확인이 되고, 그 위험성의 정도에 대한 평가가 이루어지며, 피해사실에 부합하는 증거의 존재 여부가 확인되면 이제 경찰은 그 행동방향을 결정하게 된다. 현행 경찰관직무집행법 및 가정폭력범죄 등의 처벌에 관한 특례법에 근거할 때 경찰의 행동방향은 다음 몇 가지로 요약된다.

첫째, 피해자 조사 결과 별다른 피해가 없고, 가해자의 재범 위험성이 낮으며, 가해자의 유죄입증에 필요한 별다른 증거도 발견되지 않은 때 경찰은 가해자에게 경고를 발하고 훈방할 수 있을 것이다(경찰관직무집행법 제5조 내지 제6조).

둘째, 피해자 조사 결과 다소 간의 피해사실이 발견되고 이를 뒷받침할 만한 증거도 확보하였으나 그 피해가 크지 않고 피해자와 가해자가 화해의 의사를 내비치며, 가해자가 초범이고, 재범의 위험성도 그다지 높지 않다면 형사입건을 하지 않고 가정보호사건 처리 의견으로 검찰에 송치하여야 할 것이다. 만일 이 경우에 재범위 위험성이 높게 나타난다면 긴급임시조치, 임시조치, 피해자보호명령, 임시보호명령 등 가정폭력범죄 등의 처벌에 관한 특례법상의 보호명령제도를 활용하여 피해자를 보호하도록 해야 할 것이다. 긴급임시조치는 법원이 임시조치를 내리기까지는 상당한 시간이 소요되므로 이를 기다릴 수 없는 긴박한 상황하에서 경찰이 법원의 결정을 기다리지 않고 먼저 퇴거명령, 물리적 접근금지, 전기통신에 의한 접근금지 조치 등을 취한 후 법원의 승인을 사후에 얻도록 하는 제도이다. 경찰은 이 경우에 긴급임시조치 확인서([서식21])를 피해자로부터 받아야 하고 긴급임시조치결정서([서식22])를 작성하여야 한다. 이렇게 긴박한 경우가 아니라면 피해자의 요청을 받거나 경찰의 직권으로 지방검찰청장에게 임시조치를 신청할 수 있을 것이며([서식20]), 신청을 받은 지방검찰청장은 법원에 임시조치를 청구할 수 있을 것이다. 피해자보호명령과 임시보호명령은 피해자가 직접 법원에 신변안전보호를 요청할 수 있는 것으로서 수사관들은 피해자에게 이러한 권리에 대한 정보제공을 해 주어야 할 것이다.

셋째, 피해자 조사 결과 상당한 정도 이상의 피해사실이 발견되고 이를 뒷받침할 만한 증거도 확보하였으며 당사자 간의 화해도 이루어진 바가 없고 재범의 위험성도 높게 나타났다면 형사입건하여 유죄판결을 받을 수 있도록 검찰에 기소의견으로 송치해야 해야 할 것이다. 그러나 수형기간을 마치고 출소했을 때 피해자에게 위해를 가할 수 있으므로 피해자 보호를 위하여 가해자를 어떻게 사후관리를 나갈 것인가 하는 것이 큰 문제라고 하겠다.

참고문헌

[국내문헌]

고제원 (2003). 최면과 최면수사. 학지사.

국립국어원 (2000). 표준국어대사전. 서울: 두산동아.

권정혜·안현의·최윤경 (2008). 재난현장의 심리적 응급처치. 학지사.

김용세 (2003). 피해자학. 형설출판사.

김재민 (2006). 범죄피해자대책론. 진리탐구사.

김재민 (2012a). 공직자 부패문제에 대한 피해자학적 접근. 피해자학연구, 20(1).

김재민 (2012b). 피해자권리의 실효성 확보에 관한 소고. 한국형사정책학회, 24(3).

김재민 (2012c). 피해자학. 청목출판사.

김종률 (2003). 수사심리학. 학지사.

박광배 (2003). 법심리학. 학지사.

박중규 (2014). 범죄피해자 상담기법, 범죄피해CARE 학술세미나 자료집. 경일대학교 범죄피해
    CARE사업단.

이재상 (2011). 신형사소송법. 박영사.

한면수·김재민·박상선·장윤식 (2009). 과학수사론. 경찰대학.

[외국문헌]

Abbe, A., & Brandon, S. E. (2012). The role of rapport in investigative interviewing: A review.
    Journal of Investigative Psychology and Offender Profiling, 10, 237−249.

Agnew, S. E., & Powell, M. B. (2004). The effect of intellectual disability on children's recall of an event across different question types. Law and Human Behavior, 28(3), 273－294.

Aschermann, E., Mantwill, M., & Köhnken, G. (1991). An independent replication of the effectiveness of the cognitive interview. Applied Cognitive Psychology, 5(6), 489－495.

Aguilera, D., & Messick, J. (1982). Crisis intervention: Theory and methodology (4th ed.). St. Louis: Mosby.

Anderson, R. C., & Pichert, J. W. (1978). Recall of previously unrecallable information following a shift in perspective. Journal of Verbal Learning and Verbal Behavior, 17(1), 1－12.

Beloof, D. E. (2005). The third wave of crime victims' rights: standing, remedy, and review. Brigham Young University Law Review. ProQuest Central Basic.

Bernieri, F. J., & Gillis, J. S. (2001). Judging rapport: Employing Brunswik's lens model to study interpersonal sensitivity. In J. A. Hall & F. J. Bernieri (Eds.). Interpersonal sensitivity: Theory and measurement (pp.67－88). New Jersey: Lawrence Erlbaum.

Boon, J., & Davies, G. (1996). Extra－stimulus influences on eyewitness perception and recall: Hastorf and Cantril revisited. Legal and Criminological Psychology, 1(2), 155－164.

Brewer, N., & Williams, K. D. (2007). Psychology and law: An empirical perspective. Guilford Press.

Briggs, G. E., Peters, G. L., & Fisher, R. P. (1972). On the locus of the divided－attention effects. Perception and Psychophysics, 11(4), 315－320.

Bruck, M., Ceci, S. J., & Hembrooke, H. (1998). Reliability and credibility of young children's reports: From research to policy and practice. American Psychologist, 53(2), 136－151.

Cardone, D., & Dent, H. (1996). Memory and interrogative suggestibility: The effects of modality of information presentation and retrieval conditions upon the suggestibility scores of people with learning disabilities. Legal and Criminological Psychology, 1(2), 165－177.

Ceci, S. J., & Bruck, M. (1993). Suggestibility of the child witness: A historical review and synthesis. Psychological Bulletin, 113(3), 403－439.

Ceci, S. J., Powell, M. B., & Principe, G. F. (2002). The scientific status of children's memory and testimony. Modern Scientific Evidence: The Law and Science of Expert Testimony, 2, 144－205.

Chadley, J. (2015). Victim empowerment program in South Africa and the basic principles in crisis intervention for victims of crime. CVCS 사업단 특강 및 학술포럼 발표. 한국, 경산.

Child Witness Service (2015). A guide to giving evidence. Retrieved Aug. 10, 2015 from website http://www.courts.dotag.wa.gov.au/_files/ A_guide_to_giving_evidence.pdf.

Clarke, C., & Milne, R. (2001). National evaluation of the PEACE investigative interviewing course. London: Home Office.

Clifford, B. R., & George, R. (1996). A field evaluation of training in three methods of witness/victim investigative interviewing. Psychology, Crime and Law, 2(3), 231−248.

Collins, R., Lincoln, R., & Frank, M. G. (2002). The effect of raport in forensic interviewing. Psychiatry, Psychology, and Law, 9(1), 69−78.

Cook, B., David F., & Anna., G. (1999). Victims' Needs, Victims' Rights, Policies and Programs for Victims of Crime in Australia, Australian Institute of Criminology Research and Public Policy Series No. 19.

Cooke, M. (1996). A different story: Narrative versus "question and answer" in Aboriginal evidence. Forensic Linguistics, 3(2), 273−288.

Dauherty, L. (2012). Listening and talking to your sexually abused child. Roswell, NM: Cleanan Press.

Davis, R.C., Anderson, J.M, Howley, S., Dorris, C., & Whitman, J., (2013). No more rights without remedies: An impact evaluation of the National Crime Victim Law Institute's victims' rights clinics. Technical Report of U.S. Department of Justice.

Dent, H. R. (1986). An experimental study of the effectiveness of different techniques of questioning mentally handicapped child witnesses. British Journal of Clinical Psychology, 25(1), 13−17.

de Quervain, D. J., Roozendaal, B., Nitsch, R. M., McGaugh, J. L., & Hock, C. (2000). Acute cortisone administration impairs retrieval of long−term declarative memory in humans. Nature Neuroscience, 3(4), 313−314.

Dickinson, J. J., Poole, D. A., & Laimon, R. L. (2005). Children's recall and testimony. In N. Brewer & K. D. Williams (Eds.), Psychology and Law: An empirical perspective (151−176). New York, NY: Guilford Press.

Donovan, J. J., & Radosevich, D. J. (1999). A meta−analytic review of the distribution of practice effect: Now you see it, now you don't. Journal of Applied Psychology, 84(5), 795−805.

Driskell, T., Blickensderfer, E. L., & Salas, E. (2013). Is three a crowd? Examining rapport in investigative interviews. Group Dynamics: Theory, Research and Practice, 17, 1−13.

Dussich, J. P. J., & Mundy, K. G. (2008). Raising the global standards for victims: The Proposed convention on Justice for victims of crime and abuse of power. Proceedings of the 4th symposium of the Tokiwa International Victimology Institute.

Eaton, Y., & Roberts, A. R. (2002). Frontline crisis intervention: Step−by−step practice guidelines with case applications. In A. R. Roberts & G. J. Greene (Eds.), Social workers' desk reference (89−96). New York: Oxford University Press.

Ericsson, K. A., Krampe, R. T., & Tesch−Römer, C. (1993). The role of deliberate practice in the acquisition of expert performance. Psychological Review, 100(3), 363−406.

Fantuzzo, J., & Fusco, R. (2007). Children's direct exposure to types of domestic violence crime: A population−based Investigation. Journal of Family Violence, 22(7), 543−552.

Fisher, R. P. (1995). Interviewing victims and witnesses of crime. Psychology, Public Policy, and Law, 1(4), 732−764.

Fisher, R. P. (1999). Probing knowledge structures. In D. Gopher & A. Koriat (Eds.), Attention and Performance XVII (pp. 537−556). The MIT Press.

Fisher, R. P., & Chandler, C. C. (1991). Independence between recalling interevent relations and specific events. Journal of Experimental Psychology: Learning, Memory, and Cognition, 17(4), 722−733.

Fisher, R. P., Falkner, K. L., Trevisan, M., & McCauley, M. R. (2000). Adapting the cognitive interview to enhance long−term (35 years) recall of physical activities. Journal of Applied Psychology, 85(2), 180−189.

Fisher, R P., & Geiselman, R. E. (1992). Memory−enhancing techniques for investigative interviewing: The cognitive interview. Springfield, IL: Charles Thomas.

Fisher, R. P., Geiselman, R. E., & Amador, M. (1989). Field test of the cognitive interview: Enhancing the recollection of actual victims and witness of crime. Journal of Applied Psychology, 74(5), 722−727.

Fisher, R. P, & Geiselman, R. E. (1992). Memory−enhancing techniques for investigative interviewing: The cognitive interview. Springfield: Charles Thomas.

Fisher, R. P., Geiselman, R. E., Raymond, D. S., Jurkevich, L., & Warhaftig, M. L. (1987). Enhancing eyewitness memory: Refining the cognitive interview. Journal of Police Science and Administration, 15(4), 291−297.

Fisher, R. P., McCauley, M. R., & Geiselman, R. E. (1992). Improving eyewitness testimony with the cognitive interview. In D. Ross, J. D. Read, & M. Toglia (Eds), Adult eyewitness testimony: Current trends and developments. New York: Cambridge University Press.

Garven, S., Wood, J. S., Malpass, R. S., & Shaw, J. S. Ⅲ. (1998). More than suggestion: Consequences of the interviewing techniques from the McMartin Preschool Case. Paper presented at the American Psychology and Law Association Biennial Conference, Redondo Beach.

Geiselman, R. E. (1987). The cognitive interview technique for interviewing victims and witnesses of crime. The National Sheriff, October−November, 54−56.

Geiselman, R. E., & Callot, R. (1990). Reverse versus forward order recall of script−based texts. Applied Cognitive Psychology, 4(2), 141−144.

Geiselman, R. E., Fisher, R. P., Firstenberg, I., Hutton, L. A., Sullivan, S. J., Avetissian, I. V., & Prosk, A. L. (1984). Enhancement of eyewitness memory: An empirical evaluation of the cognitive interview. Journal of Police Science and Administration, 12(1), 74−80.

Geiselman, R. E., Fisher, R. P., MacKinnon, D. P., & Holland, H. L. (1985). Eyewitness memory enhancement in the police interview: Cognitive retrieval mnemonics versus hypnosis. Journal of Applied Psychology, 70(2), 401−412.

Geiselman, R. E., Fisher, R. P., MacKinnon, D. P., & Holland, H. L. (1986). Enhancement of eyewitness memory with the cognitive interview. American Journal of Psychology, 99(3), 385−401.

Genugten, W., Gestel, R., Groenhuijsen, M. & Letschert, R. (2008). Loopholes, risks and ambivalences in international lawmaking; The case of a framework convention on victims' rights. In F. W. Winkel, P. C. Friday., G. F. Kirchhoff, & R. M. Letshert (Eds.). Victimiztion in a multidisciplinary key: recent advances in victimology, (1−80). Nijmegen Netherlands: Wolf Legal Pub.

George, R., & Clifford, B. (1992). Making the most of witnesses. Policing, 8(3), 185−198.

Gerrie, M. P., Garry, M., & Loftus, E. F. (2005). False memories. In N. Brewer & K. D. Williams (Eds.), Psychology and Law: An empirical perspective (222−253). New York, NY: Guilford Press.

Gudjonsson, G. H. (1992). The psychology of interrogations, confessions and testimony. John Wiley & Sons.

Gudjonsson, G. H., & Clark, N. K. (1986). Suggestibility in police interrogation: A social psychological model. Social Behaviour, 1(2), 83−104.

Hanson, J. (2005). Should your lips be zipped? How therapist self−disclosure and non−disclosure affects clients. Counselling and Psychotherapy Research, 5(2), 96−104.

Hastorf, A. H., & Cantril, H. (1954). They saw a game: A case study. Journal of Abnormal and Social Psychology, 49(1), 129−134.

Henning, K., & Klesges, L. M. (2003). Prevalence and characteristics of psychological abuse reported by court−involved battered women. Journal of Interpersonal Violence, 18(8), 857−871.

Holliday, R. E., & Marche, T. A. (2012). Child forensic psychology: Victim and eyewitness memory. Palgrave Macmillan.

James, R., & Gilliland, B. (2012). Crisis intervention strategies. Cengage Learning.

Joutsen, M. (2012). General report: Victim rights. In Jan J. M. van Dijk, Ron G. H. van Kaam, & J. −A. Wemmers (Eds.). (1999). Caring for crime victims: Selected proceedings of the 9th international symposium on victimology. (326) Monsey, New York: Criminal Justice Press.

Kebbell, M. R., & Wagstaff, G. F. (1997). An investigation into the influence of hypnosis on the confidence and accuracy of eyewitness recall. Contemporary Hypnosis, 14(3), 157−166.

Kirchhoff, G. F. (2005). What is Victimology? Tokiwa International Victimology Institute.

Kirchhoff, G. F. (2008). The Function of UN Instruments and the Path Towards Success, Raising the Global Standards for Victims: The Proposed Convention on Justice for Victims of Crime and Abuse of Power, TIVI.

Köhnken, G., Milne, R., Memon, A., & Bull, R. (1999). The cognitive interview: A meta−analysis. Psychology, Crime and Law, 5(1−2), 3−27.

Koriat, A., & Goldsmith, M. (1996). Monitoring and control processes in the strategic regulation of memory accuracy. Psychological Review, 103, 490−517.

Lamb, M. E., Orbach, Y., Hershkowitz, I., Esplin, P., & Horowitz, D. (2007). Structured forensic interview protocols improve the quality and informativeness of investigative interviews with children: A review of research using the NICHD Investigative Interview Protocol. Child Abuse and Neglect, 31(11), 1201−1231.

Langan−Fox, J., Armstrong, K., Balvin, N., & Anglim, J. (2002). Process in skill acquisition: motivation, interruptions, memory, affective states, and metacognition. Australian Psychologist, 37(2), 104−117.

Leathers, D., (1992). Successful Nonverbal Communication: Principles and Applications (2nd ed.), New York, Macmillian.

Leibowitz, H. W., Guzy, L. T., Peterson, E., & Blake, P. T. (1993). Quantitative perceptual estimates: Verbal versus nonverbal retrieval techniques. Perception, 2(9), 1051-1060.

Loftus, E. F., Miller, D., & Burns, H. (1978). Semantic integration of verbal information into visual memory. Journal of Experimental Psychology, 4(1), 19-31.

Loftus, E. F., & Palmer, J. E. (1974). Reconstruction of automobile destruction: An example of the interaction between language and memory. Journal of Verbal earning and Verbal Behavior, 13(5), 585−589.

Magee, J. C., & Smith, P. K. (2013). The social distance theory of power. Personality and Social Psychology Review, 17(2), 158−186.

Milne, B., & Bull, R. (1999). Investigative interviewing: Psychology and practice. Wiley.

Milne, R., & Bull, R. (2006). Interviewing victims of crime, including children and people with intellectual disabilities. In M. R. Kebbell & G. Davies (Eds.), Practical psychology for forensic investigations and prosecutions. Chichester, NH: Wiley.

Margan, K. M. (1994). How to interview sexual abuse victims: Including the use of anatomical dolls. Sage Publications.

Moriarty, L. (2002). Policing and Victims, Prentice Hall.

National Organization for Victim Assistance. (2010). An introduction to crisis intervention protocols.

National Center for PTSD (2014). What is PTSD? Retrieved Jul. 7, 2015 from website. http://www.ptsd.va.gov/public/PTSD−overview/basics/ what−is−ptsd.asp.

National Institute of Mental Health (2015). Post−traumatic stress disorder (PTSD). Retrieved Jul. 17, 2015 from website http://www.nimh.nih.gov/health/topics/post−traumatic−stress−disorder − ptsd/index.shtml.

Navaro, J., & Karlins, M. (2008). What every body is saying: An ex−FBI agent's guide to speed− reading people. William Marrow.

Nevada Attorney General (2015). What is domestic violence? Retrieved Aug. 8, 2015 from website http://ag.nv.sgov/Hot_Topics/Victims/ DV_What/.

Nevada Network Against Domestic Violence (2012). Domestic violence handbook for victims and professionals. Retrieved from http://www.nnadv.org/wp−content/uploads/2013/01/DV−Handbook.pdf.

OVC Archive (2015). Chapter six: Crisis intervention and death notification. Retrived Aug. 8, 2015 from website https://www.ncjrs.gov/ovc_archives/reports/crt/chap6.htm.

Perlman, N. B., Ericson, K. I., Esses, V. M., & Isaacs, B. J. (1994). The developmentally handicapped witness: Competency as a function of question format. Law and Human Behavior, 18(2), 171−178.

Poole, D. A., & Lamb, M. E. (1998). Investigative interviews of children: A guide for helping professionals. Washington, DC: American Psychological Association.

Powell, M. B. (2000). P.R.I.D.E: The essential elements of a forensic interview with an Aboriginal person. Australian Psychologist, 35(3), 186−192.

Powell, M. B., & Bartholomew, T. (2003). Interviewing and assessing clients from different cultural backgrounds: Guidelines for all forensic professionals. In R. Bull & D. Carson (Eds.), Handbook of psychology in legal contexts (625-643). Chichester, UK: Wiley.

Powell, M. B., Fisher, R. P., & Wright, R. (2005). Investigative interviewing. In N. Brewer & K. D. Williams (Eds.), Psychology and Law: An empirical perspective (11−42). New

York, NY: Guilford Press.

Roberts, A. (1990). Crisis Intervention Handbook: Assessment, Treatment, and Research. Belmont, CA: Wadsworth.

Roberts, A. R. (1995). Crisis intervention and time−limited cognitive treatment. Sage Publications.

Roberts, A. R. (2000). An overview of crisis theory and crisis intervention. In A. R. Roberts (Ed.), Crisis intervention handbook: Assessment, treatment, and research (3−30). New York: Oxford University Press.

Roberts A. R. (2002). Handbook of Domestic Violence Intervention Strategies. Oxford.

Roberts, A. R. (2005). Crisis intervention handbook: Assessment, treatment, and research. Oxford university press.

Roberts, K. P., Lamb, M. E., & Sternberg, K. J. (2004). The effects of rapport−building style on children's reports of a stages event. Applied Cognitive Psychology, 18(2), 189−202.

Roberts, A. R., & Roberts, B. S. (2000). A comprehensive model for crisis intervention with battered women and their children. In A. R. Roberts (Ed.), Crisis intervention handbook: Assessment, treatment, and research (2nd ed., 177−207). New York: Oxford University Press.

Rogers, C. R. (1942). Counselling and psychotherapy: Newer concepts in practice. Boston, MA: Houghton−Mifflin.

Rogers, C. R. (1957). Active listening. Chicago, IL: University of Chicago Press.

Sigelman, C. K., Budd, E. C., Spanhel, C. L., & Schoenrock, C. J. (1981). When in doubt, say yes: acquiescence in interviews with mentally retarded persons. Mental Retardation, 19(2), 53−58.

Sternberg, K. J., Lamb, M. E., Esplin, P. W., & Baradaran, L. P. (1999). Using a scripted protocol in investigative interview: A pilot study. Applied Developmental Science, 3(2), 70−76.

Sternberg, K. J., Lamb, M. E., Esplin, P.W., Orbach, Y.,& Hershkowitz, I. (2002). Using a structured interview protocol to improve the quality of investigative interviews. In M. Eisen, J. Quas, & G. Goodman (Eds.), Memory and suggestibility in the forensic interview (409-436). Mahwah, NJ: Erlbaum.

Sternberg, K. J., Lamb, M. E., Hershkowitz, I., Yudilevitch, L., Orbach, Y., Espling, P. W., et al. (1997). Effects of introductory style on children's abilities to describe experiences of sexual abuse. Child Abuse and Neglect, 21(11), 1133−1146.

St−Yves, M. (2005). The psychology of rapport: Five basic rules. In T. Williamson (Ed.),

Investigative interviewing: Rights, research, regulation. (pp. 107 – 122). Devon, UK: Willan.

Tickle – Degnen, L., & Rosenthal, R. (1990). The nature of rapprt and its nonverbal correlates. Psychological Inquiries, 4(1), 285 – 293.

Tuckey, M. R., & Brewer, N. (2003). The influence of schemas, stimulus ambiguity, and interview schedule on eyewitness memory over time. Journal of Experimental Psychology: Applied, 9(2), 101-118.

Vergauwe, E., Barrouillet, P., & Camos, V. (2010). Do mental processes share a domain – general resource? Psychological Science, 21(3), 384 – 390.

Vornik, L. A., Sharman, S. J., & Garry, M. (2003). The power of the spoken word: Sociolinguistic cues influence the misinformation effect. Memory, 11(1), 101-109.

Vrij, A., Hope, L., & Fisher, R. P. (2014). Eliciting reliable information in investigative interviews. Policy Insights from the Behavioral and Brain Sciences, 1(1), 129 – 136.

Walker, A. G. (1999). Handbook on questioning children: A linguistic perspective. Washington, DC: American Bar Association Center on Children and the Law.

Wilson, C. J., & Powell, M. B. (2001). A guide to interviewing children: Essential skills for counsellors, police, lawyers and social workers. Crows Nest, New South Wales: Allen & Unwin.

Wolhuter, L., Olley, N., & Denham, D. (2009). Victimology: victimization and victim's rights. Routledge Canvendish.

Wright, D. B., & Stroud, J. N. (1998). Memory quality and misinformation for peripheral and central objects. Legal and Criminological Psychology, 3(2) 273-286.

Yeager, K., & Roberts, A. R. (2015). Crisis intervention handbook: Assessment, treatment, and research. 4th ed. Oxford.

Zehr, H. (2003). 'Retributive justice, restorative justice': A Restorative Justice Reader, Willan Publishing.

Zohar, I. (2015). The art of negotiation: Leadership skills required for negotiation in time of crisis. Procedia – Social and Behavioral Sciences, 209, 540-548.

[NICHD 조사 면담 프로토콜]

NICHD 조사 면담 프로토콜(2007년 개정판)

I. 소개

1. "안녕, 내 이름은 _____ 이고, 난 경찰관이란다. [방 안에 있는 다른 사람도 소개한다. 방 안에 다른 사람이 없는 것이 가장 이상적이다.] 오늘은 _____ 일 이고, 지금은 _____시야. 나는 _____ 와 _____시에 면담할 거야."

"보이는 것처럼, 여기에는 비디오카메라와 마이크가 있어. 네가 나에게 해주는 이야기를 내가 전부 기억할 수 있도록 이걸로 우리 대화를 녹화할 거야. 가끔 내가 기억을 잘 못하더라도 녹음을 해 놓으면 모든 내용을 다 적어 놓지 않아도 다시 네 이야기를 들을 수 있거든."

"내가 하는 일 중에는 어린이들[청소년들]에게 일어난 일에 대해서 어린이들[청소년들]과 이야기하는 것도 있어. 나는 친구들이 자기한테 어떤 일이 일어났는지에 대한 사실을 이야기해 줄 수 있도록 어린이들[청소년들]이랑 아주 많이 만난단다. 그래서 우리가 이야기를 시작하기 전에, 네가 나에게 사실을 말해주는 게 얼마나 중요한지 꼭 이해했으면 좋겠어." [더 어린 아동들에게는 "무엇이 사실이고 무엇이 사실이 아닌지"에 대하여 설명하라.]

"만약에 내가 내 신발이 빨간색(또는 초록색)이라고 이야기하면 내 말이 사실일까 사실이 아닐까?"

[대답을 기다린 뒤, 이야기한다:]

2. "그건 사실이 아니겠지, 왜냐하면 내 신발의 진짜 색은 [검은색, 파란색 등 신발의 진짜 색]이니까. 그럼, 만약에 내가 지금 앉아 있다고 말한다면, 그건 사실일까 사실이 아닐까? [맞는 말일까 틀린 말일까?]"

[아동의 응답을 기다린다.]

3. "그건 [사실이지/맞는 말이지], 왜냐하면 네가 지금 내가 진짜로 앉아 있는 걸 볼 수 있으니까."

"사실을 이야기하는 게 무슨 의미인지 네가 잘 이해한 것 같구나. 오늘은 네가 나한테 사실만 이야기해 주는 게 정말 중요하단다. 진짜로 너에게 일어났던 일만 나한테 말해줘야 해."

[휴지]

4. "만약에 내가 한 질문이 이해가 안 되면 '이해 못 했어요'라고 이야기하면 돼. 알겠지?"

[휴지]

"만약에 네가 나에게 한 이야기가 잘 이해 안 되면 다시 설명해 달라고 내가 물어볼게."

[휴지]

5. "내가 질문을 했는데, 답을 모르겠으면 그냥 '모르겠어요'라고만 이야기하면 돼."

"그러니까, 내가 만약에 '우리 집 강아지 이름이 뭐지?' [또는 "내 아들 이름이 뭐지"] 라고 물어보면 너는 뭐라고 얘기할래?"

[아동의 응답을 기다린다.]

[아동이 "모르겠어요" 라고 대답하면 다음과 같이 말한다.]

6. "맞았어. 모르지?"

[만약 아동이 추측한 답을 이야기하면 다음과 같이 말한다.]

"아니야, 너는 나를 모르니까 답도 몰라. 답을 모를 때는, 추측하지 말고, 그냥 모르겠다고 말하렴."

[휴지]

7. "그리고 만약에 내가 틀린 말을 하면 나에게 꼭 알려줘야 해. 알았지?"

[아동의 응답을 기다린다.]

8. "그러니까, 만약에 내가 너는 두 살인 여자아이라고 말하면 [피면담 아동이 다섯 살인 소년일 경우 등], 넌 뭐라고 말할래?"

[아동이 부인하고, 당신의 말을 바로잡지 않으면, 이렇게 말한다:]

"만약에 내가 실수로 너를 두 살 먹은 여자아이라고 부르면 뭐라고 말할래? [다섯 살 소년을 면담하는 경우 등]?"

[아동의 응답을 기다린다.]

9. "그래 맞아. 이제 내가 실수로 잘못 이야기했을 때 잘못됐다고 얘기해 줘야 한다는 걸 잘 알았네."

[휴지]

10. "그럼 내가 만약 네가 지금 서 있다고 말하면, 넌 뭐라고 얘기할래?"

[아동의 응답을 기다린다.]

"좋아."

II. 라포 형성

"이제 나는 너에 대해서 더 잘 알고 싶어."

1. "네가 좋아하는 것들에 대해서 나에게 얘기해 줄래?"

[아동의 응답을 기다린다.]

[만약 아동이 상당히 자세한 응답을 한다면, 질문 3으로 넘어간다.]

[아동이 응답하지 않거나, 단답형으로 응답하거나, 말문이 막힐 경우, 다음과 같이 질문한다:]

2. "난 정말 널 잘 알고 싶어. 네가 좋아하는 일을 나에게 얘기해 주면 좋겠어."

[아동의 응답을 기다린다.]

3. "[아동이 스스로 언급한 활동. TV나 비디오, 상상으로 만든 이야기는 피한다.] 에 대해서 이야기해줄래?"

[아동의 응답을 기다린다.]

III. 일화기억 훈련시키기

특별한 이벤트

[주의: 이 섹션은 사건 및 이벤트에 따라 달라질 수 있다.]

[면담 시작 전, 아동이 경험했던 최근의 이벤트 한 가지를 확인한다(학교에 간 첫날, 생일 파티, 휴일, 기념일 등). 그리고 그 일들에 대하여 다음의 질문들을 던진다. 가능한 경우, 혐의가 제기되거나 의심되는 학대가 있었던 시기와 비슷한 시기에 있었던 이벤트를 선택한다. 혐의가 제기된 사건이 특별한 날이나 이벤트 도중에 발생했다면 다른 이벤트에 대하여 질문한다.]

"난 너와 네가 어떤 일들을 하는지에 대해서 더 많이 알고 싶어."

1. "며칠 [몇 주] 전에 [방학/명절/휴일/생일 파티/학교에 처음 간 날/다른 사건] 이

었지? [네 생일/크리스마스 등] 에 있었던 일을 전부 얘기해 줄래?"

[아동의 응답을 기다린다.]

1a. "[활동 혹은 사건] 에 대하여 곰곰이 생각해 보고 그날 아침에 일어나서부터 [아동이 이전 질문에 대하여 했던 응답에서 나왔던 사건 중의 특정한 부분] 까지 어떤 일이 있었는지 이야기해주렴."

[아동의 응답을 기다린다.]

[주의: 이 섹션을 통틀어 이 질문을 필요할 때마다 최대한 자주 사용한다.]

1b. "그다음엔 어떤 일이 있었어?"

[아동의 응답을 기다린다.]

[주의: 이 섹션을 통틀어 이 질문을 필요할 때마다 최대한 자주 사용한다.]

1c. "[아동이 이야기한 사건의 특정 부분] 이후부터 그날 밤에 잘 때까지 있었던 일을 전부 얘기해 주렴."

[아동의 응답을 기다린다.]

[주의: 이 섹션을 통틀어 이 질문을 필요할 때마다 최대한 자주 사용한다.]

1d. "[아동이 이야기한 활동] 에 대해서 더 얘기해 주렴."

[아동의 응답을 기다린다.]

[주의: 이 섹션을 통틀어 이 질문을 필요할 때마다 최대한 자주 사용한다.]

1e. "좀 전에 [아동이 이야기한 활동] 에 대해서 이야기했었지? 거기에 대해서 전부 얘기해주렴."

[아동의 응답을 기다린다.]

[주의: 이 섹션을 통틀어 이 질문을 필요할 때마다 최대한 자주 사용한다.]

[아동이 사건에 대해서 구체적으로 서술하지 않으면, 질문 2부터 2e까지 계속한다.]

[주의: 아동이 사건에 대해서 구체적으로 서술하면 다음과 같이 말한다: "너에게 일어났던 일 중에 기억나는 걸 나에게 전부 얘기해주는 게 정말 중요하단다. 좋은 일과 나쁜 일 모두 나한테 얘기해도 돼."]

어제

2. "난 너에게 일어난 일들에 대해서 정말로 알고 싶어. 어제 아침에 일어났을 때부터 자기 전까지 있었던 일들을 모두 얘기해 주렴."

[아동의 응답을 기다린다.]

2a. "난 아무것도 빼놓지 않고 다 알고 싶어. 아침에 일어나서부터 [이전 질문에 대한 응답 중 아동이 언급한 활동이나 이벤트의 특정 부분] 까지 있었던 일들에 대해서 전부 얘기해 주렴."

[아동의 응답을 기다린다.]

2b. "그다음엔 어떤 일이 있었어?"

[아동의 응답을 기다린다.]

[주의: 이 섹션을 통틀어 이 질문을 필요할 때마다 최대한 자주 사용한다.]

2c. "[아동이 언급한 활동이나 이벤트의 특정 부분] 부터 자기 전까지 있었던 일들에 대해서 전부 얘기해 주렴."

[아동의 응답을 기다린다.]

2d. "[아동이 이야기한 활동] 에 대해서 더 얘기해 주렴."

[아동의 응답을 기다린다. 주의: 이 섹션을 통틀어 이 질문을 필요할 때마다 최대한 자주 사용한다.]

2e. "좀 전에 네가 [아동이 이야기한 활동] 에 대해서 얘기해 줬지? 거기에 대해서 전부 얘기해 주렴."

[아동의 응답을 기다린다.]

[주의: 이 섹션을 통틀어 이 질문을 필요할 때마다 최대한 자주 사용한다.]

오늘

[만약 아동이 어제 있었던 일에 대해서 적절한 수준의 구체적인 서술을 하지 않으면, 오늘 "오늘 이곳에 왔을 때" 까지 있었던 일들에 대하여 질문 2부터 2e까지를 다시 사용하여 묻는다.]

"너에게 정말로 일어났던 일들에 대해서 전부 나에게 이야기해주는 게 아주 중요하단다."

[면담의 실질적인 부분으로 넘어가기:]

Ⅳ. 실질적 쟁점들로 전환하기

"이제 내가 너에 대해서 좀 더 잘 알게 되었으니까, 이제 우리 같이 네가 오늘 여기에 왜 왔는지에 대해서 얘기해 보려고 해."

[아동이 대답하기 시작하면 기다린다.]

[아동이 혐의에 대하여 요약해서 이야기할 경우(예: "데이빗이 내 고추를 만졌어요", 혹은 "아빠가 나를 때렸어요"), 질문 10으로 간다.]

[아동이 구체적으로 서술할 경우, 질문 10a로 간다.]

[아동이 혐의를 제기하지 않을 경우, 질문 1로 넘어간다.]

1. "너에게 무슨 일인가가 일어났었던 것 같구나. 일어났던 일을 처음부터 끝까지 전부 나에게 말해 주렴."

[아동의 응답을 기다린다.]

[아동이 혐의를 제기하면 질문 10으로 간다.]

[아동이 구체적으로 서술하면 질문 10a로 간다.]

[아동이 혐의를 제기하지 않으면, 질문 2로 넘어간다.]

2. "내가 얘기했듯이, 내 직업은 어린 친구들이랑 친구들한테 일어났을 수도 있는 일들에 대해서 얘기하는 거야. 왜 [네가 여기에 있는지/네가 여기에 왔는지/내가 여기에 있는지] 를 네가 나에게 이야기 해 주는 게 아주 중요하단다. [너희 엄마, 너희 아빠, 너희 할머니] 가 너를 오늘 여기에 데리고 온 것 같은지 얘기해 줄래 [또는 '내가 왜 너랑 이야기하려고 여기에 온 것 같아?]?"

[아동의 응답을 기다린다.]

[아동이 혐의를 제기하면 질문 10으로 간다.]

[아동이 구체적으로 서술하면 질문 10a로 간다.]

[아동이 혐의를 제기하지 않고, 아동이 사전에 다른 기관의 전문가와 이야기한 적 있는지 여부를 모를 경우, 질문 4 또는 질문 5로 간다.]

[아동이 혐의를 제기하지 않고, 아동이 사전에 다른 기관의 전문가와 이야기한 적 있음을 당신이 알 경우, 질문 3으로 간다.]

3. "네가 [의사 선생님/ 선생님/사회 복지사/다른 전문가] 와 [시간/장소] 에/에서 이야기를 나누었다고 들었어. 무슨 얘기를 나눴는지 나에게 얘기해주렴."

[아동의 응답을 기다린다.]

[아동이 혐의를 제기하면 질문 10으로 간다.]

[아동이 구체적으로 서술하면 질문 10a로 간다.]

[아동이 혐의를 제기하지 않고 외관상 드러나는 상흔이 없을 경우 질문 5로 간다.]

[상흔이 외관으로 드러날 경우, 조사관이 그 상흔의 사진을 보여주었거나 상흔에 대하여 이야기했을 것이다. 혹은 면담이 병원에서 이루어지거나 의료적 검진이 이루어진 직후에 면담이 이루어진다:]

4. "네 _____ 에 있는 [상흔/상처/멍] 을 봤어 [있다고 들었어]. 거기에 대해서 전부 얘기해 주렴."

[아동의 응답을 기다린다.]

[아동이 혐의를 제기하면 질문 10으로 간다.]

[아동이 구체적으로 서술하면 질문 10a로 간다.]

[아동이 혐의를 제기하지 않으면 질문 5로 넘어간다.]

5. "그동안 너를 괴롭힌 사람 있었어?"

[아동의 응답을 기다린다.]

[아동이 확증하거나 혐의를 제기하면 질문 10으로 간다.]

[아동이 구체적으로 서술하면 질문 10a로 간다.]

[아동이 확증하지 않고 혐의를 제기하지 않으면 질문 6으로 넘어간다.]

6. "[혐의가 제기된 사건이 있었던 장소/시간] 에(서) 너한테 무슨 일인가가 일어났어?"

[주의: 피의자의 이름이나 혐의사건의 구체적 내용을 언급하지 않는다.]

[아동의 응답을 기다린다.]

[아동이 구체적으로 서술하면 질문 10a로 간다.]

[아동이 확증하거나 혐의를 제기하면 질문 10으로 간다.]

[아동이 확증하지 않거나 혐의를 제기하지 않으면, 질문 7로 넘어간다.]

7. "네가 옳지 않다고 생각하는 걸 누군가가 너한테 했니?"

[아동의 응답을 기다린다.]

[아동이 확증하거나 혐의를 제기하면 질문 10으로 간다.]

[아동이 구체적으로 서술하면 질문 10a로 간다.]

[아동이 확증하지 않거나 혐의를 제기하지 않으면 질문 8로 넘어간다.]

[휴지. 계속 진행할 준비가 되었나? 더 나아가기 전에 휴식을 취하는 것이 더 좋을

것으로 생각되는가?]

[계속 진행하기로 결정한 경우라면, 당신이 이용할 수 있는 사실들을 사용하여 인터
뷰 시작 전에 미리 특정한 버전의 질문 8과 질문 9를 명확하게 만들어 놓아야만 한
다. 이 질문들을 통해 아동에게 암시되는 구체적 내용은 최소한이 되어야만 한다. 이
질문들을 아직 만들어 놓지 않았다면, 지금 휴식을 취하며 계속 진행하기 전에 이 질
문들을 만들라.]

8. "누군가가 [용의자의 이름을 특정하거나 너무 많은 구체적 내용을 알리지 않는 상
   태에서 혐의 내용을 간단히 요약한다.]?" (예를 들어, "누군가가 널 때렸어?" 또는
   "누군가가 네 고추 [몸의 은밀한 부분] 를 만졌어?")

[아동의 응답을 기다린다.]

[아동이 확증하거나 혐의를 제기하면 질문 10으로 간다.]

[아동이 구체적으로 서술하면 질문 10a로 간다.]

[아동이 확증하지 않거나 혐의를 제기하지 않으면 질문 9로 넘어간다.]

9. "네 선생님 [의사 선생님/심리학자/이웃] 이 나에게 ["네가 다른 친구의 고추를 만
   졌다는 것"/ "네가 그린 그림"]을 말해줬어/보여줬어. 그래서 너에게 무슨 일이 일
   어났었는지 알아보고 싶어. 누군가가 [범죄자로 의심되는 사람의 이름을 특정하지
   않은 채로, 또는 구체적인 사항을 과도하게 제공하지 않은 채로 혐의나 의심되는
   사항을 간단하게 요약한다.]?" (예: "가족 중에 누군가가 너를 때렸니?" 또는 "누
   군가가 네 고추나 몸의 다른 은밀한 부분들을 만졌니?")]

[아동의 응답을 기다린다.]

[아동이 확증하거나 혐의를 제기하면 질문 10으로 간다.]

[아동이 구체적으로 서술하면 질문 10a로 간다.]

[아동이 확증하지 않거나 혐의를 제기하지 않으면 섹션 XI로 간다.]

V. 사건에 대해 조사하기

개방식 질문들

10. [아동의 나이가 6세 이하인 경우, 아동의 언어로 혐의 내용을 반복한다. 이때 아동이 언급하지 않은 이름이나 구체적인 내용은 제공하지 않는다.]

[그 후 이렇게 말한다:]

"거기에 대해서 전부 나에게 얘기해 주렴."

[아동의 응답을 기다린다.]

[아동의 나이가 6세 이상인 경우 단순히 이렇게 말한다:]

"거기에 대해서 전부 나에게 얘기해 주렴."

[아동의 응답을 기다린다.]

10a. "그 후에 무슨 일이 일어났어?" 또는 "거기에 대해서 더 얘기해 주렴."

[아동의 응답을 기다린다.]

[추정되는 사건에 대해 완전한 설명을 들을 때까지 이 질문을 필요할 때마다 최대한 자주 사용한다.]

[주의: 아동의 서술이 총체적일 경우, 질문 12로 간다(작은 사건들로의 분리). 만약 아동이 특정한 사건에 대하여 서술한다면, 질문 10b로 계속 진행한다.]

10b. "그 [날/날 밤] 에 대해서 떠올려 보고 [아동이 언급한 이전 사건] 부터 [아동이 언급한 대로의 추정되는 학대 사건] 까지 있었던 일을 전부 말해 주렴."

[아동의 응답을 기다린다.]

[주의: 이 질문을 필요할 때마다 최대한 자주 사용하여, 사건의 모든 측면에 대하여 충분히 상세한 질문을 들었는지 확실히 한다.]

10c. "[아동이 언급했던 사람/사물/활동] 에 대해서 더 말해주렴."

[아동의 응답을 기다린다.]

[주의: 이 섹션을 통틀어 이 질문을 필요할 때마다 최대한 자주 사용한다.]

10d. "네가 [아동이 언급했던 사람/사물/활동] 에 대해서 얘기했었지, 거기에 대해서 전부 얘기해 주렴."

[아동의 응답을 기다린다.]

[주의: 이 섹션을 통틀어 이 질문을 필요할 때마다 최대한 자주 사용한다.]

[특정한 구체적인 사항에 대한 혼란이 있을 경우 (예, 사건들의 전후 관계), 다음과 같이 말하는 것이 도움이 된다:]

"네가 나에게 많은 얘기를 해 줘서 정말 많은 도움이 되었어. 그런데, 좀 헷갈리는 게 있어. 내가 제대로 이해했는지 확인해 볼 수 있게 처음부터 시작해서 [어떻게 시작되었는지/정확히 무슨 일이 일어났는지/어떻게 끝이 났는지 등] 에 대해서 말해 주렴."

아동이 언급한 정보와 관련된 집중적인 질문들.

[충분한 개방식 질문을 했음에도 여전히 혐의의 중요한 사항들에 대한 정보가 빠져 있거나 불명확한 경우, 직접적 질문을 사용한다. 언제든지 적절하다고 생각될 때는 직접적 질문과 개방식 응답의 '권유' 를 짝지어 사용하는 것이 중요하다.]

[주의: 먼저 아동이 언급했던 구체적인 내용으로 아동의 주의를 집중시킨 뒤, 직접적인 질문을 던진다.]

[다음은 직접적 질문의 일반적인 형태이다:]

11. "네가 [사람/사물/활동] 에 대해서 말했었지, [어떻게/언제/어디서/누가/어떤/무엇이]]?"

[직접적 질문 완료.]

예

1. "가게에 있었다고 네가 말했는데, 정확히 어디에 있었어?" [응답을 기다린다.] "그

가게에 대해서 말해 주렴."

2. "좀 전에 너희 엄마가 '기다란 걸로 널 때렸다'고 네가 말했는데, 그 기다란 거에 대해서 말해 주렴."

3. "옆집 사람에 대해서 얘기했지, 그 사람 이름 알아?"

[아동의 응답을 기다린다.]

"그 옆집 사람에 대해서 말해 주렴."

[그 사람의 특징에 대해서 묘사해 달라는 질문은 하지 않는다.]

4. "너희 반 친구 한 명이 그걸 봤다고 말했지, 그 친구 이름이 뭐야?"

[응답을 기다린다.]

"그 친구는 거기에서 뭘 하고 있었어?"

작은 사건들의 분리

5. "그 일이 한 번만 일어났니 아니면 한 번보다 많이 일어났니?"

[그 사건이 한 번만 발생한 경우, 휴식으로 간다.]

[그 사건이 한 번 이상 발생한 경우 질문 13으로 진행한다. 이곳에 제시된 것과 같은 방식으로 사건 진술 때 보고된 사람들에 대하여 조사하라.]

여러 개의 개방식 질문을 했을 때 특정한 사건 탐색하기

6. "마지막으로 [처음으로 / [특정 장소]에 있었을 때 /[특정한 활동을 했을 때]/ [당신이 잘 기억하는 사건] 등] 무슨 일인가가 생겼을 때에 대해서 전부 나에게 말해 주렴."

[아동의 응답을 기다린다.]

6a. "그리고 그다음에 무슨 일이 일어났어?" 또는 "거기에 대해서 더 이야기해주렴."

[아동의 응답을 기다린다.]

[주의: 이 섹션을 통틀어 이 질문을 필요할 때마다 최대한 자주 사용한다.]

  6b. "[그날/그날 밤] 에 대해서 다시 생각해 보고, [아동이 언급한 선행 사건들] 부터 [아동이 언급한 학대 혐의가 있는 사건] 까지 일어난 일을 전부 얘기해 주렴."

[아동의 응답을 기다린다.]

[주의: 이 질문을 변형해서 사건의 모든 측면에 대해서 충분히 상세한 설명이 이루어질 때까지 필요할 때마다 최대한 자주 사용한다.]

  6c. "[아동이 언급한 사람/사물/활동] 에 대해서 더 말해 주렴."

[아동의 응답을 기다린다.]

[주의: 이 섹션을 통틀어 이 질문을 필요할 때마다 최대한 자주 사용한다.]

  6d. "[아동이 언급한 사람/사물/활동] 에 대해서 네가 말했지. 거기에 대해서 전부 말해 주렴."

[아동의 응답을 기다린다.]

[주의: 이 섹션을 통틀어 이 질문을 필요할 때마다 최대한 자주 사용한다.]

아동이 언급한 정보들과 관련된 집중적인 질문.

[개방식 질문을 충분히 했음에도 혐의에 관한 중요한 구체적 사항들이 여전히 빠져 있거나 명확하지 않은 경우, 직접적 질문을 사용한다. 언제든지 적절하다고 생각될 때는 직접적 질문과 개방식 응답의 '권유' 를 짝지어 사용하는 것이 중요하다.]

[주의: 먼저 아동이 언급했던 구체적인 내용으로 아동의 주의를 집중시킨 뒤, 직접적인 질문을 던진다.]

[다음은 직접적 질문의 일반적인 형태이다:]

7. "네가 아까 [사람/사물/활동] 에 대해서 얘기했었지, [어떻게/언제/어디서/누가/어떤/무엇이]?"

[직접적 질문의 완료.]

예

1. "네가 TV를 보고 있었다고 나에게 말했잖아, 정확히 어디에 있었어?"

[아동의 응답을 기다린다.]

"거기에 대해서 전부 다 말해주렴."

2. "좀 전에 너희 아버지가 '너를 세게 쳤다'고 네가 말했잖아. 아버지가 정확히 뭘 했는지 나에게 말해주렴."

3. "거기에 친구가 한 명 있었다고 네가 말했잖아. 그 친구 이름이 뭐야?"

[아동의 응답을 기다린다.]

"그 친구가 무얼 하고 있었는지 말해줄래?"

4. "좀 전에 너희 삼촌이 너를 '손가락으로 만졌다' ['키스를 했다'/ '너랑 성관계를 가졌다' 등] 고 했지. 삼촌이 무얼 했는지 정확하게 나에게 알려주렴."

아동이 언급한 각각의 세부 사건 중 세부적으로 알기 원하는 만큼 이 섹션 전체를 반복하라. 아동이 단 두 가지 세부적인 사건을 이야기한 경우를 제외하고는, "마지막," 그리고 "처음," 그리고 "네가 잘 기억하는 다른 때."에 대하여 질문하라.

VI. 휴식

[아동에게 말한다:]

"이제 내가 모든 걸 제대로 알았는지 확인해 보고 싶어. 그리고 내가 물어봐야 할 게 또 있는지 알아보려고 해. 난 잠시 [네가 나한테 얘기해준 것들을 생각해 볼게/적은 내용들 좀 훑어볼게/가서 뭐 좀 확인해 보고 올게!]"

[휴식 시간 동안, 수집한 정보들을 재검토하고 빠진 정보가 있는지 확인하기 위해 법의학 체크리스트에 내용을 기입한다. 그리고 나머지 면담을 계획한다. 반드시 집중

적인 질문들은 명확하게 서면으로 작성해 둔다.]

휴식 후

[아동이 아직 언급하지 않은 중요한 추가적 정보를 이끌어내기 위해, 위에서 서술된 것과 같은 추가적인 직접적 질문과 개방식 질문들을 던진다. 각각의 직접적 질문 뒤에는 개방적 질문으로 돌아간다("거기에 대해서 좀 더 말해주렴"). 이 질문들을 마친 뒤에는 섹션 VII로 넘어가 진행한다.]

VII. 아동이 언급하지 않았던 정보의 도출

[이러한 집중적인 질문들은 다른 접근 방법을 모두 사용했음에도 불구하고 법의학적으로 중요한 정보들이 빠져 있다고 생각되는 경우에만 사용해야 한다. 언제든지 가능할 경우에는 개방식 질문("거기에 대해서 전부 얘기해 주렴")과 짝을 이루어서 사용해야 한다.]

[주의: 학대 사건이 여러 차례 있었을 경우, 아동의 언어를 사용하여 아동의 주의를 해당 사건에 집중시킨 뒤 질문을 한다. 집중적 질문은 반드시 아동에게 중요한 세부 항목들에 대해 상세히 설명할 기회가 주어진 뒤에 사용해야 한다.]

[다음 사건으로 넘어가기 전, 각각의 세부 사건들에 대한 모든 빠진 구체적 정보들을 수집했는지 확인하라.]

아동이 언급하지 않았던 정보에 대한 집중적인 질문들의 형태는 다음과 같다.

"네가 [시간이나 장소가 확인된 특정한 사건]에 대해서 나에게 이야기했을 때 [사람/사물/활동]에 대해서 말했지. [집중적인 질문들] 했어/였어?"

[아동의 응답을 기다린다.]

[언제든지 적절할 때에는 다음과 같이 개방식 진술을 권유하며 말한다:]

"거기에 대해서 전부 얘기해 주렴."

예

1. "지하실에 있었던 때에 대해서 나에게 얘기했을 때, 그 남자가 네 바지를 벗겼다고 나에게 얘기했지. 네 옷에 무슨 일이 있었어?"

[아동의 응답을 기다린다.]

[아동이 응답한 뒤, 다음과 같이 말한다:]

"거기에 대해서 전부 얘기해 주렴."

[아동의 응답을 기다린다.]

2. "마지막 때에 대해서 나에게 얘기했을 때, 그 남자가 너를 만졌었다고 얘기했지. 그 사람이 네 옷 위로 너를 만졌어?"

[아동의 응답을 기다린다.]

[아동이 응답한 뒤, 다음과 같이 말한다:]

"거기에 대해서 전부 얘기해 주렴."

[아동의 응답을 기다린다.]

3. "그 남자가 옷 속으로 너를 만졌어?"

[아동의 응답을 기다린다.]

[아동이 응답한 뒤, 다음과 같이 말한다:]

"거기에 대해서 전부 얘기해 주렴."

4. "운동장에서 있었던 일에 대해서 나에게 이야기해줬었지. 누군가가 거기에서 무슨 일이 있었는지 봤어?"

[아동의 응답을 기다린다.]

[적절한 경우, 다음과 같이 말한다:]

"거기에 대해서 전부 얘기해 주렴."

5. "그런 일이 혹시 다른 친구들한테도 일어났는지 아닌지 알고 있니?"

[아동의 응답을 기다린다.]

[적절한 경우, 다음과 같이 말한다:]

"거기에 대해서 전부 얘기해 주렴."

6. "헛간에서 일어났던 일에 대해서 네가 나에게 얘기해 줬지. 그 일이 언제 일어났는지 알아?"

VIII. 당신이 기대했던 정보를 아동이 이야기하지 않는 경우

[관련 있는 프롬프트만을 사용하라.]

[해당 정보가 들어 있는 대화 내용을 당신이 알고 있는 경우, 다음과 같이 말하라:]

1. "네가 [　　]와 [시간/장소] 에/에서 이야기했다고 들었어. 무슨 얘기를 했는지 나에게 말해 주렴."

[아동이 더 이상 정보를 제공하지 않으면, 질문 2번을 물어보라; 아동이 추가적인 정보를 제공하면, 다음과 같이 말하라:]

"거기에 대해서 전부 말해 주렴."

[필요한 경우 "거기에 대해서 말해 주렴" 과 같은 다른 개방식 프롬프트들을 사용해서 덧붙인다.]

아동이 이전 대화에서 언급했던 내용을 알고 있는데, 당신과의 인터뷰에서 아직 이야기하지 않았다면, 다음과 같이 말한다:

2. "네가 [구체적으로, 그러나 피의자를 유죄인 것으로 만드는 구체적 내용은 언급하지 않은 채로 혐의 요약] 라고 말했다고 들었어 [그 사람이 나에게 알려줬어]. 거기에 대해서 전부 말해 주렴."

[필요한 경우 "거기에 대해서 말해 주렴" 과 같은 다른 개방식 프롬프트들을 사용해

서 덧붙인다.]

3. 누군가가 본 내용이 있다면 다음과 같이 말하라:

  3a. "누군가가 [   ] 를 봤다고 들었어. 거기에 대해서 전부 얘기해 주렴."

[필요한 경우 "거기에 대해서 말해 주렴" 과 같은 다른 개방식 프롬프트들을 사용해서 덧붙인다.]

[아동이 부인하는 경우, 3b로 간다.]

  3b. "[시간/장소] 에/에서 무슨 일 있었어? 거기에 대해서 전부 말해 주렴."

[필요한 경우 "거기에 대해서 말해 주렴" 과 같은 다른 개방식 프롬프트들을 사용해서 덧붙인다.]

[아동이 상처를 입었거나 상흔이 있으면 다음과 같이 말하라:]

4. "네 [   ] 에 [자국/멍]이 있는 게 보이네[있다고 들었어]. 거기에 대해서 전부 말해 주렴."

[필요한 경우 "거기에 대해서 말해 주렴" 과 같은 다른 개방식 프롬프트들을 사용해서 덧붙인다.]

5. "누군가가 [가해자 이름을 언급하지 않은 채로 혹은 유죄가 되는 세부 사항들을 제공하지 않은 채로 요약한다(아동이 이미 가해자 이름을 알고 있는 경우 제외).] 했니?"

[아동이 부인하면 다음 섹션으로 넘어간다.]

[아동이 무언가를 인정하면 다음과 같이 말한다:]

"거기에 대해서 전부 말해 주렴."

[필요한 경우 "거기에 대해서 말해 주렴" 과 같은 다른 개방식 프롬프트들을 사용해서 덧붙인다.]

IX. 털어놓은 내용에 대한 정보

"오늘 왜 네가 나랑 이야기하려고 여기에 왔는지에 대해서 네가 얘기했지. 네가 나에게 많은 정보를 알려줘서 내가 무슨 일이 일어났었는지 이해하는 데 많은 도움이 되었단다."

[그 사건에 대해서 아동이 다른 사람에게 이야기했다는 언급을 하면, 질문 6으로 간다. 아동이 다른 사람에게 이야기했음을 언급하지 않았으면, 아동이 털어놓았을 가능성이 있는 일에 대하여 다음과 같이 묻는다:]

1. "[마지막 사건] 다음에 무슨 일이 일어났는지 말해 주렴."

[아동의 응답을 기다린다.]

2. "그러고 나서 무슨 일이 일어났어?"

[주의: 이 섹션을 통틀어 이 질문을 필요할 때마다 최대한 자주 사용한다.]

[아동이 털어놓았던 이야기를 하면, 질문 6으로 간다. 그렇지 않을 경우 다음의 질문들을 사용해 묻는다.]

3. "무슨 일이 일어났는지 다른 사람 중에 아는 사람이 있어?"

[아동의 응답을 기다린다. 아이가 누군가의 신원을 확인하는 경우, 질문 6으로 간다.]

[아동이 확증은 했으나 이름을 언급하지 않는 경우, 다음과 같이 질문한다:]

"누구?"

[아동의 응답을 기다린다. 아동이 누군가의 신원을 확인하는 경우, 질문 6으로 간다.]

4. "이제 나는 [마지막 사건]을 다른 사람들이 어떻게 알게 되었는지 알고 싶어."

[아동의 응답을 기다린다. 아동이 누군가의 신원을 확인하는 경우, 질문 6으로 간다.]

[빠진 정보가 있을 경우, 다음의 질문들을 던진다.]

5. "너랑 [가해자] 말고 또 누가 제일 처음 [아동이 서술한 대로의 학대 혐의]에 대해서 알아냈어?"

[아동의 응답을 기다린다.]

6. "["아동이 가장 처음으로 언급한 사람"] 이 어떻게 알게 되었는지 나에게 전부 얘기해 주렴."

[아동의 응답을 기다린다.]

[그 후 다음과 같이 말한다:]

"거기에 대해서 더 얘기해 주렴."

[아동의 응답을 기다린다.]

[아동이 대화에 대하여 서술하는 경우, 다음과 같이 말한다:]

"네가 이야기했던 걸 전부 나에게 말해주렴."

[아동의 응답을 기다린다.]

7. "또 다른 사람이 [아동이 언급한 대로의 학대 혐의] 에 대해서 알고 있어?"

[아동의 응답을 기다린다.]

[그 후 다음과 같이 말한다:]

"거기에 대해서 더 얘기해 주렴."

[아동이 대화를 서술하는 경우, 다음과 같이 말한다:]

"무슨 이야기를 했었는지 나에게 전부 말해주렴."

[아동의 응답을 기다린다.]

[아동이 누군가 다른 사람과 이야기 했었다는 언급을 하지 않으면 다음과 같이 질문한다:]

[아동이 설명한 각각의 세부 사건에 대하여 알아내기 위해 필요한 만큼 섹션 전체를 반복한다.]

Ⅹ. 마무리하기

[다음과 같이 말한다:]

"네가 오늘 나한테 많은 얘기를 해 줘서 날 많이 도와줬단다. 도와줘서 고마워."

1. "이것들 말고 또 내가 알아야 할 것 같은 내용 있어?"

[아동의 응답을 기다린다.]

2. "나한테 하고 싶은 얘기 있어?"

[아동의 응답을 기다린다.]

3. "나한테 물어보고 싶은 거 있어?"

[아동의 응답을 기다린다.]

4. "나랑 또다시 얘기하고 싶으면, 이 전화번호로 전화하면 돼." [당신의 이름과 전화
   번호가 적힌 카드를 넘겨준다.]

Ⅺ. 중립적인 주제

"이제 여기서 나가면 오늘 뭘 할 거야?"

[아동에게 중립적 주제에 대하여 이삼분가량 이야기한다.]

"지금은 [시간을 명시] 시이고, 이제 면담이 다 끝났어."

[서식1] 범죄인지서

〔별지 제15호 서식〕

○○○○경찰서

제 호   20 .   .   .

수 신 :

참 조 :

제 목 : 범죄인지

다음 사람에 대한 범죄사실을 인지합니다.

1. 피의자 인적사항

2. 범죄경력자료

3. 범죄사실의 요지

4. 죄명 및 적용법조

5. 수사단서 및 범죄 인지 경위

경 로	수사지휘 및 의견	구분	결 재	일시

[서식2] 피해신고서

〔별지 제8호 서식〕

피 해 신 고 서

다음과 같이 범죄피해를 당하였으므로 신고합니다.

20 . . .

신고인 주거

피해자와의 관계 :   성명 :   ㉑ (전화   )

○○**경찰서장 귀하**

피 해 자 인 적 사 항	주 거 : 성 명 : 주민번호 : – (세) 직 업 : 연락처 : – (휴대폰 – –)
피해 연월일시	20 . . .경부터 20 . . .경까지 사이
피 해 장 소	
피 해 상 황 **(범 행)**	

피해 금품	금 품	수 량	시 가	특 징	소 유 자

범인의 주거·성명 또는 인상·착의·특정 등	
참 고 사 항 (유류물품 · 기타)	

피해자 보호사항 통지		통지 방법	구두, 우편, 전화, FAX, E-mail, 기타 (해당 연락처 :)
원함 ( )	원하지않음 ( )		

※ 원하는 통지방법중 하나를 선택 표시하고, 해당 연락처를 기재하세요.

[서식3] 내사착수보고서

〔별지 제5호 서식〕

○ ○ ○ ○ 경 찰 서

제　호　　　　　　　　　　　　　　년　월　일

수　신　(수사부서의) 장

제　목　내사 착수 보고

　　　다음 사람에 대하여 내사하고자 하니 지휘바랍니다.

1. 내사대상자

　성　　　명　　　　　주민등록번호

　주　　　소

2. 내사할 사항

　(별지 사용 가능)

3. 내사가 필요한 이유(범죄첩보 등 관련자료 첨부)

　　　○○○○○팀(계)　경○　○　○　○　㊞

지 휘 사 항

(내사착수 여부, 내사의 방식, 기타 주의사항 등 지휘사항 기재)

　　　　　년　　　월　　　일

　(수사부서의) 장　경　　　　　㊞

[서식4] 내사사건부

〔별지 제4호 서식〕

내 사 사 건 부

구분	접수 번호 접수 일시 (지휘 일시)	피해자 (진정인) 성명 주민 번호	내사대상자 (피혐의자) 성명 주민 번호	주 소	내사할 사항	착수 일시 처리 일시	처리 결과	담당자 지휘자	비 고
첩보 내사									
진정 내사		―	―						
신고 내사									
기타 내사		―	―						
		―	―						
		―	―						

[서식5] 참고인 출석요구서

〔별지 제19호 서식〕

제   호

참 고 인 출 석 요 구 서

피 의 자   에 대한 피의사건의 참고인으로 문의할 일이

(피내사자   에 대한   내사사건의 참고인으로 문의할 일이)

(피진정인   에 대한   진정사건의 참고인으로 문의할 일이)

있으니 . . . 오전(후)   시에 서   팀으로 출석하여 주시기 바랍니다.

출석하실 때에는 반드시 출석요구서와 주민등록증(또는 운전면허증) 및 도장, 그리고 아래 증거자료와 기타 귀하가 필요하다고 생각하는 자료를 가지고 나와 주십시오

1.

2.

3.

출석할 수 없는 부득이한 사정이 있거나 사건내용에 관하여 문의할 사항이 있으면 ○○팀(☎   −   −   )로 연락하여 출석일시를 협의하거나 사건내용을 문의하시기 바랍니다.

※ 질병 등으로 경찰관서 직접 출석이 곤란한 경우에는 우편 · FAX · E-mail 등 편리한 매체를 이용한 조사를 받을 수 있으며, 출장조사도 요청하실 수 있습니다.

20 . . .

○ ○ 경 찰 서

사법경찰관   ㉑

사건담당자   ㉑

[서식6] 진술조서 A형

〔별지 제33호 서식〕

진 술 조 서

성   명 :

주민등록번호 :

직   업 :   (전화 :   )

주   거 :   (전화 :   )

등록기준지 :

직 장 주 소 :

연 락 처 : (자택전화)   (휴대전화)

          (직장전화)   (전자우편)

위의 사람은 피의자 ○○○에 대한   피의사건에 관하여   년 월 일

경찰서   에 임의 출석하여 다음과 같이 진술하다.

1. 피의자와의 관계

저는 피의자   과(와)   인 관계에 있습니다.(저는 피의자

과(와) 아무런 관계가 없습니다.)

1. 피의사실과의 관계

저는 피의사실과 관련하여 (피해자, 목격자, 참고인)의 자격으로서 출석하

였습니다.

이 때 사법경찰관(리)은 진술인   를(을) 상대로 다음과 같이 문답을 하다.

문 :

답 :

[서식7] 진술조서 B형

〔별지 제34호 서식〕

진 술 조 서 **(제○회)**

성   명 :

주민등록번호 :

위의 사람은 피의자   에 대한   피의사건에 관하여   년 월 일

경찰서   에 임의 출석하였는 바, 사법경찰관은 진술인   를

(을) 상대로 다음과 같이 전회에 이어 계속 문답을 하다.

문 :

답 :

문 :

답 :

문 :

답 :

문 :

답 :

문 :

답 :

[서식8] 진술조서(간이폭력)

〔별지 제36호 서식〕

진 술 조 서 (간이폭력)				
성 명	( ) 이명 :		성 별	
연 령	세 (. . . 생)	주민등록번호		
등록기준지				
주 거				
자택전화		직장전화		
직 업		직 장		

위의 사람은 피의자 ○○○외 ○명에 대한 ○○○○○○○○○ 피의 사건의 피해자로서 . . . 00:00 ○○○○○○○○○에서 임의로 아래와 같이 진술함.

피해일시	
피해장소	
피 의 자	
피해경위	

[서식9] 우편조서(참고인)

〔별지 제25호 서식〕

(번호 :   )

우 편 조 서 (참고인)

성 명 :   (   ) 주민등록번호 :   —

직 업 :   직 장 :

전화번호 : 자택   직장   휴대전화

주 거 :

등록기준지 :

　피의자 에 대한 사건에 관하여 귀하의 편의를 위하여 우편으로 조사하고자 하오니 아래 "문"란의 내용을 잘 읽으시고 "답"란에 진실하게 사실대로 기입하여 주시기 바라며, 본 진술조서의 우측 상단에 일련번호를 기입하시고 끝장에 서명 또는 기명날인(또는 무인)하신 다음 송부하여 주시기 바랍니다.

문 :

답 :

문 :

답 :

문 :

답 :

문 :

답 :

[서식10] 진술서(간이폭력)

〔별지 제42호 서식〕

진 술 조 서 (간이폭력)					
성 명	(　　　) 이명 :			성 별	
연 령	만　세 (　.　.　.생)		주민등록번호		
등록기준지					
주 거					
자 택 전 화			직장전화		
직 업			직 장		

　　위의 사람은 아래와 같이 상해(폭행)을 당한 사실이 있어 이에 관하여 임의로 자필진술서를 작성 제출함.

피 해 일 시	
피 해 장 소	
피 의 자	
피 해 경 위	

[서식11] 진술서(서식38)
〔별지 제38호 서식〕

　　위의 조서를 진술자에게 열람하게 하였던 바(읽어준 바) 진술한 대로 오기나 증감·변경할 것이 없다고 말하므로 간인한 후 서명(기명날인)하게 하다.

　　　　　　　　　　　진 술 자　　　　　　　(인)

　　　　　　　　　　　　　　·　·　·

　　　　　　　　　　　　사법경찰관　○○　○○○　(인)

　　　　　　　　　　　　사법경찰리　○○　○○○　(인)

[서식12] 영상녹화동의서

〔별지 제45호 서식〕

영상녹화동의서

진술자	성 명		주민등록 번 호	
	주 거			

　상기인은　피의사건에 관하여 피의자·참고인·피해자로서 진술함에 있어 진술내용이 영상녹화됨을 고지받고 강제적인 압력이나 권유를 받음이 없이 영상녹화하는 것에 동의합니다.

성 명 :　　㊞

　장 귀하

[서식13] 동석신청서(피해자)

〔별지 제24호 서식〕

동 석 신 청 서
(피 해 자)

수 신 : 사법경찰관

　귀서 제　　　호 피의자 에 대한 피의사건에 관하여 피해자 를 조
사함에 있어 아래와 같이 피해자와 신뢰관계에 있는 자의 동석을 신청
합니다.

－ 다　　음 －

피 해 자	성　명	
	주민등록번호	
	직　업	
	주　거	
	전화번호	
신뢰관계자	성　명	
	주민등록번호	
	직　업	
	주거(사무소)	
	전화번호	
	피해자와의 관계	
동석 필요 사유		

※ 소명자료 별첨

신청인　　　　　　　　　㊞

[서식14] 압수물 환부 지휘건의

〔별지 제86호 서식〕

○ ○ ○ ○ 경 찰 서

제 0000-00000 호   . . .

수 신 : ○○지방검찰청장 (검사 : ○○○)

제 목 : **압수물 환부 지휘건의**

　　　다음 물건은 ○○○외 ○명에 대한 ○○○○○○○○○○ 피의

사건의 증거품인 바, 다음과 같이 환부하려 하니 지휘하여 주시기 바

랍니다.

연번	품　　　종	수량	피압수자	환부 받을 사람	비 고

○○○○경찰서

사법경찰관　○○　　　　　(인)

[서식15] 압수물 가환부 지휘건의

〔별지 제86호의2 서식〕

○○○○ 경 찰 서

제 0000-00000 호 . . .

수 신 : ○○지방검찰청장 (검사 : ○○○)

제 목 : **압수물 가환부 지휘건의**

다음 물건은 ○○○외 ○명에 대한 ○○○○○○○○○ 피의 사건의 증거품인 바, 다음과 같이 가환부하려 하니 지휘하여 주시기 바랍니다.

연번	품 종	수량	피압수자	가환부 받을 사람	비 고

○○○○경찰서

사법경찰관   ○○   (인)

[서식16] 증거보전 신청

〔별지 제146호 서식〕

○○○○ 경찰서

제 호   20 .   .   .

수 신 : ○○○지검장(지청장) (검사 : ○○○)

제 목 : **증거보전신청**

       다음 피의사건에 관하여 미리 증거를 보전하지 아니하면 그 증거를 사용하기 곤란하오니 아래와 같이 증거의 보전을 청구하여 주시기 바랍니다.

사 건 번 호				
죄 명				
피의자	**성 명**		**주민등록번호**	
	직 업			
	주 거			
사 건 의 개 요				
증 명 할 사 실				
증거 및 보전의 방법				
증거보전을 필요로 하 는 사 유				

○○○○경찰서

사법경찰관 ○○   (인)

[서식17] 사건처리진행상황 통지

〔별지 제182호 서식〕사건처리중간통지

○○○○ 경 찰 서

제 호   20   . . .

수 신 : 귀하

제 목 : 사건처리진행상황통지

귀하와 관련된 사건이 다음과 같이 처리되고 있음을 알려 드립니다.

접수일시		접수번호		사건번호	
주 요 진행상황					
담 당 자		소속 및 연락처			

※ 피해회복에 도움이 되는 각종 제도

○ 범죄피해자 구조 신청제도(범죄피해자보호법)
  - 관할지방검찰청 범죄피해자지원센터에 신청

○ 의사상자예우 등에 관한 제도(의사상자예우에관한법률)
  - 보건복지부 및 관할 자치단체 사회복지과에 신청

○ 범죄행위의 피해에 대한 손해배상명령(소송촉진등에관한특례법)
  - 각급법원에 신청, 형사재판과정에서 민사손해배상까지 청구 가능

○ 가정폭력 · 성폭력 피해자 보호 및 구조
  - 여성 긴급전화(국번없이 1366), 아동보호 전문기관(1577-1391) 등

○ 무보험 차량 교통사고 뺑소니 피해자 구조제도(자동차손해배상보장법)
  - 동부화재, 삼성화재 등 자동차 보험회사에 청구

○ 국민건강보험제도를 이용한 피해자 구조제도
  - 국민건강보험공단 급여관리실, 지역별 공단지부에 문의

○ 법률구조공단의 법률구조제도(국번없이 132 또는 공단 지부 · 출장소)
  - 범죄피해자에 대한 무료법률구조(손해배상청구, 배상명령신청 소송대리 등)

○ 국민권익위원회의 고충민원 접수제도
  - 국민신문고 www.epeople.go.kr, 정부민원안내콜센터 국번없이 110

○ 국가인권위원회의 진정 접수제도
  - www.humanrights.go.kr, 국번없이 1331

○ 범죄피해자지원센터(국번없이 1577-1295)
  - 피해자나 가족, 유족등에 대한 전화상담 및 면접상담 등

※ 형사사법포털(www.kics.go.kr)을 통해 온라인으로 사건진행상황을 조회하실 수 있습니다.

○○○○ 경 찰 서

[서식18] 피해자등 통지관리표

〔별지 제183호 서식〕

피 해 자 등 통 지 관 리 표

☐ **기본사항**

사건번호		죄　명	
피 의 자		피 해 자	
통지대상	피해자와의 관계 : 성　명 :　　　　　　주민번호 :　　　　－　　　（　　세） 주　소 : 연락처 :　　　－　　　（휴대폰　－　　－　　） 이메일 :		
피해자 보호사항 통지		**원하는 통지방법**	구두, 우편, 전화, FAX, E-mail, 기타 （연락처 :　　　　　　　　　）
원함 （　　）	원하지 않음 （　　）		

　※ 원하는 통지방법 중 하나를 선택 표시하고, 해당 연락처를 기재

☐ **통지현황**

연번	일 시	주 요 내 용	방 법	비 　 고	확인

[서식19] 범죄신고자등 신원관리표

〔별지 제184호 서식〕

범죄신고자 등 신원관리카드

관 리 번 호	
사 건 번 호	
법 원 사 건 번 호	

피의자(피고인)성명		주임검사	

범죄신고자등 인 적 사 항	성 명		가 명	
	주민등록번호		직 업	
	등 록 기 준 지		전화번호	
	주 소			
	본 인 서 명	본 명	신 분	
		가 명		

작 성 원 인			
최초작성일자		최 초 작 성 자	(서명 또는 날인)
신원관리카드 접 수 일 자		사 건 종 국 결 정 일 자	

보 좌 인	성 명	주소 (전화번호)	직업	피보좌 인과의 관 계	직권 신청	신 청 일 자	사법경찰관의 허가신청일자	지정 일자	지정자	비고
	주민등록 번 호					신청인	검 사 의 허 가 일 자			
1										
2										

[서식20] 임시조치 신청

〔별지 제192호 서식〕

○ ○ ○ ○ 경 찰 서

제 0000-00000 호   . . .

수 신 : ○○지방검찰청장

제 목 : **임시조치 신청**

　　　다음 사람에 대한 ○○○○○○○○○ 피의사건에 관하여 다음과 같은 임시조치를 청구하여 주시기 바랍니다.

□ 1. 피해자 또는 가정구성원의 주거 또는 점유하는 방실로부터 퇴거 등 격리

□ 2. 피해자 또는 가정구성원의 주거, 직장 등에서 100미터 이내의 접근금지

□ 3. 피해자 또는 가정구성원에 대한 「전기통신기본법」 제2조 제1호의
　　　전기통신을 이용한 접근금지

□ 4. 경찰관서 유치장 또는 구치소에의 유치

행위자	성　　　명	（　　　　　）
	주 민 등 록 번　　　호	－　　　（　세 ）
	직　　　업	
	주　　　거	
변　호　인		
피해자	성　　　명	
	주　　　거	
	직　　　장	
범죄사실 및 임시조치를 필요로 하는 사유		

○○○○경찰서

사법경찰관　○○　　　　　（인）

[서식21] 긴급임시조치확인서

〔별지 제207호 서식〕

긴급임시조치확인서

성　　명 :

주민등록번호 :　　　 -　　 (　　세)

주　　거 :

　본인은　 .　 .　 . 00:00경　　　　　　　에서 아래 항목의

긴급임시조치 결정에 대해 고지 받았음을 확인합니다.

☐ 피해자 또는 가정구성원의 주거 또는 점유하는 방실로부터의 퇴거 등 격리

☐ 피해자 또는 가정구성원의 주거, 직장 등에서 100미터 이내의 접근금지

☐ 피해자 또는 가정구성원에 대한 「전기통신기본법」 제2조제1호의 전기통신을 이용한
　 접근금지

. 　 . 　 .
위　　○　　○　　○　　(인)

- -

　위 대상자에 대해 긴급임시조치 결정을 하면서, 당해 내용을 고지

하였음을 확인함(정당한 이유없이 서명 또는 기명날인을 거부함).

. 　 . 　 .

○ ○ **경찰서**
사법경찰관리　 ○○　 ○　 ○　 ○　　(인)

[서식22] 긴급임시조치결정서

〔별지 제192호의2 서식〕

긴 급 임 시 조 치 결 정 서

제 0000-00000 호   .   .   .

행위자	성 명		주민등록번호		
	(한자)			(세)	
	직 업				
	주 소				
변호인	성 명				

위 사람에 대한 ○○○○○○○ 피의사건에 관하여 「가정폭력범죄의 처벌 등에 관한 특례법」 제8조의2제1항에 따라 다음과 같이 긴급임시조치를 결정함

[ ] 피해자 또는 가정구성원의 주거 또는 점유하는 방실(房室)로부터의 퇴거 등 격리

[ ] 피해자 또는 가정구성원의 주거, 직장 등에서 100미터 이내의 접근금지

[ ] 피해자 또는 가정구성원에 대한 「전기통신기본법」 제2조제1호에 따른 전기통신을 이용한 접근금지

피해자	성 명	
	주 거	
	직 장	

긴급임시조치 결정 근거	[ ] 피해자 [ ] 피해자의 법정대리인 [ ] 사법경찰관 직권

긴급임시조치 일시 및 장소	1. 일 시: . . . :
	2. 장 소:

범죄사실의 요지 및 긴급임시조치가 필요한 사유	별지와 같음

년   월   일

○○○○경찰서

사법경찰관 ○ ○ ○   (인)

[서식23] 가정폭력 재범 위험성 조사표

〔별지 제206호 서식〕

가정폭력 재범위험성 조사표

가해자명: _____ (.   .   生)

피해자명: _____ (.   .   生)   가해자-피해자 관계: _____

요인	평가문항			결정문항
당해사건 심각성	1. 폭행 심각도*	하(1)	중(2)	상(3)
	2. 현재 임시조치 또는 보호처분 위반*	없음(0)		있음(1)
	3. 혼란스러운 사건현장	없음(0)	있음(1)	
	4. 가해자 통제 어려움(현장출동 경찰관에 욕설 등 난동)	없음(0)	있음(1)	
피해자 심리상태	5. 현재 심리적 혼란상태	없음(0)	있음(1)	
	6. 폭력이 계속될 것 같은 두려움*	없음(0)		있음(1)
가정폭력 전력	7. 가정폭력의 빈도 [본 건 제외]*	없음(0)	1~2회(1)	3회 이상(2)
가해자 성격 심리적 특성	8. 폭력의 원인 제공자로 피해자 비난 (폭력 정당화 시도)	없음(0)	있음(1)	
	9. 갑자기 화를 내는 등의 심한 감정 기복	없음(0)	있음(1)	
	10. 음주 문제 (알코올 중독 또는 폭력 당시 주취 여부)	없음(0)	있음(1)	
<고위험 가해자 분류> * 총점이 7점 이상일 경우 * 총점에 상관없이 **결정문항***에 하나라도 해당할 경우				**총점: [/13점]**

<조사자 의견>

※ 기재 권장사항

: 사건발생과정, 신고경로 및 신고인, 지각된 피해 수준, 사건처리방향(훈방, 입건) 등

※ 재범위험성 평가: **상   중   하**

조사일시: _____ 년   월   일 조사자: _____   소속/직위: _____

[서식24] 수사기일 연장지휘 건의

〔별지 제215호 서식〕

○○○○경찰서

제 호   20 . . .

수 신 : ○○지방검찰청 검사장(지청장) (검사 : ○○○)

제 목 : **수사기일 연장지휘 건의**

아래 사건에 대하여 수사기일 연장지휘를 건의합니다.

접 수 일 자		
사 건 번 호	검 찰	
	경 찰	
죄 명		
피 의 자		
수사진행내역		
연 장 사 유		
연 장 기 간		

○○○○경찰서

사법경찰관 ○ ○

[서식25] 고소장

고 소 장

(고소장 기재사항 중 * 표시된 항목은 반드시 기재하여야 합니다.)

1. 고소인*

성 명 (상호·대표자)		주민등록번호 (법인등록번호)		-
주 소 (주사무소소재지)		(현 거주지)		
직 업		사무실 주소		
전 화	(휴대폰)	(자택)		(사무실)
이메일				
대리인에 의한 고소	☐ 법정대리인 (성명 : , 연락처) ☐ 고소대리인 (성명 : 변호사 , 연락처)			

※ 고소인이 법인 또는 단체인 경우에는 상호 또는 단체명, 대표자, 법인등록번호(또는 사업자등록번호), 주된 사무소의 소재지, 전화 등 연락처를 기재해야 하며, 법인의 경우에는 법인등기부 등본이 첨부되어야 합니다.

※ 미성년자의 친권자 등 법정대리인이 고소하는 경우 및 변호사에 의한 고소대리의 경우 법정대리인 관계, 변호사 선임을 증명할 수 있는 서류를 첨부하시기 바랍니다.

2. 피고소인*

성 명		주민등록번호		-
주 소		(현 거주지)		
직 업		사무실 주소		
전 화	(휴대폰)	(자택)		(사무실)
이메일				
기타사항				

※ 기타사항에는 고소인과의 관계 및 피고소인의 인적사항과 연락처를 정확히 알 수 없을 경우 피고소인의 성별, 특징적 외모, 인상착의 등을 구체적으로 기재하시기 바랍니다.

[서식25] 고소장2

3. 고소취지*

(죄명 및 피고소인에 대한 처벌의사 기재)

고소인은 피고소인을 ○○죄로 고소하오니 처벌하여 주시기 바랍니다.*

4. 범죄사실*

※ 범죄사실은 형법 등 처벌법규에 해당하는 사실에 대하여 일시, 장소, 범행방법, 결과 등
을 구체적으로 특정하여 기재해야 하며, 고소인이 알고 있는 지식과 경험, 증거에 의해
사실로 인정되는 내용을 기재하여야 합니다.

5. 고소이유

※ 고소이유에는 피고소인의 범행 경위 및 정황, 고소를 하게 된 동기와 사유 등 범죄사
실을 뒷받침하는 내용을 간략, 명료하게 기재해야 합니다.

6. 증거자료

(✓ 해당란에 체크하여 주시기 바랍니다)

☐ 고소인은 고소인의 진술 외에 제출할 증거가 없습니다.

☐ 고소인은 고소인의 진술 외에 제출할 증거가 있습니다.

☞ 제출할 증거의 세부내역은 별지를 작성하여 첨부합니다.

[서식25] 고소장3

7. 관련사건의 수사 및 재판 여부*

(✓ 해당란에 체크하여 주시기 바랍니다)

① 중복 고소 여부	본 고소장과 같은 내용의 고소장을 다른 검찰청 또는 경찰서에 제출하거나 제출하였던 사실이 있습니다 □ / 없습니다 □
② 관련 형사사건 　　수사　　유무	본 고소장에 기재된 범죄사실과 관련된 사건 또는 공범에 대하여 검찰청이나 경찰서에서 수사 중에 있습니다 □ / 수사 중에 있지 않습니다 □
③ 관련 민사소송 　　유　　무	본 고소장에 기재된 범죄사실과 관련된 사건에 대하여 법원에서 민사소송 중에 있습니다 □ / 민사소송 중에 있지 않습니다 □

　※ ①, ②항은 반드시 표시하여야 하며, 만일 본 고소내용과 동일한 사건 또는 관련 형사사건이 수사·재판 중이라면 어느 검찰청, 경찰서에서 수사 중인지, 어느 법원에서 재판 중인지 아는 범위에서 기타사항 난에 기재하여야 합니다.

8. 기타

(고소내용에 대한 진실확약)

　본 고소장에 기재한 내용은 고소인이 알고 있는 지식과 경험을 바탕으로 모두 사실대로 작성하였으며, 만일 허위사실을 고소하였을 때에는 형법 제156조 무고죄로 처벌받을 것임을 서약합니다.

2006년　　월　　일*

고소인 _____ (인)*

제출인 _____ (인)

　※ 고소장 제출일을 기재하여야 하며, 고소인 난에는 고소인이 직접 자필로 서명 날(무)인해야 합니다. 또한 법정대리인이나 변호사에 의한 고소대리의 경우에는 제출인을 기재하여야 합니다.

○○지방검찰청 귀중

　※ 고소장은 가까운 경찰서에 제출하셔도 되며, 경찰서 제출시에는 '○○경찰서 귀중'으로 작성하시기 바랍니다.

[서식26] 진술조서작성례1

진 술 조 서

성 명	○○○(○○○)	주민등록번호	○○○○○○-○○○○○○
직 업	무 직 (전화:)		
주 거	서울 성동구 자양동 289(9/8) (전화:123-1234)		
본 적	대전 중구 선화동 123		

피의자 △△△ 에 대한 공갈미수 피의사건에 관하여 2000. 8. 10. 서울지방검찰청

제334호 검사실에서 임의로 아래와 같이 진술하다.

1	본인은 △△△ 을 상대로 귀청에 고소장을 제출한 ○○○ 로서 금일
	출석요구를 받고 나왔습니다.
1	○○○ 이 저를 위협하고 돈을 빼앗으려 한 고소사실에 대하여
	문의하는 내용을 진술하겠습니다.

이때 검사는 위 진술의 취지를 더욱 명백히 하기 위하여 다음과 같이 임의로 문

답하다.

문	진술인이 ○○○ 인가요
답	예. 그렇습니다.
문	진술인은 △△△ 을 상대로 고소를 제기한 사실이 있는가요
답	예. 그러한 사실이 있습니다.
문	이것이 진술인이 제출한 고소장인가요

.이때 검사는 2000. 8. 5.자로 당청에 접수된 당청 2000형제○○○○호 고소인

명의의 고소장을 제시한 바,

답	예, 제가 제출한 고소장이 틀림없습니다.
문	이건 고소 이외에 타기관에 같은 내용으로 고소를 한 사실이 있는
	가요

[서식26] 진술조서작성례2

답	귀청에 고소한 사실 뿐입니다.
문	고소내용을 자세히 진술하시오.
답	본인은 가정주부로서 고등학교 동창생들과 친목계를 하고 있는데 지난 7. 3. 14:00경 주거지 근처에 있는 중국음식점 낙석재에서 계원들이 모여 점심식사를 한 후 □□□이라는 친구가 심심하니 바람 쏘이러 가자고 하여 따라가 보니 성남시에 있는 성남카바레였습니다. 그곳에서 피고소인을 만나 약 1시간 동안 서투른 춤을 추고 친구와 함께 귀가하였는데 지난 10일 14:00경 친구를 만나러 영등포 역전에 있는 맥심다방에 갔더니 어떻게 된 일인지 피고소인이 그 다방에 있다가 저를 발견하고 다가와 저에게 돈을 달라고 하면서 불응하면 비행을 폭로하겠다고 협박을 하며 괴롭히기 때문에 이건 고소를 하게 된 것입니다.
문	피고소인이 어떻게 협박을 하던가요
답	앞에서 말씀드린 바와 같이 본인은 피고소인과 약 1시간동안 춤을 추었을 뿐인데 저에게 "돈 100만원을 내라. 그렇지 않으면 너와 춤을 추고 동침한 사실을 남편에게 이야기하겠다"고 위협하였습니다.
문	고소인이 피고소인과 동침하지 아니하였다면 그만 아닌가요
답	그렇기는 하지만 가정주부가 대낮에 카바레에 출입하면서 외간 남자와 춤을 추었다는 사실을 남편이 알면 가정불화가 생길 것은 틀림없고 더구나 피고소인은 남편이 공무원인 사실을 어떻게 알았는지 남편의 직장 상사에게도 편지를 띄우겠다고 까지 말하는 데는 기가 질리지 않을 수 없었습니다.
문	그래서 어떻게 하였는가요
답	피고소인에게 돈을 구하여 줄 터이니 절대로 남편에게 말하지 않겠

[서식26] 진술조서작성례3

	느냐고 다짐을 하였더니 그렇게 하겠다고 하기에 친구인 위 □□□
	에게 급전 500,000원을 빌려 그달 13. 14:00경 위 맥심다방에서
	피고소인을 만나 50만원 밖에 준비가 되지 아니하니 우선 받으라고
	하였으나 받지 아니하면서 100만원을 채워 내놓으라고 강요하기에
	전달하지 못하고 귀가하여 고민을 하고 있는데 남편이 눈치를 채고
	추궁을 하여 사실대로 그 경위를 이야기하고 남편이 고소를 하라기에
	이건 고소에 이른 것입니다.
문	피고소인과 친척관계는 없는가요
답	아무 관계도 없습니다.
문	피고소인의 주거는 어디인가요
답	확실한 주거지는 모르겠고 위 맥심다방을 2-3일 간격으로 출입하고
	있으니 그곳에 가면 만날 수 있습니다.
문	피고소인의 인상착의는 어떤가요
답	키는 약 170센티미터에 스포츠형 머리이고, 빨간색 잠바를 항상 입고
	다닙니다.
문	피고소인의 처벌을 원하는가요
답	예, 엄벌하여 주기 바랍니다.
문	이상 진술은 사실과 다름 없는가요
답	예, 사실대로 진술하였습니다.
	(인)

[서식26] 진술조서작성례4

위의 조서를 진술자에게 <u>열람하게 하였던</u> 바 진술한 대로 오기나 증감	
변경할 것이 전혀 없다고 말하므로 간인한 후 서명 무인하게 하다.	
	진 술 자 ○ ○ ○ (무인)
	2000. 8. 10.
	서 울 지 방 검 찰 청
	검 사 사 연 생 (인)
	검찰주사(보) 연 수 생 (인)

[서식27] 진술조서고소취소1

진 술 조 서 (제2회)		
성 명	○ ○ ○ (○ ○ ○)	

피의자 △△△ 에 대한 공갈미수 피의사건에 관하여 2000. 8. 17. 서울지방검찰청 334호 검사실에서 임의로 전회에 계속하여 아래와 같이 진술하다.

1	저는 2000. 8. 5. △△△ 을 상대로 귀청에 고소장을 제출하고, 같은 해 8. 10. 고소보충진술을 한 바 있는 ○○○ 입니다.
1	저는 오늘 △△△ 을 상대로 한 저의 고소를 취소하기 위하여 임의 출석하였습니다.
1	이것이 제가 작성하여 온 고소취소장입니다.

이때 진술인 명의의 고소취소장 1통을 임의제출하므로 이 조서의 말미에 편철하다.

1	제가 고소를 취소하는 이유는 이 사건으로 인하여 △△△ 이 구속된 후 그의 부인이 여러 번에 걸쳐 저를 찾아와 남편의 잘못을 대신 사과하면서 남편의 죄는 밉지만 가족의 장래를 생각하여 한 번만 용서하여 줄 것을 애원하므로 저도 같은 여자의 입장에서 동정이 갈 뿐만 아니라 저의 남편도 그동안 화를 풀고 이 사건이 조용히 마무리지어질 수 있도록 하라고 말하기 때문에 심사숙고한 끝에 고소를 취소하기로 결정하게 된 것입니다.
1	따라서 제가 고소취소하는 것은 △△△ 의 가족의 입장을 동정하고 이 사건이 더 이상 왈가왈부되는 것을 피하기 위하여 저의 완전한 자유의사에 의한 것으로서 고소자체가 잘못된 것이기 때문이거나 다른 사람의 강요나 기망에 의한 것은 아닙니다.
1	한번 고소를 취소하면 이 사건에 관하여 다시 고소할 수 없다는 것을 잘 알고 있으며 다시 고소하지도 않겠습니다.

[서식27] 진술조서고소취소2

1	고소를 취소하였으니 △△△ 에 대하여 처벌을 바라지도 않으며 그가
	가족의 품으로 돌아갈 수 있도록 선처하여 주시기 바랍니다.
1	이 고소취소와 관련하여 △△△ 측으로부터 어떠한 형태의 손해배상도
	받은 사실이 없으며 앞으로도 이를 청구할 생각이 없습니다.
1	이상의 진술은 모두 사실 그대로이고 더 참고될 말은 없습니다. (인)

[서식27] 진술조서고소취소3

위의 조서를 진술자에게 ~~열람하게 하였던~~ 바 진술한 대로 오기나 증감	
변경할 것이 전혀 없다고 말하므로 간인한 후 서명 무인하게 하다.	
	진 술 자　　○ ○ ○　　(무인)
	2000. 8. 10.
	서 울 지 방 검 찰 청
	검　　　사　　사 연 생　(인)
	검찰주사(보)　　연 수 생　(인)
	·

[서식28] 고소취소장

고 소 취 소 장

고 소 인 ○ ○ ○
서울 성동구 자양동 289
피고소인 △ △ △
서울 성북구 정릉동 산28

　위　피고소인에　대한　서울지방검찰청　2000형제○○○○호　공갈미수 피의사건에　관하여　그　고소를　취소합니다.

2000. 8. 17.

위고소인 ○ ○ ○ ㊞

서울지방검찰청　검사장　귀하

[서식29] 변호인 참여 신청서

【별지 제2호 서식】

변호인(변호사) 참여 신청서

일시		20 년 월 일 :			
대상자	구분	☐ 피의자 ☐ 피혐의자 ☐ 피해자 ☐ 참고인			
	성명		생년월일		
신청인	성명		대상자와의 관 계		
	연령		전화번호		
	주소				
변호인	성명		전화번호		

※ 변호인선임서를 제출하고 변호사 신분증을 제시해 주시기 바랍니다.

< 안내사항 >

☐ 변호사의 참여로 인해 신문방해, 수사기밀 누설 등 수사에 현저한 지장을 줄 우려가 있다고 인정되는 경우 변호사 참여신청이 제한될 수 있습니다.

☐ 다음의 사유가 발생하여 신문방해, 수사기밀 누설 등 수사에 현저한 지장이 있을 경우 신문 중이라도 변호인참여가 제한될 수 있습니다.

 1. 경찰관의 승인 없이 부당하게 신문에 개입하거나 모욕적인 말과 행동을 하는 경우

 2. 피의자를 대신하여 답변하거나 특정한 답변 또는 진술 번복을 유도하는 경우

 3. 형사소송법 제243조의2 제3항 단서에 반하여 부당하게 이의를 제기하는 경우

 4. 피의자신문 내용을 촬영·녹음·기록하는 경우. 다만 기록의 경우 피의자에 대한 법적 조언을 위하여 변호인의 기억을 되살리기 위해 하는 간단한 메모는 제외

 ※ 검사의사법경찰관리에대한수사지휘및사법경찰관리의수사준칙에관한규정 제21조

☐ 신문에 참여한 변호인은 신문 후 조서를 열람할 수 있고 의견을 진술할 수 있습니다. 다만 신문 중이라도 부당한 신문 방법에 대하여 이의를 제기할 수 있고, 경찰관의 승인을 얻어 의견을 진술할 수 있습니다.

☐ 피의자신문시 변호인참여관련 내용은 피혐의자, 피해자, 참고인 조사시에도 준용됩니다.

공저자약력

김 재 민(金在珉, Kim, Jaemin)

국립경찰대학 행정학과 졸업(행정학사)
연세대학교 정경대학원 졸업(법학석사)
전남대학교 대학원 졸업(법학박사)

現 경일대학교 경찰행정학부 교수
  경찰청 피해자보호정책 자문위원
  한국경찰법학회·한국피해자학회 이사
  Asian Post-Graduate Course on
  Victimology 강사
  World Society of Victimology 회원

前 국립경찰대학 경찰학과 전임교수
  범죄피해케어전문가양성 사업단장
  피해자학 연구소장
  한국경찰법학회 회장

임 낭 연

연세대학교 심리학 학사
연세대학교 사회 및 성격 심리학 석사
연세대학교 사회 및 성격 심리학 박사

現 경일대학교 심리치료학과 교수
  사회 및 성격 심리학회 편집위원
  지방대학 특성화 사업 범죄피해케어
  전문가양성 사업단 참여교수

前 연세대학교 인간행동연구소 연구원

2015년 한국심리학회 김재일 소장학자
논문상 수상

범죄피해 조사론

초판발행	2018년 9월 30일
공저자	김재민 · 임낭연
펴낸이	안종만
편 집	조보나
기획/마케팅	정성혁
표지디자인	조아라
제 작	우인도 · 고철민
펴낸곳	(주) **박영사**
	서울특별시 종로구 새문안로3길 36, 1601
	등록 1959. 3. 11. 제300-1959-1호(倫)
전 화	02)733-6771
f a x	02)736-4818
e-mail	pys@pybook.co.kr
homepage	www.pybook.co.kr
I S B N	979-11-303-0639-1 93350

copyright©김재민 · 임낭연, 2018, Printed in Korea

정 가   19,000원